La chanson de ma vie

Mes Mémoires

Yvette Guilbert

La chanson de ma vie

Mes Mémoires

Bernard Grasset
PARIS

Yvette Guilbert La chanson de ma vie

1865 ou 1867? On hésite sur la date de naissance d'Yvette Guilbert. Dans ses Mémoires, *l'étoile de la chanson populaire semble fâchée avec le calcul mental, à moins qu'elle ne ruse. Enfin, les dictionnaires disent 67... Sa jeunesse parisienne fut misérable, humiliée. Un père qui se ruine au jeu et à faire la noce. Une mère qui use sa santé en cousant tard le soir pour élever sa fille. Retirée de pension à douze ans, Yvette l'aide à faire du perlage, de la broderie. Elle vend des ouvrages de passementerie au porte-à-porte dans les magasins des faubourgs, puis devient à dix-sept ans* petite couturière *pour les femmes élégantes, vipérines, fortunées mais pingres. Elle connaît la faim, ce qu'elle nomme joliment « le débat du ventre ». Et chante, pour se donner du courage...*

La chance, sous la forme de deux rencontres, va la tirer du ruisseau. Un jour, un homme la suit dans la rue, la complimente sur sa taille et son corps, lui propose de devenir écuyère : c'est Zidler, le directeur de l'Hippodrome. Yvette refuse; deux mois plus tard, elle reçoit de sa part, comme promis, deux places pour voir jouer Sarah Bernhardt dans Cléopâtre, *au Théâtre de la Porte-Saint-Martin. Le soir de la représentation, Sarah est indisposée; Yvette trouve que la remplaçante « parle mal et ne souffre pas avec vérité », un critique, Edmond Stoullig, trouve la remarque pertinente, dévisage la demoiselle et lui conseille aussitôt de faire du théâtre. Pourquoi pas ?*

Le rideau s'entrouvre. Vers 1885, la gamine des rues débute par des petits rôles de boulevard, au Théâtre des Bouffes-du-Nord, aux Variétés. Baral, un comédien, l'oriente vers la chanson, le café-concert. On n'a pas fini de l'entendre. Auditionnée à l'Eldorado, elle débute au Casino de Lyon en 1889. De retour à l'Eldorado, la directrice la congédie, car elle module ses textes plutôt qu'elle ne les chante... Ce style de diseuse, *qui ne plaît pas à tout le monde, va faire sa gloire (Charles Gounod, peu avant sa mort : « Continuez de parler en chantant comme vous le faites, c'est là votre merveille, ce chant parlé, ce rythme dans le verbe ! »)*

C'est à l'Eden-Concert qu'elle compose sa fameuse « silhouette » de scène. « Elle devait être " unique " et... bon marché. » Jean Lorrain, dans un extraordinaire roman, Monsieur de Phocas *(1901), confirme exactement, évoquant « l'aspect spectral et réclame à la fois de Mademoiselle Guilbert et de ses longs gants noirs »... Elle devient « la dame rousse au teint très pâle, aux gants noirs, vêtue de satin vert ». Son répertoire : la vérité sans gêne des chansons d'Aristide Bruant et de celles d'un jeune étudiant, Xanrof, découvertes à l'étal d'un bouquiniste des quais... « Que c'était farce, amusant, jeune ! et d'une satire si Quartier latin ! Si, avec cela, je trouvais quelques chansons " naturalistes " relatant cette " misère " que je connaissais si bien, alors ma route était tracée. » Elle l'était. A partir de 1890, Yvette se produit au Moulin Rouge, au Divan, au Concert Parisien, à la Bodinière, au Nouveau Cirque, à la Scala. Elle marchande des contrats mirifiques. Le Tout-Paris et les intel-*

lectuels acclament la Pocharde – *le* tube *de l'époque. Et Toulouse-Lautrec fait un modèle de sa petite tête anguleuse, blafarde, coiffée de feu.*

Après 1900, elle bouleverse sa carrière, déroute son public. Du grivois, elle passe à la philologie, fouille dans le fonds de la poésie populaire française, reconstitue des chansons médiévales, adapte, traduit, rythme des thèmes latins. Sept ans pour imposer cette nouvelle orientation ! Mais elle chantera les vieux airs de France en Europe et dans le monde entier, inspirant les « Cabarets » allemands après 1918, fondant une école d'art dramatique en Amérique. En 1924, le cinéma, qui n'a pas trente ans, lui fait la cour : elle triomphe en diablesse dans les Deux Gosses *de Louis Mercanton. Deux ans plus tard, en Allemagne, elle incarne Dame Marthe dans le* Faust *de Murnau. On la verra aussi dans* les Deux Orphelines *de Maurice Tourneur... Pour compléter sa panoplie, elle prend la plume, signe deux romans aux titres évocateurs,* la Vedette *et* les Demi-Vieilles, *et raconte sa vie. Dans* l'Art de chanter une chanson *(1928), elle révèle ses méthodes de travail, de diction.*

L'année suivante, la Passante émerveillée *évoque ses voyages à travers le monde, notamment sa découverte des États-Unis.*

Elle meurt à Aix-en-Provence, en 1944.

C'est un « destin », de la pauvreté à la consécration internationale, que retrace Yvette Guilbert dans la Chanson de ma vie [1], *ses* Mémoires *parus en 1927. Si l'artiste se livre peu à l'introspection (luxe de riche) et préserve sa vie privée (pudeur de pauvre), la tonalité du*

1. Les citations sont extraites de *la Chanson de ma vie (Mes mémoires).*

livre dégage facilement, rapidement sa personnalité : fonceuse, gouailleuse, beaucoup de cœur, fière... et rosse quand ça lui chante. L'ouvrage débute par un portrait de sa mère, vibrant d'émotion, et un hommage à ceux qui lui mirent le pied sur scène. Yvette Guilbert n'a rien oublié de son enfance, ni que la misère lui fut une leçon, un point d'ancrage, un poste d'observatoire moral pour contempler le monde souvent corrompu des directeurs de spectacles et la pavane des échotiers à ses pieds. Ses souvenirs courent sans s'arrêter, vifs, amusés, agressifs. L'ouvrage est cousu d'esprit : « J'essaierai de faire mon portrait d'alors, m'inspirant des peintures du temps, car mon miroir ne peut plus m'aider. »

Celle qui a peut-être tout sacrifié à son art, à sa carrière, est aussi la spectatrice ironique, distanciée de sa propre vie puisqu'à la gloire elle a préféré la vérité toujours traquée, toujours chantée : « A cette époque, j'étais plongée dans le naturalisme. Mon goût allait vers des écrivains tels que Zola, Goncourt, Maupassant. Je ne rêvais que vérité, je cherchais à exprimer en chansons ce qu'ils avaient réalisé par le roman. » Des romanciers, des artistes, elle en connut d'autres; ses Portraits *de Lorrain, Loti, Toulouse-Lautrec, Forain sont précis, passionnés. Yvette Guilbert ne donne pas seulement à lire la vie d'une petite môme qui remercie Dieu à l'automne de sa vie : le Paris populaire et mythique, décadent et joyeux, à la charnière de 1900, flambe dans ses prunelles étonnées.*

A la mémoire de ma mère.

Prologue

MON BEAU CLAVIER

Quelle magnifique expérience que la vie! Quelle splendide solution que « vieillir », s'enfoncer loin, dans la forêt superbe des souvenirs, avoir pu dépasser les sautes de la jeunesse trépidante, fébrile, exaspérée, qui touche à tout, sans pouvoir tout atteindre, avoir eu, de par « le temps », la divine possibilité de créer sa Sagesse, et de palper enfin la Vérité, quel miracle!

Comme un buveur de bière contemplant ses soucoupes, je regarde la pile de mes ans, avec une adorable et fière émotion. Avancer en âge! devenir maîtresse enfin de sa sérénité, l'avoir acquise, par ses victoires sur les tempêtes, les cyclones, les déceptions, les dégoûts, les batailles! Avoir traduit soi-même, ligne par ligne, le grimoire difficile du Livre de sa Vie! Quelle belle chose! Quand je sortis du ventre de ma mère, j'avais tout un parcours à faire, tracé sous enveloppe fermée par le Destin, et je ne savais rien de cette route, j'en ignorais la longueur, j'en ignorais les pièges... Quels seraient mes étapes? leur nombre? Et mes reposoirs? bouges ou palaces? Et mes rencontres, anges ou démons? Et mes menus? vinaigre ou miel? Et mon corps? malade ou sain? Et mes instincts? Et mon cœur? Et mon âme? De quel bagage étais-je lestée pour aller à la rencontre de la vie? à la rencontre de la mort? De quelle fortune étais-je héritière? Ô mystère!

Dans ma tête de fœtus fut accroché un clavier étiqueté du nom d'intelligence. De quelle dimension était-il ? Mes architectes responsables l'avaient-ils solidement construit ou se détraquerait-il aux premiers exercices ? En perdrais-je le contrôle, ou saurais-je, au contraire, l'adapter à mes besoins ? Que saurais-je faire de *mon moi* ; goutte de sang, petit œuf informe, dans l'habitacle noir du ventre maternel, quelle serait la suite de ma divine métamorphose ? La verrais-je ! Assisterais-je à ma totale manifestation ? Splendeur de vieillir, magie des ans qui s'accumulent ! Grammaire humaine, dictionnaire lumineux, arithmétique des poids et mesures de nos endurances, comptabilité et classification des consciences, mascarade des visages, maquillage des attitudes, constats de vertus, procès vicieux, pirouettes des cœurs, appel des compensations, chimie des sentiments, commerce des corps, sports des âmes, trafic des pudeurs, et marcher, marcher, avancer, courir, tournoyer au gré des vents de la misère, de la bêtise, de l'ignorance, de la tricherie, de la duperie, de la cupidité, de la luxure, de la haine, de l'amour, de la gloire pour arriver enfin, flambée, purifiée de nos mauvaises grillades, à la zone où la tourmente cesse, et récapituler les affres du voyage !... revoir par le souvenir la longue échelle de ses étapes... les barrières qu'il a fallu sauter, les montagnes qu'il a fallu franchir, les mauvais frères rencontrés sur les routes, les mains rentrées quand on criait à l'aide, les détrousseurs, les voleurs de vos forces, les abuseurs de vos vertus, de vos faiblesses, les tragédies de votre cœur... celles de votre corps... les crachats sur votre âme... les sifflets sur vos labeurs, les ciseaux sur vos ailes... avec, par-ci par-là, du baume sur vos plaies... un mouchoir essuyant vos larmes... une main pressant la vôtre et compter sur vos doigts les anges de votre vie... Quelle merveille !

Oh ! magie des années ! Vivre âgée, n'en être point

morte, vivre encore, quand la vie vous a livré son livre! contempler d'un œil froid les grimaces des monstres... leur pardonner d'un cœur qui s'est sauvé du feu, et pouvoir regarder sa vie, sa belle vie de luttes et de victoires, vénérer son beau labeur, respecter ses longs succès, et surtout garder tendre et fidèle son cœur piétiné, et remercier Dieu (après quarante-huit ans de glorieux efforts) de rester encore maîtresse, à soixante ans, du clavier de l'orgue qui reste : La Vie!

APRÈS LA GUERRE 1870

J'ai cinq ans.

Du plus lointain de mes souvenirs qui remontent à 1870, l'année de la guerre franco-allemande, je ne vois qu'images de misères.

Des petits logements pauvres, ou très modestes, dans des rues populaires, des escaliers humides, sales, des cours grises, étroites, sans air, des chambres où l'on n'avait pas chaud l'hiver, où l'on mourait de chaleur l'été. La plupart du temps perchés au sixième étage de la maison, mon père et ma mère aéraient leur petit logis par des fenêtres, dites tabatières, restant du style architectural du XVIIIe siècle.

Par hasard, dans le courant de mes premières années, un balcon ! On louait l'appartement pour ce balcon qui servait de jardin, de square et même... de campagne, car les très modestes ressources de mes parents ne leur permettaient pas de fréquentes sorties hors Paris ; et comme nous habitions toujours dans les quartiers excentriques, le bois de Boulogne me fut longtemps inconnu ! Il fallait y aller et en revenir à pied, et avec une fillette qui marchait à peine, la chose devenait une corvée plus qu'un plaisir.

Ma mère, issue d'une famille de bourgeois très aisés du Nord et mariée à dix-huit ans, avait dû se plier aux exigences d'une vie très modeste, sa dot ayant été perdue, au début de son mariage, dans de mauvaises affaires. Mon père, plus vieux qu'elle d'une année (il avait alors vingt-cinq ans) était fils de cultivateurs normands.

Sans un sou, il avait épousé ma mère et l'avait obligée à travailler, dès les premières années de leur union ; chez mon père les principes étaient catalogués ; la femme devait travailler, fût-elle riche, à plus forte raison étant pauvre... Et ma mère travailla, travailla, de vingt à quarante-cinq ans, comme une femme douée d'une énergie supérieure peut seule travailler... Élevée en province comme une « demoiselle », elle connut la misère la plus atroce, celle des jours sans pain, sans feu, sans toit, sans meubles, sans rien... qu'une fillette sur les bras...

Et, pendant de très longues années, je vis la lampe allumée tard la nuit : une femme cousait... cousait... à sa lumière jaune ; le mari rentrait tard, les poches vidées par le jeu... car avec les années, le ménage s'était disloqué, mon père gagnait *sa* vie, ma mère gagnait la sienne et la mienne, sans que plus jamais mon père l'aidât. C'était encore dans le catalogue des idées paternelles qu'une femme devait se suffire à elle-même.

« Et si tu étais veuve ? » disait-il souvent à ma mère.

Mon enfance ne fut heureuse que pendant une très courte période passée en Normandie chez mes grands-parents. De six à huit ans, j'y connus les gâteries et je connus la joie des grands jardins, des grands prés verts, des champs, où je gambadais plus à l'aise que sur mes balcons noirs des faubourgs !

Mais on me ramena à Paris pour me mettre en pension, car à cette époque ma mère venait d'inventer la confection des formes de chapeaux de dames en « crin », et les commandes des grands magasins avaient été si nombreuses que ma mère avait installé un vaste atelier de modistes.

Pendant quatre belles années, on fut riche... et ma mère en profita pour me faire instruire dans un bon pensionnat de Saint-Mandé, la pension Couard.

Puis les affaires devinrent très mauvaises, les économies, hélas, s'épuisèrent et je fus retirée de pension. J'avais douze ans. Dès lors, je gagnai mon pain, car ma mère, ayant congédié son atelier, se mit à faire, chez elle, des ouvrages perlés, et je l'aidais. Nous nous levions à 7 heures du matin et nous travaillions jusqu'à 11 heures du soir pour gagner à nous deux cinq francs par jour. Grâce à Dieu, ma mère avait des doigts de fée et savait au bout de vingt-quatre heures tous les métiers sans en avoir appris aucun. Son adresse et sa vivacité tenaient du prodige...

Les travaux perlés nous aidèrent à ne pas mourir de faim pendant l'été, mais l'hiver arrivait et ramenait la détresse.

Et ce furent les mêmes luttes chaque saison! Des mois de travail (n'importe lequel), modes, passementerie, broderie, perlage, confections d'enfants, lingerie, robes, tout nous passa par les doigts. Mais les mortes saisons revenaient régulières et terribles, et les meubles et le linge rachetés pendant la période productive partaient de nouveau... On vendait tout, petit à petit, pour manger et mon chagrin était doublé de voir ma mère que j'adorais, à peine couverte l'hiver, pleurant, se désolant et luttant, luttant sans cesse pour aboutir toujours « à la misère »!

Je la revois chaussée de vieilles bottines de mon père... allant, trottant dans Paris, moi à ses côtés. A cette époque, elle sortait toujours avec une grande boîte en bois et moi un sac, remplis de chapeaux pour dames et, de 8 heures à minuit, nous « faisions la place », c'est-à-dire que nous entrions partout, dans chaque petit magasin des faubourgs, offrir notre marchandise confectionnée l'après-midi.

Nous prenions tous les soirs un itinéraire différent.

Un soir, c'était le quartier Montmartre, le lendemain c'était Belleville, puis le quartier Clichy, puis Ménilmontant! Ah! ces quatre heures de sortie tous les soirs d'hiver, par la pluie, la neige, le verglas! Ces kilomètres parcourus les pieds trempés... Quand nous vendions nos petits chapeaux, c'était bien! on pouvait avec le bénéfice vivre deux ou trois jours.

Quelle tristesse nous prenait, ma mère et moi, quand, après les dix heures de travail de la journée, nous ajoutions ces quatre heures de promenade nocturne, et que nous rentrions sans avoir vendu! Le lendemain matin on remettait les pauvres chaussures trouées ou mouillées de la veille... on revêtait ses pauvres vêtements mal séchés, ce qui leur donnait cette espèce de parfum spécial à la misère, un parfum âcre qui ressemble à l'haleine des gens qui restent souvent sans manger...

Ah! comme je les connais ces deux odeurs-là!

Quand des malheureuses viennent me trouver, je peux dire le degré de leur misère rien qu'à l'odeur qui se dégage de leurs vêtements et de leurs bouches...

Je me rappelle qu'un soir glacial d'hiver chez un marchand de modes du faubourg Montmartre où la chaleur était accablante, ma mère que j'accompagnais, apercevant mon visage congestionné, me conseilla de sortir et de l'attendre devant l'étalage.

J'étais dehors depuis cinq minutes, la regardant à travers la vitre discuter avec le commerçant, quand tout à coup je sens qu'on me prend par la taille! Je bondis de peur et vois, terrifiée, les trente-deux dents blanches d'un nègre qui se tordait de rire de ma frayeur. Je rentre tremblante dans le magasin, la figure si bouleversée qu'il me faut m'expliquer.

« Ah! ah! c'est le nègre? dit le commerçant. Il est depuis dix-neuf ans dans le quartier et son plaisir est chaque soir de faire peur aux jeunesses de la rue... Il a une figure horrible, mais c'est un excellent homme! »

Jamais je n'ai pu oublier les dents de ce Noir! de même que jamais je n'oublierai les heures de fatigue du soir... Je m'endormais, brisée, sur les comptoirs des magasins et ma mère, souvent, prolongeait exprès ses « offres de service », comme disent les commerçants, pour prolonger mes repos. Je ne crois pas que beaucoup de femmes aient parcouru Paris et usé de leurs pauvres pieds les pavés de la capitale autant que ma mère et moi!

« Faire la place » ne nous rapportait plus de quoi vivre au bout d'un an, et la misère fut alors terrible pour ma mère et moi. Comme une fois de plus on avait vendu nos meubles, notre linge, tout... mon père partit et nous laissa seules; aussitôt ma mère et moi nous décidâmes de changer nos moyens de lutte pour la vie. Il fut entendu que je tâcherais d'entrer comme employée quelque part.

« De cette façon, concluait ma mère, je serai certaine que tu manges tous les jours... » Et je pleurais beaucoup à l'idée que peut-être ma mère resterait là... sans pain. Il me semblait que mes seize ans la défendaient comme un rempart! Il me semblait que « j'étais sa mère »!... Qu'allait-elle faire sans moi tout le long du jour? Oh! qu'un cœur d'enfant, quand il est tendre, peut souffrir... En cette année 1926 où j'écris ces mémoires, toute la France, supportant les suites ruineuses de la guerre de 1914, se plaint. La difficulté pour les familles de travailleurs de « joindre les deux bouts » va obliger les gouvernements à prendre, disent les journaux, des mesures de restrictions et contraindre chacun à réduire ses dépenses, jusque dans les menus de sa table. Ma jeunesse à moi a vécu d'éternels temps d'après-guerre... J'ai connu, il y a cinquante ans, les luttes qui, aujourd'hui, soulèvent de sourdes révoltes, cependant, il nous fallait travailler seize heures par jour pour gagner cent sous tandis que de nos jours les courages se limitent à huit heures de labeur par jour. De sorte que, lorsque je les entends se plaindre, je pense à ma mère et à ses yeux rougis par les veillées sans fin...

DANS LES AFFAIRES

J'ai seize ans.

J'adorais l'activité des affaires, donc j'arriverais très vite, disait maman. Après deux semaines j'avais trouvé à entrer comme « mannequin » chez Hentenart, couturier de la rue du Quatre-Septembre, j'étais nourrie, habillée et je gagnais soixante-quinze francs par mois, c'était magnifique! Je rapportais mes soixante-quinze francs net, n'ayant jamais d'amendes pour des retards à l'arrivée du matin; j'étais un modèle d'exactitude. Je le suis restée, car depuis trente-cinq ans que je fais du théâtre, pas une seule fois il ne m'est arrivé de me faire attendre une minute en scène ou à une gare.

Ce bonheur, surtout cette tranquillité relative, ne dura pas. Après dix mois, il me fallut quitter cette maison, où l'on vous défendait de vous asseoir.

Mes jambes étaient faites aux dures marches, mais de 8 heures du matin à 9 heures du soir, rester debout, à piétiner dans trois salons aux tapis épais qui nous brûlaient les pieds, était une torture que ma très pauvre santé ne sut pas supporter. Je sortis de là, les jambes si enflées, si malades, qu'il me fallut, pour les guérir, prendre de longues semaines de repos, retombant ainsi à la charge de ma mère.

Mme Barutel, une femme délicieuse, était « première vendeuse » chez Hentenart; ma jeunesse, mon courage l'avaient touchée et quand, à son tour, elle quitta la maison Hentenart pour occuper, aux grands magasins du Printemps, l'emploi de directrice d'un rayon de robes, elle m'appela. J'avais seize ans et demi, je jurai que j'en avais dix-huit (âge exigé) et l'on m'accepta d'autant plus aisément que j'étais protégée par cette charmante femme.

Pendant huit mois tout alla assez bien, je gagnais cinquante francs par mois, cinq pour cent sur mes ventes... je me faisais dans la belle saison jusqu'à cent vingt-cinq francs! Nous avions racheté (encore!) des meubles et commencions à nous tirer d'affaire, quand ma santé redevint si précaire que je dus quitter le Printemps. « Gare à la poitrine », disait le médecin... ma mère prit peur et nous connûmes alors elle et moi des mois terribles. Mes expériences chez Hentenart et au Printemps me semblèrent, hélas, suffisantes pour tenter de faire de la couture chez moi; j'avais depuis ces deux années fait la connaissance de dames fort élégantes et j'allai les trouver.

Je savais que presque toutes les Parisiennes très chic ont une « petite couturière » pour les chiffons de minime importance, et j'avais compté sur la sympathie que j'inspirais pour me faire vite une clientèle.

Seigneur! le haut commerce m'avait enseigné bien des choses utiles, mais pour notre malheur, ce qu'il me fallait apprendre encore, c'était la coquinerie de certaines grandes dames, exploitant la misère ouvrière. La comtesse de L..., qui possédait un splendide hôtel au parc Monceau, était une telle diablesse, une telle furie, qu'elle terrorisait mes dix-sept ans et en profitait chaque fois pour diminuer de ma modeste facture tout ce qui était le bénéfice de mes travaux, de sorte que je travaillais pour rien!

Une autre grande dame, célèbre celle-là pour son élégante beauté, venait aussi chez moi! Je lui faisais des robes de soirée merveilleuses que ma mère, remarquable brodeuse, lui garnissait de fleurs, de perles fines, passant des nuits à coudre, pour toucher « comptant » les trois cent cinquante francs demandés... Mais la grande dame recevait le soir les députés et ministres, et la réception alors ayant épuisé ses ressources, la petite ouvrière devait attendre... et j'attendais des semaines et des semaines, allant chaque jour demander un acompte. On me mettait à la porte et je devenais folle de rage, quand je lisais que la dame « avant-hier avait donné un grand bal » : « Mme X..., ajoutait le journal, avait une merveilleuse robe brodée de perles, sortie de chez le grand faiseur »! Cette belle madame-là avait la jolie ruse de nous faire « coudre » à ses corsages et à ses manteaux des étiquettes et des rubans de taille des grandes maisons de couture où elle se fournissait aussi.

Et cette Américaine qui partit un jour du Grand Hôtel, avec trois robes livrées par moi, oubliant de me les régler!...

Dans les heures difficiles, il faut reconnaître que seules nos jeunes ouvrières étaient vraiment bonnes et dévouées. Elles participaient à nos peines avec une admirable générosité.

Je garde depuis une tendresse à toutes celles qui cousent! je les aime. C'est à l'ouvrière parisienne que je dois le fond de mon talent, oui, car c'est d'elle que j'ai appris la vie, la vie réservée aux filles pauvres, qui n'ont personne pour les défendre, que leur raison, leur pudeur et leur religion. Elles sont sans contrôle dans la vie, le père, la mère travaillant chacun de son côté, et beaucoup de ces jeunes filles « de pureté volontaire » savent que, leur vertu, c'est leur dot!

Mais à côté de ces volontaires, de ces vierges fortes, il y avait les faibles, hélas! Elles m'instruisirent dès l'âge de quatorze ans, j'en entendis de toutes sortes, car sitôt ma mère sortie de l'atelier, elles ne se gênaient pas pour raconter leurs amours, leurs joies, leurs peines. Ah! qu'en ai-je écouté des histoires de séduction, rêves magnifiques d'abord, tragiques ensuite. Quelles leçons profondes que ces aventures.

A dix-huit ans, j'avais appris toutes les ruses masculines, tous les pièges tendus par les hommes. Si mon corps restait pur, d'une pureté absolue, je sentais mon âme en péril et mon esprit souillé.

De vivre parmi toutes ces pauvresses et si jeunes petites pécheresses avait fait de moi une jeune fille très curieusement femme, et grave, et sérieuse, et amère, amère! C'est sûrement de ce milieu que mon art de chanteuse apprit ses accents les plus profonds, les plus humains, les plus sincères, car j'ai connu toutes les détresses de la vie. Celles qui ne furent jamais longtemps très malheureuses ne peuvent pas « savoir » être souvent très bonnes...

Ah! que je me promettais d'être bonne, si je devenais riche un jour!

DERNIER SOUVENIR DE MON PÈRE

C'était en 1884, j'avais dix-sept ans, et il y a aujourd'hui quarante-deux ans que, le 13 août, je portai à mon père, à son lit de mort, des fleurs de fuchsia pour la Saint-Hippolyte, sa fête. Je revis ces journées et revois ma mère accourue de Paris, le 5 août, à Villedieu-les-Poêles, en Normandie, dans cette auberge de Mme Bochin qui, touchante de charité chrétienne, soignait mon père, tombé là, comme un bolide. Il avait été surpris par la maladie au cours d'un ultime voyage, car il avait voulu mourir en sa belle ville normande de Saint-Lô, mais les chaleurs et les fatigues du voyage l'avaient arrêté en route.

Fidèle à sa Normandie, mon père expira à Villedieu le 17 août.

Quels souvenirs! La dépêche de l'aubergiste informant ma mère que mon père mourant la réclamait. Pas d'argent en caisse pour partir! Que faire? Une Américaine, Mrs. Hill, pour laquelle je faisais des robes, nous prêta cent francs. Ma mère prit le train.

Puis, Mme Bochin, l'aubergiste, prise d'une affectueuse et respectueuse sympathie pour ma mère, lui offrit d'avancer les frais de mon voyage, et j'accourus à mon tour le 10 août.

Un soir qu'il se sentit perdu, mon père me dit, sa main dans la mienne : « Je meurs d'un froid pris au cercle. Le jeu... le jeu fut la cause de votre abandon! Je me repens, fillette, je me repens. Par le jeu j'ai tué vos deux bonheurs, le jeu m'a tué à son tour. Ta mère est une sainte..., je me repens..., oh! comme je me repens! »

Et comme il ajoutait : « Quand tu te marieras, pense à ton papa, veux-tu ? » Sans réfléchir, sans comprendre, cruellement je lui expliquai : « Père, je ne me marierai jamais... j'ai trop peur d'être malheureuse!... » Il tourna sa pauvre tête du côté du mur et se tut.

Ma mère, alors, lui demanda s'il ne permettait pas qu'elle se reposât quelques heures... une nonne, garde-malade, viendrait le veiller. Il balbutia un « oui » vague. La nonne arriva.

Jamais je n'oublierai cette scène. Ouvrant les yeux à 10 heures, le soir, il aperçut la nonne, assise à ses côtés, qui priait. Par un étonnant effort de volonté, il s'assit sur son lit et éclata d'un tel rire, que mère et moi, réveillées en sursaut, nous accourûmes.

S'adressant à la nonne, il criait railleur : « Ah! par exemple! Tu es de ma famille! Mais tu ressembles à toutes mes sœurs! Tu es Guilbert, n'est-ce pas? »

Et la nonnette de vingt ans, Normande elle aussi évidemment, toute bouleversée, répondait : « Monsieur, nous n'avons pas le droit de dire qui nous sommes..., je suis sœur Madeleine, c'est tout! » « M'en fous, disait mon père... tu es une Guilbert! »

Était-elle une Guilbert? Jamais nous ne le sûmes. En tout cas mon père guetta ses yeux, sa bouche, pour surprendre la vérité.

Le soir, Mme Bochin, l'aubergiste, faisant semblant de plaisanter avec mon père, lui dit : « Eh bien, le Parisien, ça vous embêterait si je montais avec Bochin dîner avec vous? Nous avons invité le curé. C'est un homme instruit, lui. Vous bavarderez de Paris ensemble. » Ma mère et moi, nous reçûmes un terrible choc, la mère Bochin préparait « les derniers sacrements », comment mon père allait-il accueillir cela?

Les yeux perçants, intuitif, il dit : « Mère Bochin, je n'aime pas les curés, mais le vôtre doit être un brave homme, il est Normand ? Oui ? Alors qu'il vienne... mais pas pour dîner, pour... pour... (et il hésitait) pour m'administrer », finit-il par dire. Ah ! ces trois regards, de mon père, de ma mère et de moi.

Le curé arriva, jovial, l'air dégagé et bon enfant, le grand vouloir au cœur de ne point effrayer l'homme encore attaché d'un fil à la terre !

Ma mère et moi, retirées derrière le rideau du lit, nous les entendîmes parler de Paris, des entraînements faciles, du péché d'adultère... « Vous repentez-vous, au moins, d'avoir été un si mauvais sujet, dit le prêtre en forme de gronderie souriante ? » – « Ah ! non ! cria mon père, s'il est une chose que je regrette, ce sont les femmes ! Ah ! curé, vous ne savez pas... mais les femmes... c'est toute la vie ! » Alors, le prêtre, adroit, voulant absolument l'absoudre avant le grand départ, lui dit, riant très fort : « Ah ! polisson ! Et votre femme ? Cette sainte femme, comme vous ne cessez de l'appeler, qu'est-ce qu'elle dit de cela... hein ? » Alors mon père, d'une voix étrange et comme lointaine, répliqua : « Ah ! voilà ! voilà, voilà mon repentir ! Ah ! que je lui ai fait de peine, curé ! Oui... pour elle... je me repens ! Qu'elle me pardonne ! J'ai été " paillasson ", j'ai été joueur, et ma femme et ma fillette... » Là, il eut une syncope.

Quand il revint à lui, il vit le prêtre qui, debout, récitait des prières... il fit signe à ma mère et à moi d'approcher de son lit, il nous embrassa, et pendant que l'huile sainte oignait les paumes de ses mains, il murmura distinctement : « Je passe à l'octroi » et mourut.

Ce fut la première fois que je vis « un mort ». J'en restai de longues semaines effrayée.

La petite nonne (était-ce une Guilbert ?) s'en alla vite à son couvent chercher des fleurs, des linges, des cierges, et deux jours après, le 17 août, mon père, mené « à bras » (le corbillard n'existait pas à Villedieu) par des voisins de l'aubergiste, fut escorté de six nonnes et d'une soixantaine de petites fillettes du couvent, habillées en blanc, cierges en mains...

Les prières des prêtres et les chants des vierges conduisirent par les champs de blé roux, les coquelicots et les bluets, ce Parisien fêtard, auquel, après nous, un soleil radieux donnait un dernier baiser...

LE DÉBAT DU VENTRE

A cette époque où je travaillais chez moi, l'arrivée des mortes saisons me rendait la vie atroce! Alors que chez Hentenart et au Printemps, j'avais été *nourrie régulièrement*, il fallait maintenant chaque fin de semaine, quand des clientes remettaient les paiements de leurs notes, aller dans le quartier, chercher la pâture à crédit! Ah! la chasse au pain, quelle horrible chose! Quels yeux terribles avait un petit épicier de la rue Miromesnil, quand je disais : « Ma mère passera demain, monsieur... »; l'épicier criait devant tout le monde : « Sans faute, hein, ma petite? sans cela vous n'avez plus besoin d'entrer ici! » Seigneur! j'entendais mon sang sauter dans mon cœur et mes oreilles!

La boulangère était gentille, peut-être savait-elle ce que c'est que la vie des ouvrières à Paris. Mais le boucher était féroce! après trois petites notes de deux côtelettes, il vous refusait net, devenant brutal et insolent. J'avais faim, mais de longues semaines se passaient avec du pain et du fromage.

Une fois, je fis une grande et stupide surprise à ma mère. Il y avait bien des jours que nous n'avions goûté un morceau de viande, quand étant descendue chercher trois sous de fromage, je passai devant un superbe magasin de volailles.

Ah! si je pouvais faire manger à maman une de ces magnifiques bêtes...

Il y avait, étalés dans de beaux plats, des poulets cuits et entourés de cresson... Je les regardai, puis, ma foi, je me risquai... j'entrai dans la boutique.

– Combien le poulet?

– Cinq francs, ma petite demoiselle.

– Eh bien, dis-je d'un air très dégagé, faites porter ce poulet chez Mme Guilbert, rue de la Boétie, 42, et j'ajoutai : « Le poulet vous sera payé à domicile... j'ai dépensé tout ce que j'avais dans mon porte-monnaie. »

Peu de temps après, je vis le garçon partir avec le poulet!... J'étais folle de joie à l'idée de la surprise de ma mère, je savais qu'on paierait dès qu'on aurait de l'argent, le commerçant, lui, ne mourrait pas d'attendre cinq francs et quel service humain cela nous rendait!

Des yeux, je suivis le garçon, il entra dans notre maison et redescendit avec son poulet! J'étais stupide d'émotion. Je courus après lui.

– Eh bien, lui dis-je, vous remportez votre poulet? Pourquoi?

– La dame l'a refusé...

– Comment? qu'a-t-elle dit?

– Que c'était une erreur, qu'elle n'avait rien commandé...

– C'est évident, dis-je au garçon, puisque c'est moi qui suis entrée chez vous. Tenez, donnez-moi ce poulet, je le remonterai moi-même...

– Et mon argent? fit le garçon.

– J'irai demain ou après-demain régler cela, en faisant mes courses.

– Bien, bon, dit le garçon..., du reste si vous l'oubliez, j'ai l'adresse.

Et il me remit le poulet.

Enfin on allait donc manger!

Quand j'arrivai à la maison, je déposai en silence le poulet sur la table... ma mère avait mis deux assiettes et deux couteaux, ne s'attendant qu'à du pain et du fromage...

J'allai la trouver dans la chambre où elle travaillait et elle me dit en riant : « Nous avons failli avoir un déjeuner de gala... figure-toi qu'on a apporté ici un poulet. Une similitude de nom sans doute... naturellement, je l'ai renvoyé, ce poulet, la dame qui le commanda fera meilleure chère que nous... hein, ma pauvre grande fille ? »

– Bah, dis-je à ma mère, elle a peut-être mal aux dents.

Tout en parlant, maman s'était levée et nous allâmes dans la salle à manger où nous attendait la surprise...

Ma mère se mit à rire si fort en revoyant la bête sur notre table que cinq bonnes minutes nous ne pûmes rien dire... elle riait, je riais, elle m'embrassait, je l'embrassais, c'était inouï...

Et je racontai mon audace...

– Mais, dit ma mère, nous n'aurons pas d'argent avant un mois, j'espère que ce commerçant est un brave homme qui saura attendre ?

– Mais oui ! mais oui ! dis-je à maman ; en attendant, à table !

Et nous fîmes ce jour-là un repas royal qui nous remit un peu l'estomac. Hélas ! nous payâmes cette petite orgie des insultes que le garçon livreur hurlait régulièrement chaque jour, de 11 heures à midi, dans la cour de la maison ! Tous les gens des six étages étaient au courant de cette dette de cinq francs... Il me semble entendre encore sa voix enrouée : « Ça se gave ! Ça mange des poulets, non, mais ma parole, ça se fait passer pour des ouvrières, et c'est des voleuses ! »

Enfin il fit pendant quatorze jours tant de scandale que la concierge finit par avancer les cinq francs. Ma mère et moi, nous n'osions plus sortir et rougissions en rencontrant les voisins dans l'escalier.

Ah! quel temps affreux! c'est en souvenir des mauvais bouchers, des mauvais épiciers, des durs marchands de comestibles, que, depuis que je suis artiste, j'ai donné une vraie fortune à tous ceux qui vinrent chez moi crier : « Pitié, pitié, j'ai faim! » Je me suis souvenue! et j'ai donné, donné, car chaque fois que je suis pauvre et que je chante, Dieu me jette des sous, lui aussi, alors je les partage.

DEUX HOMMES PASSÈRENT

Mais un jour arriva, un jour voulu par le destin. Et de ce jour-là devait dépendre toute ma vie future.

Je fus suivie dans la rue par un homme assez âgé. Il commença par me dire que j'avais une taille superbe... un corps élégant... Je ne me retournai pas. « Écoutez-moi donc, Mademoiselle... Ne marchez pas si vite... Mademoiselle, écoutez-moi donc! j'ai une proposition à vous faire... une proposition très honnête... Je suis Zidler, le directeur de l'Hippodrome... » J'avais précipité ma marche, mais j'étais si vite essoufflée que je dus la ralentir, je serais tombée!

Il en profita pour bien regarder mon visage, car jusque-là il ne m'avait vue que de dos. J'étais très intimidée.

– Mademoiselle, soyez calme et laissez-moi marcher tout doucement à vos côtés... je suis vieux et je ne peux pas courir.

Je ne répondais pas un mot.

– Voilà, fit-il, je vous propose de vous donner des leçons d'équitation et de faire de vous la plus belle écuyère de Paris!

Du coup, j'éclatai de rire. Il continua :

– Ne riez pas... dans deux ans vous gagnerez 20 000 francs par an...

Je dressai l'oreille.

– Que faites-vous dans la vie ? Ouvrière ?

– Oui, Monsieur...

– Eh bien ! Ça ne vous plairait pas d'être écuyère ?

– Ma mère ne consentira jamais...

– J'irai la trouver.

– Oh non ! laissez-moi d'abord lui parler...

Alors il me remit deux places pour venir avec maman à l'Hippodrome lui apporter *nos réponses...*

– Réfléchissez, jeune fille, c'est la fortune pour vous.

Puis, comme il allait me quitter, il me regarda des pieds à la tête : « Quelle écuyère ! quelle magnifique écuyère ! »

Il me tendit si paternellement la main que je n'hésitai pas à lui donner la mienne, et c'est ainsi que je fis la connaissance d'un des hommes les plus curieux, les plus intelligents de Paris, qui, jusqu'à sa mort, me resta dévoué et de bon conseil.

Quand je racontai l'aventure à ma mère, elle se fâcha. « C'est cela ! monte à cheval, casse-toi le cou ou les jambes, et puis après ?... »

Je lui dis que j'avais promis une réponse...

– Eh bien, tu prieras Mlle Masson de t'accompagner à l'Hippodrome, moi, je n'irai pas.

Deux jours après, notre coupeuse, Mlle Masson et moi, nous étions à l'Hippodrome.

Zidler demandé accourut.

– Eh bien ?

– Maman ne veut pas.

Alors, assise à côté de lui dans son bureau, je lui racontai ma vie de travail et de luttes, mon manque de santé qui paralysait mes efforts.

– Et voyez-vous, Monsieur, changer de métier serait changer de misères... Un accident pourrait me mettre pour des mois à l'hôpital... Alors, et ma mère ?...

Il m'écoutait... me regardait.

– Pauvre petite femme, finit-il par dire attendri... eh bien, pour vous distraire, je vous enverrai de temps en temps des places de théâtre. J'en reçois de partout.

Et je quittai le brave Zidler sur cette promesse.

Deux mois après je reçus deux fauteuils pour aller entendre Sarah Bernhardt au théâtre de la Porte-Saint-Martin. J'étais folle de joie! jamais je n'avais vu la magnifique artiste. Ce fut encore Mlle Masson qui m'accompagna, ma mère étant souffrante.

A peine assise dans le théâtre, un monsieur vint occuper le strapontin à côté de mon fauteuil. C'était un voisin comme un autre. On leva le rideau... On jouait *Cléopâtre*, j'attendais Sarah Bernhardt nerveuse, agitée... Enfin une belle jeune femme splendidement vêtue entra... C'était Cléopâtre!

J'écoutais... je regardais... je ne perdais rien de ses gestes, de sa voix et quand l'acte fut fini, je restai fort désappointée... Mlle Masson, elle non plus, n'était pas enthousiasmée. Alors, le monsieur du strapontin, s'amusant follement de nos critiques, nous informa que Sarah Bernhardt ayant été indisposée en arrivant au théâtre, nous avions vu *sa remplaçante*!

Et il me tendit sa carte :

EDMOND STOULLIG
Critique dramatique

– Évidemment, dis-je, vous devez bien connaître Sarah Bernhardt...

Il sourit.

– Ah! fis-je, quel malheur... c'est bien ma chance!

– Vous ne la trouvez pas bien, la remplaçante? fit-il.

– Non, Monsieur...

– Pourquoi?

– Elle parle mal et ne souffre pas avec vérité... « à mon avis », ajoutai-je tout à coup honteuse d'avoir été si affirmative.

Il fut si intéressé toute la soirée par ce que je lui disais que, tout à coup, il s'écria : « Faites du théâtre,

Mademoiselle, intelligente comme vous l'êtes, vous êtes certaine de réussir », et il ne cessait de me regarder.

Et, pendant tout l'entracte, il m'assura encore qu'il fallait « faire du théâtre ».

– Tenez, je vais vous donner un mot pour un professeur admirable.

Et sur sa carte il inscrivit :

Landrol, 101, rue Lafayette. « Je lui écrirai », ajouta-t-il.

Et c'est de ce jour-là que data la vieille et fidèle amitié de Stoullig pour sa « filleule » Yvette.

En rentrant je racontai l'aventure à ma mère...

Elle m'écouta et, à ma grande surprise, me dit : « Eh bien, essaie ! »

Comme déjà j'adorais chanter :

– Ah ! dis-je, si j'avais seulement plus de voix, j'aurais tenté le genre Judic ou Chaumont... mais avec mon filet de voix, impossible !

Bref, les rêves commencèrent... J'écrivis à Zidler pour lui faire part de ma nouvelle décision, il me répondit que mourir de faim pour mourir de faim (car je gagnerais peu de chose à mes débuts), il valait mieux mourir de faim en gaieté.

Je pris des leçons avec Landrol; au bout de huit mois il m'envoya, comme tous ses élèves, débuter au théâtre des Bouffes-du-Nord. Ce fut dans un drame d'Alexandre Dumas, *La Reine Margot*, que le beau rôle de Mme de Nevers me fut confié.

Comme il me fallait quelque argent pour acheter des fards, des souliers, des gants, j'écrivis au brave ami Zidler.

Réponse : un beau billet de cent francs!... Et je débutai ! Habillée de costumes loués trois francs, avec, sur la tête, une petite couronne qui se déplaçait comiquement à chacun de mes mouvements !

Jamais je n'oublierai ma première soirée... mon

émotion... ma peur de commencer, ma joie de finir et celle d'Abel Ballet, le vieux directeur de cette scène qui, à chaque représentation, se demandait si elle irait jusqu'au bout!... Ah! belle jeunesse... mon habitude de « trottin de Paris » me faisait allonger les jambes, et je traversais la scène en quatre pas, comme un soldat! et quand des épisodes comiques faisaient rire le public, je ne pensais plus à mon personnage, à mon rôle, je riais avec lui!

Mais ce public de faubourg, qui n'avait jamais vu dans ce théâtre que des apprentis, ne se chagrinait pas de tout cela... On jouait, il s'amusait et voilà tout.

C'était en 1885. Je jouai là cinq ou six pièces et des comédiens ayant eu la gentillesse de me recommander à un usurier qui prêtait de petites pièces d'or aux artistes pauvres, j'avais un peu d'argent en poche.

ADELINA GAILLARD

Ô charmante figure de femme!

Curieuse petite modiste de dix-huit ans, venue de Sedan à Paris vers 1883, un dé au doigt, une aiguille au corsage, tu dors depuis seize ans dans mon tombeau au Père-Lachaise. Un jour on m'y descendra près de toi, Lina, qui fus ma sœur. Qui t'aurait dit que ce serait moi qui t'offrirais ton éternelle demeure dans un petit coin de la mienne?

Je te revois si nettement en ta belle jeunesse de travailleuse, ta tête brunette aux grands yeux verts, ta bouche hermétique aux dents blanches, et ce « mutisme » volontaire qui faisait de toi un être si prodigieusement tranquille!

Toi dans tes maisons de modes, moi dans mes maisons de couture, nous formions le projet « d'un jour » nous établir ensemble. Ma mère entretenait nos désirs. « Deux jeunes filles sérieuses comme vous, disait-elle, vous réussirez. Ah! si l'on avait des capitaux pour installer une petite boutique! » Tu ne répondais rien, tu hochais la tête... et les beaux dimanches, dans le jardin des Tuileries, nous recommencions de parler de nos rêves. Quand je décidai de « faire du théâtre », tu restas sans voix. C'était comme une trahison envers toi. « Et notre travail, Yvette, notre travail », disais-tu. Pauvre chère Lina, si honnête, si sincère, peut-être que Dieu n'a favorisé mes efforts que pour te donner la joie d'être « patronne » à ton tour et pour me permettre de t'installer ta petite maison de modes, « New House », de la rue de Clichy où plus tard je t'ai vue morte, couronnée de cheveux blancs... Ton cœur si grave, si romantique, n'était point fait pour affronter la vie de Paris, si dangereuse aux jolies filles pauvres. T'ai-je bien connue ? Il y avait tant de mystère en toi. Je te voyais toujours à l'ouvrage, muette, sérieuse et, quand on parlait de l'amour, un grand voile descendait sur ton visage, et ta pudeur charmante nous impressionnait tous. Que de fois, depuis ta mort, j'ai pensé à toi, petite modiste décente, et si tendre... Et à ton désespoir de voir épouser par une autre celui qui disait t'adorer !

Comme tu étais heureuse quand, à la morte saison, je te disais : « Allons, ferme boutique, et filons à Londres ou à Cabourg ou en Italie. » Et comme j'avais de la joie à te récompenser de ta noble vie de travailleuse, si fière moi-même d'être indépendante par mon travail.

Je n'oublierai jamais ton émotion le jour de mon mariage ; comme tu pleurais en voiture ! Et puis, cette bonne amitié qui s'affirmait chaque année davantage fut un jour écrasée par ta mort.

Ah ! jamais, jamais, je n'aurais cru qu'on pouvait mourir et sourire ! Ton beau visage était aussi radieux que celui d'une sainte en extase et que de fois, depuis 1910, j'ai dit à mon mari : « Qui sait si elle était vraiment morte ?... »

Chère Lina, gentille ouvrière comme moi autrefois, tu fus ma sœur, de longs ans de ma vie tu fus mêlée à mes soucis et à mes joies, et ton cœur si sûr, si fidèle, me fut un exemple.

THÉÂTRE DES BOULEVARDS

Enfin, un soir, aux Bouffes-du-Nord, le directeur du Théâtre Cluny, M. Marx, vint me demander de remplacer au pied levé son étoile « Aciana », tombée malade.

J'acceptai et fis un mois de représentations à Cluny. C'était pour les fêtes de Pâques. Je ne connaissais pas la pièce.

Le directeur des Bouffes-du-Nord me fit remplacer et j'allai assister à la représentation dont j'ai oublié tout, excepté une scène comique qui se passa devant le public, sans qu'il se doutât de l'aventure.

Un vieux grognard de comédien, qui s'appelait Allard, avait en cette pièce à répondre à une toute jeune actrice fortement enrouée, et le vieux ronchon lui faisait répéter méchamment ses phrases... la petite s'égosillait et s'enrouait davantage; alors, moi, en scène, je criais, blagueuse :

« Eh! le vieux!... vous êtes sourd d'oreille, hein?... A votre âge, ça se soigne... mais faut pas tarder! » La tête du comédien fut telle que le public se tordit de rire; alors moi : « La petite est enrouée, vous, vous êtes sourd... alors, c'est moi qui vais vous crier ce qu'elle a à vous dire... » Et je me mis à hurler les phrases de la gentille comédienne, qui n'en revenait pas! Plainte du vieux comédien au directeur; mais quand celui-ci vint à moi, je lui expliquai la méchante rosserie du cabot. « Vous êtes une débutante, vous ne devez pas parler ainsi à M. Allard!... »

« Débutante ou pas débutante, j'ai aidé la petite enrouée, le vieux, je m'en fiche! » Ma réponse me fit adorer de Marx! Il s'employa à me faire jouer « sur les Boulevards », il alla trouver le père Brasseur, directeur des Nouveautés, qui me confia des levers de rideau! J'étais « sur les grands Boulevards »! Ô amusante vanité de la jeunesse!

Petite bête que j'étais! Pour interpréter « les rôles », il fallait des toilettes... et où les prendre?... Je gagnais aux Nouveautés 250 francs par mois...

Je résolus d'aller trouver une maison de couture et de la prier de me faire crédit tout le temps qu'il me faudrait pour « arriver à une situation ». Ce fut la maison Ohnet, rue du Quatre-Septembre, qui eut confiance en moi.

Je dis à Mme Ohnet que j'avais été dans la couture chez Hentenart, puis au Printemps et qu'enfin, lasse de végéter avec ma mère, j'essayais de faire du théâtre... Je lui donnai ma parole d'honnête fille que je la rembourserais aussitôt que je toucherais des appointements sérieux. Elle accepta. J'étais sauvée...

Eh bien, non!... je n'étais pas sauvée, car lorsque je prévins mon directeur que j'étais en mesure de bien m'habiller, il me répondit :

– Oui... mais tu es dans un théâtre très comique ici, et tu es triste à pleurer, jamais je ne pourrai t'employer, tu as une figure pour jouer les tragiques, tu ne sauras jamais rire, ma pauvre Yvette, *tu n'as pas d'expression!*

Pas d'expression! Ah! cette phrase! ce qu'elle me fut dite souvent...

– Mais je vous assure, Monsieur Brasseur, que j'ai un genre comique à moi... Confiez-moi un rôle, vous verrez... Voulez-vous, tenez, que je vous chante une chanson drôle?

– Non, non, fiche-moi la paix, tu es une triste... Va à l'Odéon, au Gymnase, ici tu ne feras jamais rien, rien, rien.

J'étais désolée, désolée... on ne me retint pas le jour où je fis savoir que le théâtre des Variétés voulait m'engager... Brasseur déchira mon contrat et je partis pour les Variétés.

Là j'avais aussi 250 francs par mois, mais de bons petits rôles m'étaient donnés. Je savais que, en ma qualité de débutante, il me fallait être patiente... Je l'étais, car j'avais des exemples de comédiennes bien connues qui, à cette époque, gagnaient 1 000 francs par mois! Réjane, par exemple.

Aux Variétés, j'avais de superbes leçons gratuites, je n'avais qu'à regarder jouer la fameuse troupe; c'était le temps de Judic, Réjane, Dupuis, Baron, Christian, Lassouche, toutes les célébrités de l'époque. Chaque répétition m'apprenait des quantités de choses, et c'est en voyant travailler *l'art dramatique* que, moi, j'appris à chanter! Ce sont ces acteurs qui influencèrent « ma manière », car plus tard, quand j'eus à apprendre une chanson, je m'appliquais « à la jouer ».

C'est aux Variétés que j'appris tous les trucs, toutes les ficelles des actrices, des acteurs, des directeurs, des auteurs, et je me disais : « Mais pour faire son chemin dans ce métier-là, à Paris, il faut plus que de la diplomatie. Saurai-je m'en tirer ? »

Un jour, on me donna un rôle délicieux dans une pièce de Millaud. Judic était l'étoile de ses pièces, elle était charmante camarade avec les « Petits », et je lui dis combien j'étais contente de mon rôle. Deux jours après, hélas, il m'était retiré, et une splendide fille, demi-actrice, demi-courtisane, en devenait titulaire...

Pourquoi ? Elle était la maîtresse d'un des plus gros actionnaires du théâtre...

J'allai toute en larmes trouver le directeur Bertrand, qui, très calme, me dit :

– Mon enfant, ce sont des obligations auxquelles un théâtre ne peut échapper... Vous en verrez bien d'autres, allez ! Il nous faut compter avec tant de gens... Croyez-vous que cela m'amuse d'engager cette femme, elle ne sait ni parler ni marcher en scène... mais au théâtre, personne, vous entendez, ne peut se dire libre, nous sommes tous esclaves de tous.

– Alors, dis-je, c'est une carrière qui peut vous décourager toute la vie ! Mais c'est affreux ! Quand on n'est pas étoile, comment faire pour imposer sa personnalité ?

– Le devenir, répondit Bertrand.

Je sortis du cabinet directorial le cœur glacé... Décidément je n'avancerais à rien qu'après de longues années dans ce métier... Et puis cette atmosphère louche d'intrigues... Il fallait être bien avec Mlle X... parce que son amant était rédacteur à tel journal... et sur un signe d'elle, il vous éreintait ou vous couvrait de louanges... Il fallait ne pas déplaire au comédien Y... parce que sa petite amie jouait dans la pièce, et qu'il voulait qu'elle seule des petits rôles fût remarquée. Il fallait avoir des robes nouvelles à chaque pièce, et j'eus la très mauvaise chance de tomber sur quatre fours consécutifs ! Quatre pièces avec Judic furent jouées sans aucun succès ; la fin de la saison fut désastreuse, il y avait une pièce, *La Japonaise*, qui ne fut jouée que quelques jours et ma note montait toujours chez ma couturière. Je lui devais plus de 6 000 francs, et je perdais la tête à l'idée de cette dette de confiance...

– Quand arriverai-je à gagner de réels appointements ? dis-je à Zidler...

– Dans dix ou quinze ans ; à Paris, les carrières des femmes sont très lentes... Aie du courage, ma petite... c'est une vertu, le courage ; mais au théâtre une vertu n'a jamais valu deux bons vices...

Il y avait longtemps que je m'en étais aperçue !

A mes débuts aux Bouffes-du-Nord je m'étais donné

deux ans pour « arriver »! J'ignorais tout du théâtre, moi, et je croyais qu'il suffisait d'avoir en soi un bon matériel pour devenir une artiste et gagner sa vie.

Quelle blague! C'était « le hasard » à Paris, la chance plus que le reste qui faisait le départ des belles carrières. Il fallait aider ce hasard, cette chance... et je me mis à y penser...

Des mois et des mois passèrent, et les deux ans que j'avais fixés allaient bientôt être accomplis quand vint la fermeture annuelle des Variétés. L'été, je partis en tournée avec Baron et sa troupe.

Baron était, avec Dupuis, la grosse vedette masculine des Variétés, un des chéris de Paris.

Baron aimait beaucoup mon caractère paisible et toujours égal, il savait que jamais je n'avais de disputes avec personne, et sa sympathie m'avait, par deux fois, fait distribuer des petits rôles gentils. La tournée partait avec une pièce de Meilhac et Halévy : *Décoré*. Jane May était l'étoile.

J'y avais un rôle charmant, de plus je jouais pour commencer le spectacle un petit acte tout à fait exquis, *La Sarabande du Cardinal*, du même auteur.

Meilhac vint un jour nous voir répéter et, s'approchant de moi, il me dit : « Mais c'est tout à fait bien, ma grande fille! »

Et ma foi, dans toutes les villes où la tournée passa, mon petit acte dans lequel je tenais le rôle principal eut un gros succès! Ah! que j'étais contente et pleine d'espoir.

A cette troupe d'été appartenait un comédien de talent, ancien pensionnaire de la Comédie-Française. Il était fort gai et chantait l'opérette avec beaucoup d'esprit et, dans les chemins de fer, nous chantions toujours, lui et moi, pour amuser nos camarades. C'était Baral.

Comme toutes les filles de Paris, je savais des centaines de chansons, et Baral, très enthousiaste, me hurlait dans les oreilles : « Mais lâche donc le théâtre, grande bête ! Au café-concert tu vas gagner demain ce que tu gagneras seulement dans dix ans au théâtre ! »

– Tu n'as pas assez de voix pour l'opérette actuelle, mais pour la chanson c'est suffisant. Qu'est-ce que tu gagnes aux Variétés ?

– Deux cent cinquante francs.

– Je te parie que tu débutes à l'Eldorado avec... avec 600 francs !

Je l'écoutais très troublée... 600 francs !... Pas de frais de toilette comparables à ceux du théâtre... c'était une idée après tout... et heureuse, confiante, je lui racontai que toute mon enfance j'avais eu des succès de petit prodige chanteur. On me couvrait de gâteaux dans les familles amies de la mienne, pour me faire chanter... J'imitais la grande Thérésa ! Je m'attachais des serviettes à la taille pour faire une robe à traîne et j'imitais la belle artiste ! J'adorais chanter ; mais vers quinze ans ma voix devint mince par les privations de toutes sortes, et, si elle avait du charme, elle était bien menue... La misère l'avait limée, mais elle était juste et très pure... Et puis, quoi, on pouvait essayer ! Qui sait ?... Mais mes camarades de tournée poussèrent les hauts cris !

Quoi ! aller *au café-concert* quand on était *du théâtre* ? Fi donc ! Mais le pain, le pain, il fallait bien gagner le pain... et ma mère qui perdait ses yeux de jour en jour... Coudre, coudre, toujours coudre... Est-ce qu'elle ne viendrait jamais à moi, *la Chance* ?

MON AUDITION
L'ELDORADO

La tournée Baron se termina fin août 1889.

C'était par un jour de septembre... Un soleil magnifique inondait Paris, je me dis qu'une telle glorieuse journée devait me porter bonheur. J'allai donc me présenter à l'Eldorado, le grand « Concert de Paris ». La Comédie-Française de la Chanson.

La directrice me fit auditionner. Je lui chantai un air du *Gamin de Paris*, opérette créée par Jeanne Granier.

Elle m'écouta, la directrice, fit la moue et se mit à parler bas avec deux hommes noirs, deux jumeaux *célèbres à Paris*, deux chanteurs remarquables : *les frères Lionnet*!

Je les voyais gesticuler, la persuader... Elle hochait la tête... haussait les épaules et je l'entendis qui disait :

– Eh bien, vous verrez, je vais l'engager... mais elle ne fera rien... rien.

– Pardon! répliquaient les frères Lionnet, elle chante avec originalité, en bonne comédienne, comme on doit chanter; elle manque d'habitude, mais vous verrez, vous verrez... Elle vient « du théâtre », où l'on chante autrement qu'au café-concert; mais il y a quelque chose dans cette petite.

Pendant que se discutait « ma vie » entre ces trois personnes, je regardais, effarée, Mme Allemand, « la directrice » de l'Eldorado. Je ne pouvais détacher mes yeux de son visage âgé déjà, maquillé de rose et de mauve, de sa bouche violette sur ses dents jaunies, de ses cheveux frisés, frisés... Elle portait, surmontant tout cela, un chapeau étonnant, un chapeau fantastiquement « *corbillard emplumé* » et des diamants aux oreilles, des turquoises aux doigts, des chaînes d'or au cou, des bracelets aux poignets, et, malgré cet accoutrement de mauvais goût, gardait une espèce d'allure des anciens temps de sa beauté, car la dame fut belle, si belle, disait-on, qu'un de ses puissants admirateurs, M. de M..., gros bonnet du Conseil municipal de Marseille il y a soixante ans (et plus peut-être), lui avait facilité l'achat d'une belle brasserie sur la Canebière. La belle limonadière, comme on l'appelait alors, sa fortune faite, vint à Paris. En même temps qu'elle achetait l'Eldorado *café-chantant* elle achetait le café attenant au concert, le café de l'Eldorado, et l'on y voyait M. Allemand, un petit bonhomme effacé, neutre, lourd, qui surveillait l'office et les cuisines et les achats liquides, en laissant à sa femme, l'ancienne belle limonadière de Marseille, la tâche de mener la *Comédie-Française de la chanson.*

Toute les sommités de la chanson défilèrent là, devant un public composé de petits commerçants, de petits commis.

Et ce jour de septembre 1889 où je me présentai à l'Eldorado, c'était cette belle limonadière qui devait décider de mon sort... Bref, d'une voix molle et comme à contrecœur, la grosse dame m'offrit un contrat de trois ans. Je parlai plus d'une heure pour obtenir « mes » 600 francs par mois la première année, 700 la seconde, 800 la troisième. Je devais débuter en novembre prochain.

– Travaillez, ma petite, me dirent les frères Lionnet, travaillez et vous ferez une gentille diseuse...

Je courus aux Variétés et obtins la résiliation de mon contrat; mon directeur, M. Bertrand, ne fit aucune difficulté; il me félicita de gagner 600 francs par moi.

– Le tout est de réussir, me dit-il, vous avez donc de la voix, Yvette? Bonne chance!

Il me fallait trouver des chansons pour débuter en novembre. J'avais deux grands mois devant moi... Avant toute chose, je voulais connaître un peu l'atmosphère, l'esprit de ces « cafés-concerts » où jamais je n'allais... Donc, pendant quinze jours, tous les soirs je fus partout pour me documenter. Dans les plus grands comme dans les plus petits, je constatais la bêtise, l'atroce bêtise des couplets; que c'était idiot tout cela, que c'était idiot! Et pourtant le public ravi s'amusait sincèrement, j'avais le cœur serré à l'idée qu'il me faudrait amuser une telle foule, si différente de celle du théâtre chic, ultra-élégant des Variétés! Au bout de quinze jours, mon plan était tracé, il s'agissait de trouver absolument une note nouvelle... laquelle? je ne savais pas... qui, tout en étant plus artistique, n'en eût surtout pas l'air... il ne fallait pas brusquer le goût, l'habitude de ce genre de public... J'allais voir tous les éditeurs, afin de trouver ce dont j'avais besoin pour « débuter ».

Donc, je cherchais des couplets gais, comme me l'avait recommandé la directrice de ce concert. J'arrivais chez l'éditeur Benoit, mon cher contrat en poche, pour avoir ma musique gratuitement, comme c'était l'usage, quand un monsieur entra.

Ce monsieur était le directeur du Casino de Lyon (music-hall); il s'appelait Verdellet.

– Qu'il est donc difficile de trouver, au mois d'août ou de septembre, une artiste à Paris, disait-il, elles sont toutes dans les villes d'eaux, et je ne sais qui prendre pour faire la réouverture de mon Casino... Je cherche une demi-étoile pas chère, jolie, élégante, venant d'un bon concert de Paris, et aucun agent n'a cela sous la main en ce moment. En connaîtriez-vous une, monsieur Benoit? dit-il à l'éditeur de musique.

– Ma foi non! répondit Benoit.

Pendant ce dialogue, mon cœur battait... Si je me proposais? Seulement, voilà, il avait dit une « demi-étoile » jolie, et je me savais loin d'être belle, alors?... Tout de même j'osai me lever et aller à cet homme.

– Monsieur, lui dis-je, j'entends que vous cherchez une artiste... je ne suis pas jolie... mais je viens des Variétés, un grand théâtre du boulevard, et, de plus, voici mon contrat avec l'Eldorado.

Et je sortis le contrat de ma poche.

L'homme le lut, et, voyant les appointements de 600 francs par mois, en conclut que, certainement, j'étais une bonne chanteuse.

– Quel genre chantez-vous, Mademoiselle? Le comique ou la romance sentimentale?

– Le comique, Monsieur.

– Très bien... je ne vous connais pas... mais j'ai confiance en votre contrat... nous mettrons sur l'affiche :

YVETTE GUILBERT
du
Théâtre des Variétés de Paris

et il dessina tout de suite sur le dos d'un morceau de musique le schéma de son programme en m'attribuant « la Vedette », c'est-à-dire qu'il réservait aux lettres de mon nom une place spéciale et de dimension supérieure. Bref, il me posait en étoile aux yeux du public de Lyon. Pauvre homme!

Il m'engagea pour dix jours, à raison de quarante francs par jour, voyages payés, bien entendu. J'étais aux anges, heureuse, heureuse, car cela me donnait l'occasion inespérée de m'essayer comme *chanteuse* à Lyon, avant mes débuts à Paris, à l'Eldorado : « De cette façon, me disais-je, tu sauras à quoi t'en tenir et tu seras plus d'aplomb pour revenir ici... »

Seigneur, qu'est-ce qui m'attendait ?

DÉBUTS AU CASINO DE LYON

J'arrivais à Lyon. D'immenses affiches annonçaient l'ouverture du Casino avec une artiste « des Variétés » de Paris. Je mourais de nervosité à l'idée de mes premiers essais de « chanteuse »; mais j'avais une telle confiance dans l'avenir.

Le soir arriva... Je vins en scène habillée superbement d'une robe brodée de perles fines, avec laquelle j'avais joué ma dernière comédie au théâtre des Variétés, et je commençais dans la coulisse à trembler, en entendant les applaudissements fantastiques que le public (composé en partie d'étudiants) accordait à une chanteuse qui dépassait toutes les limites de la vulgarité, et dans ses gestes, et dans sa voix, et dans tout ce qu'elle débitait, hurlant une espèce de musique de bastringue. Les étudiants chantaient avec elle, et faisaient un tapage infernal; chaque fois qu'elle sortait de scène, ils l'acclamaient, la réclamaient.

Elle, suante, haletante, son opulente poitrine inondée, ses bras tout rouges de chaleur, était comme un gros homard, les yeux hors de la tête, avec, sur le front, une frange de cheveux noirs crêpés comme du crin. Jamais je n'ai pu me rappeler son nom, mais jamais je n'oublierai la tristesse infinie qui, ce soir-là, descendit dans mon cœur; j'étais ébahie, stupéfiée, et par elle, et par ce public; alors, ce serait ça le café-concert? mon Dieu! mon Dieu!...

De la coulisse, je me rendais compte de l'orgueil joyeux de la grosse dame, qui évidemment était au ciel, car à la fin, parlant argot, elle dit en épongeant sa sueur : « Bien vrai! y en a pas beaucoup qui " m'dégoteront " ce soir! » Et ce fut vrai, personne n'eut ce soir-là autant de succès qu'elle.

Après la grosse dame vint un petit chanteur qui, l'hiver, en pleine saison, chantait à l'Eldorado de Paris. Je me rappelais avoir vu souvent son nom sur les affiches et programmes; il avait la spécialité des chansons à refrains tyroliens; lui aussi, venu pour faire l'ouverture du Casino de Lyon, devait après faire sa *rentrée à l'Eldorado.* Il s'appelait Wély et c'était une étoile de demi-grandeur des cafés-concerts.

Il entra en scène et chanta. Il s'agissait d'une dame qui était jolie, se déshabillait dans une cabine de bain, pendant qu'un indiscret la regardait par le petit trou de la porte. C'était la chanson idiote, mêlée des troulalaïtous de sa tyrolienne, et accompagnée de gestes sans paroles, ne laissant aucun doute sur les *rondeurs* détaillées minutieusement de la Vénus.

Il eut du succès, moins que la grosse dame suante; aussi, en sortant de scène, murmura-t-il quelques épithètes malveillantes à l'adresse du public qui, disait-il, préférait les ordures.

Et ce fut mon tour!... Mon cœur se déclencha, car mon entrée en scène, seule, me valut des « ah! ah! » et des « oh! Mince de Princesse! »

– Oh là là! est-elle plate, elle a tout laissé dans ses malles!

Et des rires, et des rires, de toute cette jeunesse des écoles.

Pendant deux ou trois longues minutes j'entendis des moqueries sur mon corsage, trop plat! Je ne perdis pas la tête et je chantai. Soudain, sur l'air des *Lampions* : « Où sont ses tétons? où sont ses tétons?... » et les pieds des étudiants scandaient ces paroles cocasses; alors que d'autres répondaient : « Ils sont dans sa malle! Ils sont dans sa malle. » Il me fallut sortir de scène, au milieu de ma chanson. Du coup toute la salle me siffla, j'essayais de revenir... mais le tapage était tel qu'on dut baisser le rideau! Régisseur, artistes, tous en émoi.

J'avais quitté la scène pâle comme une morte... Je me sentais défaillir, mes yeux ne voyaient plus les marches de l'escalier que j'avais à descendre pour regagner ma loge... Mon cœur semblait cesser de battre... Je me sentais si froide, si glacée que j'eus peur. Je restai longtemps assise dans ma loge avant de commencer à me déshabiller, quand on frappa à ma porte et le directeur du Casino entra.

– Eh bien? me dit-il assez doucement, qu'est-ce qui vous a pris « d'entrer en scène » de la sorte?

– Comment donc suis-je entrée?

– Comme une dame dans un salon! me dit-il avec un rire moqueur...

– Ah!... Eh bien?

– Mais, ma chère, c'est bon à la Comédie-Française, cela! Mais au music-hall c'est affreusement ridicule. Et puis, vous ne chantez qu'avec vos yeux, et puis cet air tranquille, ni bras ni jambes ne semblaient remuer. Ce n'est pas ça le café-concert... Vous ne savez pas chanter, ma chère... regardez les autres! Enfin, dit-il, nous verrons demain. Et il sortit.

Le lendemain, la presse comme le public me ridiculisant, j'eus un chagrin immense, en pensant que peut-être jamais je ne saurais gagner ma vie, ni celle de ma mère. Toute la nuit, je ne cessais de me désoler et de pleurer, j'avais le cœur brisé. On saurait mon insuccès à Paris par le chanteur Wély qui, bien sûr, le raconterait à son retour à l'Eldorado, et alors que deviendrions-nous, ma mère et moi?...

Je dus quitter le Casino de Lyon après cinq jours! le

public refusait de m'écouter et se moquait de moi dès qu'il me voyait paraître en scène. Depuis je n'ai jamais changé ma manière ni d'entrer, ni de saluer, ni de chanter; je fais aujourd'hui ce que je faisais en ce temps-là, mais la nouveauté de ma personnalité et de mon genre était telle que...

Mon directeur me paya mes dix soirées (quoique je n'en eusse en réalité fait que cinq) et me supplia de ne pas insister... et de cesser mes représentations. Nous eûmes une longue et paisible conversation, et toute à mon idée que malgré mon chagrin je ne cessais d'envisager « réalisable », je le quittai, en lui disant :

– Écoutez, Monsieur Verdellet, tel qu'il est, votre café-concert, il est démodé, il est laid, commun et si bête... Eh bien, souvenez-vous de mon nom, et vous verrez, je le réhabiliterai votre café-concert... Tenez, vous m'avez payé 40 francs *par jour*, cela ferait 1 200 francs par *mois*, n'est-ce pas ?

– Oui... eh bien ? dit Verdellet.

– Eh bien, *avant un an*, je suis sûre de revenir ici à 1 200 francs par soirée; avant un an vous entendez ?

Il me regarda et me dit : « Vous êtes folle ! vous êtes tout à fait folle, ma pauvre enfant... Non, voyez-vous, il faut retourner au théâtre des Variétés et continuer à jouer la comédie, car *jamais*, vous entendez, *jamais* vous ne saurez chanter une chanson, et puis, ajouta-t-il, votre physique, votre tenue, votre marche, sont peut-être très bien pour " le théâtre ", mais au café-concert il nous faut des femmes tout à fait différentes; bref, ma chère Mademoiselle Guilbert, retournez vite au théâtre des Variétés. »

Toute la nuit je pleurai... J'avais pendant ces cinq jours écrit des lettres désespérées à ma mère; puis, comme je cherchais la vraie raison de mon insuccès, je me persuadai qu'il me manquait la chanson qui mît en lumière « ma fantaisie ». Alors la dernière nuit, comme je ne pouvais pas dormir, tant j'étais énervée, je me mis à rimer quatre petits couplets sur le sujet suivant :

« Une jeune fille de bonne famille a bu une coupe de champagne au mariage de sa sœur... elle est gentiment grise et dit des tas de bêtises », et j'appelai ma petite chanson : *La Pocharde.*

La chanson finie, avec un refrain que je prévoyais très à effet, je me levai pour aller enfin prendre le train qui devait me ramener à Paris ; je ne me doutais pas que moi-même je venais de commencer avec *La Pocharde* l'édifice de ma carrière !

Donc me voici en chemin de fer, mes 400 francs en poche. Mais arrivée à Paris, en donnant mon billet, je constate avec de grosses larmes qu'on m'a volé mon argent dans ma poche ! Imaginez-vous mon désespoir ? Je rentrai chez ma mère brisée de chagrin, de découragement, et sans le sou. Toutefois, pour mes prochains débuts à l'Eldorado, je me remis à étudier mes pauvres chansons, quand un jour ma mère qui m'écoutait me dit soudain :

« Écoute, ma chérie, je crois que tu ferais vraiment mieux de retourner à la comédie... Je t'écoute depuis des jours et des jours, et je t'assure que tu es à côté de la vérité... » Et elle me citait des noms de chanteuses, Thérésa, Amiati, Duparc, qui, me disait-elle, avaient de la voix, et quelque chose enfin que je n'avais pas... que je n'aurais jamais, jamais ! Pour quarante-huit heures, cette fois, je fus assommée. Mais ma volonté, ma force de résistance formidable me firent reprendre courage. Oui, oui, tous, tous, ils pouvaient ne pas comprendre... Mais moi, je savais, je savais, que J'ÉTAIS PLUS INTELLIGENTE qu'eux, et que je deviendrais ce que je voulais être !

Oui... c'était *mon intelligence* qui, sans cesse, venait raccommoder les débris de mon cher courage mis en pièces.

Je suis plus intelligente... Je suis plus intelligente... et, à force de me le répéter, je le croyais !

C'était peut-être bien orgueilleux!... Mais tout de même, onze mois après je revenais *à Lyon*, au *même Casino*, et j'y gagnais 1 200 francs par soirée! Alors? ce n'était peut-être pas si bête de me croire intelligente?...

DÉBUTS À L'ELDORADO

De retour de Lyon depuis trois semaines.

Enfin arriva le jour de mes débuts à l'Eldorado. On me fit chanter à 10 heures, en belle et bonne place ; la salle était pleine, la musique se fit entendre et j'entrai en scène sur les dernières mesures de l'orchestre. Un grand silence accueillit mon entrée... Je commençai et le public m'écouta... sans applaudir ; dans le même silence, je commençai une seconde chanson ; je sortis de scène sans un pauvre petit bravo... Je défaillais... je sentis à cette minute que tous mes pauvres rêves étaient brisés.

Ma mère avait donc raison ? Les Lyonnais avaient donc raison ? Je remontai dans ma loge si atrocement désolée que je n'entendis pas une énorme chanteuse crier : « C'est maigre comme deux Anglais, et ça voudrait être comique ! »

Ce fut une camarade qui, plus tard, me raconta la boutade de Mlle Bloch, la chanteuse « colosse ». Tout alla de la même lugubre façon pendant deux semaines. Je chantais devant l'indifférence générale ; alors on me mit au programme à 8 heures... Je commençais le spectacle ! personne n'était dans la salle !

Ma directrice, la chère femme, espérait lasser mon orgueil et, par ce procédé, me faire quitter la maison, rompre mon contrat... Mais j'acceptais tout, car ma vie et celle de ma mère en dépendaient.

Petit à petit, on sut au théâtre des Variétés... que « la petite Guilbert » était à l'Eldorado; on vint m'y voir et, un soir, des camarades amenèrent un critique dramatique (M. Bisson) : ce fut le coup de grâce! Celui-là monta dans ma loge me dire :

– Ma chère, c'est effarant qu'une fille intelligente comme vous puisse croire qu'elle intéressera jamais un public en chantant comme vous le faites! Retournez jouer la comédie tout de suite! n'essayez pas de chanter, vous n'avez aucun don pour cela! Comment! vous avez entendu des mois Judic chanter aux Variétés et vous ne sentez pas toute la différence qu'il y a entre son procédé et le vôtre?

– Mais, dis-je à M. Bisson, il n'y a pas seulement une manière au monde de chanter! Judic n'a pas le monopole de la diction, elle a « son genre », je puis avoir « le mien », et n'est-il point temps de chambarder la routine et d'enfin créer autre chose?

– Mais créer quoi, mon enfant? Non, non, me répliqua Bisson... Croyez-moi, jouez la comédie... jouez la comédie...

Et pendant de longs jours, on monta m'avertir de « ma fausse route ».

Enfin, un soir, la directrice de l'Eldorado, en me payant les 600 francs de mon premier mois, me mit le marché en main : ou quitter la maison, ou rester à 200 francs par mois, pour jouer seulement les petites comédies en un acte qui, en ce temps-là, terminaient les spectacles de l'Eldorado. Je devais, si j'acceptais ces 200 francs, renoncer à mon tour de chant... Car j'étais « déconcertante », m'assura-t-elle...

C'était une façon polie de me mettre à la porte... Je le compris, et je vois encore la figure congestionnée de la pauvre dame quand, avec calme, je lui fis savoir que je préférais partir de chez elle, n'ayant aucune joie à toucher 600 francs par mois, ni même 700 la seconde saison, car c'est elle la « seconde saison », qui viendrait chez moi, me les offrir par soirée...

– Vous ferez, Madame, comme Verdellet, le directeur de Lyon; lui, il me donnera 1 200 francs par jour...

Elle retira sa voilette pour mieux me regarder.

Je lui semblais folle, ou idiote, ou malade, bien certainement, car elle éclata d'un tel rire que jamais je n'ai pu l'oublier; néanmoins je restais persuadée que c'était « ma manière nouvelle », ma personnalité qui la déconcertait comme elle avait dû déconcerter son public, auquel on n'avait pas encore dit : « Voilà enfin de l'inédit, comprenez-le... » et je me répétais : « Patience... le jour viendra... le jour viendra... »

Oh! cette Mme Allemand, quel type! Une fois, à une répétition, pendant mon court séjour à l'Eldorado, un musicien me proposa de réciter des vers comiques sur de la musique :

– Vous semblez « dire », Mademoiselle, plutôt que chanter, et ici les chanteuses sont incapables de réciter des vers... le tout pour moi, Mademoiselle, est de savoir adapter le caractère musical *au ton* de la poésie...

Au mot de *ton*, Mme Allemand cria : « *En fa, monsieur! en fa!* »

Un formidable éclat de rire partit de l'orchestre; moi je pouffais, mais elle, vexée, furieuse, de répliquer :

– Quoi ?... quoi... qu'est-ce que j'ai dit de si drôle ?... Oui, *en fa, c'est un ton passe-partout*!

Alors, ce fut un tel déchaînement parmi les musiciens et les artistes en scène qu'elle sortit, violente, faisant claquer les portes... Ce fut Gardel-Hervé qui fit renaître le calme. Mais le « ton passe-partout » resta légendaire. Ce brave Gardel-Hervé! il vient de mourir en cette année 1926.

Sa disparition ressuscite en moi mille souvenirs des tempétueux débuts de ma batailleuse jeunesse. Me gardiez-vous rancune, cher Gardel-Hervé, de ces répétitions à l'Eldorado, alors que j'avais dix-huit ans et que vous ne pouviez obtenir cette passivité « bovine » que vous réclamiez à toute la belle jeunesse sous vos ordres ? Ah ! ces vaudevilles finissant les concerts où vingt-cinq jeunes filles, costumées en marinières ou canotières du Bougival d'alors, devaient manipuler les rames de leurs supposés canots sur un rythme de pompiers à l'exercice. Par quelle fatalité fallut-il que, gavroche, je vous glapisse un jour : « Mais des rames... c'est pas des pompes à feu ! »

Oui, cher Gardel, je revois encore votre œil, votre air stupéfait, indigné, et le silence, effroyablement craquelé tout à coup par la fusée de rire des vingt-cinq femmes présentes quand j'ajoutai : « Mais oui, quoi... des rames, ça demande des exercices nautiques... les pompes à feu, c'est pas nautique ! »

– Ce qui est « nautique », rugit Gardel, c'est qu'un mot de plus et je vous fous à l'eau !

Alors, tranquillement, je lui remis ma rame avec un :

– Comme je ne sais pas nager, Monsieur, je m'en vais !

Il me regarda les mâchoires serrées et hurla :

– Eh bien, foutez le camp ! Une gamine qui ne peut pas retenir une douzaine de mouvements !

Et moi :

– Tout ce qui est idiot, je l'oublie, Monsieur, je ne me souviens que de ce qui est intelligent. Au théâtre des Variétés, d'où je viens, je retenais mes rôles, mais ça, votre machin idiot !...

Alors Gardel me donna cent sous d'amende avec obligation de reprendre ma rame. Mais quand, un mois plus tard, la directrice de l'Eldorado, Mme Allemand, me mit à la porte parce que ma façon de dire mes chansons indifférait à son public, elle ajoutait, insolente :

– Non, non, ma petite ! Retournez au Théâtre des Variétés, ne vous mêlez pas de chanter ; M. Gardel, du reste, est de mon avis. Vous n'avez rien de ce qu'il faut pour le café-concert.

Allez, mon cher Gardel-Hervé, si là-haut votre conscience ou votre amour-propre étaient pris en peine par ces souvenirs que peut-être la T.S.F. vous transmet, consolez-vous en songeant que ces expériences n'ont pas entamé ma bonne humeur et que si vous n'avez pas été plus intelligent que quelques autres à mon égard, vous n'avez pas été plus bête, et surtout que vous n'avez pas été méchant. Vous avez laissé un souvenir mérité de brave homme et je le dis à Dieu pour qu'il le sache. Donc, à la fin « des deux mois » passés à l'Eldorado, je fis mes paquets et m'en fus me présenter à l'Éden-Concert, qui se trouvait boulevard Sébastopol, à côté du magasin de Pygmalion. La directrice, Mme Saint-Ange, avait fait fortune « *dans les beurres* » aux Halles, et n'avait pas hésité une seconde à diriger *un concert*; étrange destin qu'était le mien... j'allai donc voir cette marchande de beurre.

ÉDEN-CONCERT

Ma silhouette composée pour l'Éden

On m'avait dit que la marchande de beurre était bonne et je m'en fus lui conter mes essais et mes peines. Elle m'écouta, elle était en grand deuil et, comme je lui disais : « Ah ! Madame, que c'est dur pour une jeune fille de mon âge de gagner son pain... » je vis ses yeux se mouiller de larmes... Puis, elle resta un long moment sans parler... J'étais émue sans savoir exactement pourquoi, car, à cette minute, j'ignorais la cause de son deuil et le rapprochement que son pauvre cœur faisait en silence avec sa fille perdue, morte à mon âge... Elle me regardait de ses yeux graves, si bons :

– Combien voulez-vous gagner, Mademoiselle ?

– Six cents francs, madame.

– C'est bien, dit-elle, je vous engage.

Et le contrat fut signé tout de suite. Quelle joie pour moi de retrouver du travail !

A l'Éden, nous ne choisissions pas nous-mêmes nos chansons, la directrice s'était adjoint un poète chansonnier de talent.

Le vieux père Baillet avait connu le grand Béranger ; il décidait si, oui ou non, telles chansons étaient bonnes pour la clientèle de famille, spéciale à la maison. Le style de l'Éden-Concert différait totalement de celui de l'Eldorado. Ici tout était honnête, familial, les petites pièces et les chansons étaient pour jeunes filles, la décence exagérée amenait les familles les plus prudes avec leurs enfants, et, enfin, le public de l'endroit savait que chaque « vendredi classique » le poète célèbre François Coppée, et le grand critique, Francisque Sarcey, venaient entendre les chansons de la France d'autrefois. C'était la spécialité de la maison, ces vieux refrains si terriblement difficiles à dire!

A cette époque, j'étais plongée dans le naturalisme. Mon goût allait vers les écrivains tels que Zola, Goncourt, Maupassant. Je ne rêvais *que vérité*, je cherchais à exprimer en chansons ce qu'ils avaient réalisé par le roman. Quelque chose se dessinait dans ma tête, sans se préciser. En attendant, je ne chantais que ce qu'on me distribuait. Je ne pouvais rien choisir, ni préparer, j'étais « l'employée » d'un art. Toutefois, je cherchais partout le répertoire futur, celui qui correspondait à mes forces expressives. Je le voulais très varié, très étendu, ce répertoire, passant de la farce au tragique, et d'une palette immense de couleurs.

Les auteurs, les artistes savaient, par expérience, qu'il fallait surtout *faire rire* au café-concert pour avoir « du succès ». A force de l'entendre répéter par chacun, je m'ajustais à cette idée. Très bien, je ferai *d'abord* rire et puis, après, on verrait; seulement, pour moi, il y avait rire et rire... et je rêvais d'une gaieté, de pleurs, d'émotion, de « formes nouvelles ». Je bouquinais partout... je ne trouvais rien qui me satisfît; mais je chercherais et je finirais bien par trouver!

Cependant, mon succès à l'Éden était surtout, celui d'une drôle de grande jeune fille, mince, mince, qu'on dénommait : *la comique à rallonges*, à cause de mes façons d'allonger ou de rentrer le cou.

Polin était à l'Éden-Concert le chanteur « à succès ». Son grand talent à parodier les tourlourous de l'époque lui valait l'adoration du public de l'Éden, envahi une fois par semaine par le personnel de l'épicier *Potin*, voisin de ce concert. C'était ce que nous appelions : « La soirée des Cornichons » (en souvenir de ce comestible vendu par eux).

Enfin, au déclin de la saison, au mois de juin, le concert l'Éden, comme chaque année, fermait ses portes pour rouvrir le 1er septembre. Je voulus donc utiliser mon été et priai un agent de me retrouver un contrat n'importe où.

Une offre m'arriva d'aller à Liège au mois d'août. J'acceptai. Un mois pour douze cents francs, j'étais ravie.

De juin à août, je m'occupai de mon répertoire, de celui que je rêvais de créer ; où trouverais-je les chansons qui feraient éclore mon succès?... Où ? Où ?

Un jour, je fouillais dans les cent petites boîtes de livres de toutes sortes, vendus au rabais sur les quais de la Seine, quand ma main tomba sur *Les chansons sans gêne*. Auteur : Xanrof. J'ouvris le livre et, debout sur le quai, je lus le volume entier ! Que c'était farce, amusant, jeune ! et d'une satire si quartier latin ! Si, avec cela, je trouvais quelques chansons « naturalistes » relatant cette « misère » que je connaissais si bien, alors ma route était tracée. Ah ! ce petit bouquin de Xanrof... il tremblait dans mes mains. « Combien ? » dis-je au marchand. « Douze sous. » J'achetai le volume, la musique des couplets était notée ; j'étais haletante de joie, je savais qu'enfin j'avais découvert les premiers bouts de bois dont je me servirais pour construire l'abri de ma vie !

J'allais apprendre les chansons, pour les chanter à Liège, en août. C'était :

Le Fiacre.
La Complainte des 4 z'étudiants.
Le Bain du Modèle.
L'Hôtel du n° 3.

C'est le Printemps.
Pauvre enfant, c'était pour sa mère.
De Profundis.
La Brasserie du Pacha.

et tant d'autres couplets joyeux. C'était : *Paris vu par un étudiant*, un étudiant qui fréquentait le Chat-Noir, ce cabaret où l'esprit pétillait. Xanrof avait vingt-quatre ans et toute sa verve jeune et satirique était dans ce premier livre, inconnu de tous, car personne ne chantait ses œuvres. Lui aussi attendait... Comme moi, il espérait tout et ne voyait rien venir. Et voilà que nous allions nous sauver mutuellement.

Tout le mois de juillet je travaillai les chansons de Xanrof. J'en avais choisi trois pour commencer : *Le Fiacre, Les 4 z'étudiants, L'Hôtel du n° 3*, et comme à l'Eldorado, j'avais chanté des couplets dont la musique était d'un compositeur nommé Byrec, j'écrivis à celui-ci, pour lui demander de vouloir bien me mettre des notes sur les paroles de la chanson faite par moi à Lyon : *La Pocharde.* Il accepta.

C'est à l'Éden-Concert que je conçus l'idée d'une silhouette tranchant sur tout de que l'on voyait alors. Je la trouvai vite. Elle devait être « unique » et... bon marché. J'y parvins. Et cette silhouette-là ne devait jamais s'effacer du souvenir des gens qui, après trente-cinq ans, en reparlent toujours.

Aujourd'hui encore, je ne puis aller à l'étranger sans que les journaux rappellent « la dame rousse aux gants noirs, vêtue de satin vert ». J'essaierai de faire mon portrait d'alors, m'inspirant des peintures du temps, car mon miroir ne peut plus m'aider.

MA SILHOUETTE DÉFINITIVE

composée pour mes débuts de l'Éden-Concert.
(Gants noirs.)

Ma silhouette ?... Celle d'une grande jeune fille pâle, très pâle de peau. Une tête très petite, coiffée de cheveux roux, très dorés, relevés sur un front pas très haut, et noués sur la nuque en un sage petit chignon à la grecque. Des yeux petits et mordorés : « des agathes brûlées », disaient les peintres. Par le maquillage, je les obtins *ronds* parce qu'alors toutes les femmes de théâtre les avaient *longs* « en amandes », et je voulais ne point leur ressembler.

Mon nez, gros, fit la fortune des caricaturistes ! Ils s'amusaient à le terminer en petite boule comme si deux noyaux de cerise en remplissaient l'extrémité ! J'avais un nez très burlesque, par l'effet de sa petite rondeur finale qui n'était qu'un excès légèrement charnu. Quand je commençai ma seconde carrière, je fis disparaître cette rondeur par quelques massages. Mon nez est resté fort, mais « égalisé ». Pour rien au monde, à mes débuts, je n'aurais tenté de réparer ce bout de nez ! Il était prétexte aux rosseries des crayonneurs célèbres, et leur publicité servait autant la chanteuse que le caricaturiste. Ce qu'on a pu faire de mon gros nez et de mon long cou est inimaginable. J'avais la bouche naturellement mince et grande et je me refusais à la rapetisser par le maquillage, toutes les femmes de théâtre ayant « des bouches en cœur ». Moi, la mienne était largement peinte, les lèvres épaisses, s'ouvrant sur deux rangées de trente-deux dents superbes, qui donnaient à mon sourire étincelant la place d'honneur dans mon visage. Cette bouche émaillée, éclatante, était maquillée d'un rouge de géranium ensoleillé qui contrastait, hurlait, sur la pâleur de mon visage, un visage macabre, un masque.

J'obtenais l'ombre dorée de mes yeux par le procédé suivant :

J'allumais une bougie, je passais sa flamme sur une surface de porcelaine blanche, une suie marron se formait que j'étalais sur mes paupières – rien d'autre – pas de délimitation au contour de l'œil. J'évitais ainsi les yeux « en lunettes » des comédiennes d'alors, pas de « mascaro » aux cils. J'obtenais le brillant de mes dents en mâchant du bicarbonate de soude. Ma bouche, je le répète, était et reste encore aujourd'hui, en scène, le phare de mon visage, le piège vainqueur de ma coquetterie !

Au repos, ma figure est quelconque ; elle devient énergique, dure, sévère, tragique, et subitement s'éclaire, rajeunit, s'enjolive, s'attendrit, sitôt que je commande à ma bouche de m'y aider.

Partout où je suis passée, on m'a demandé comment j'obtenais un maquillage *si naturel*. Quand, dans ma « seconde carrière », je n'eus plus besoin de « mon masque » spécial des débuts, eh bien ! je n'employais aucun fond de teint ; même aujourd'hui que j'ai soixante ans, je n'use d'aucune de ces graisses, aucun de ces liquides habituels à tous les acteurs.

Rien qu'un peu de poudre de riz, un peu de poudre rose aux joues, mise du bout des doigts, un peu d'ombre aux yeux et beaucoup de rouge aux lèvres. En cinq minutes, ma « figure est faite ». Jamais en ma jeunesse je ne mis *de blanc* sur mon cou, ma poitrine, mes bras; à la pâleur de ma peau suffisait la poudre. Grâce à la silhouette étudiée de mes débuts, les écrivains français, et ceux de partout, qui voulurent bien se soucier de moi, disaient que j'étais *une affiche vivante et macabre*. J'avais voulu l'être. Le cou très mince, très long, très rond, très flexible, les épaules tombantes très graciles, pas de seins, cinquante-trois centimètres de tour de taille; des hanches, de très longues jambes qu'on supposait maigres (combien à tort!...) car j'étais une fausse maigre, de longs bras qu'amincissaient encore mes interminables gants noirs montant jusqu'aux épaules.

Des mains trop petites pour ma taille, je gantais du 6 3/4, et je chaussais du 36! Ce fut seulement lorsque j'engraissai, vers trente-cinq ans, que mes gants devinrent du 7 et mes escarpins vernis du 37. Je portais des robes couleur vert nil l'hiver, et blanches l'été, en satin uni, presque toujours. A mes débuts, je les fis moi-même, en une demi-journée. Trois lais cousus ensemble, froncés à la taille et c'était la jupe, le corsage! Ah! le corsage... je le coupais sur une « chemise » et je l'enfilais par la tête, sans boutons, sans baleines, tout bêtement comme une vraie chemise décolletée audacieusement en pointe devant et derrière, car j'étais fière de mon dos, les artistes le déclarant superbe! Ô vanité!... des rubans de mes corbeilles de fleurs (envoyées chaque jour par de gentils admirateurs) je faisais mes ceintures. Un aimable marchand de rubans, M. Maller, le sachant, priait sa fleuriste de ne point « chiffonner » les dix mètres qu'elle recevait de lui, pour enrubanner sa corbeille, afin qu'Yvette les pût utiliser dans leur belle fraîcheur; j'adorais me parer de ces témoignages affectueux...

Une fois ceinturée des « rubans d'amis », une rose à la taille terminait « ma silhouette ». Pas un bijou, cela aussi pour me différencier de *tout le café-concert de l'époque*, qui ruisselait de turquoises à la mode, et de croissants, et de flèches de diamants dans les cheveux! Et quels cheveux! crêpés, frisés, ondulés, frangés « à la chien », avec des peignes, des épingles bijoutées, des tas de complications étranges que je trouvais de mauvais goût. Je recherchais une impression d'extrême simplicité, s'alliant fort harmonieusement avec les lignes de mon corps mince et de ma tête petite.

La tête de cire du musée de Lille, dont j'avais vu les copies, me servit d'inspiration; sa pâleur, sa couronne de cheveux roux étant aussi mon partage. Sa distinction, sans recherche, venait, à mon avis, de sa parfaite simplicité. Je voulus *surtout*, et *avant tout*, paraître très distinguée, pour me permettre de tout oser dans un répertoire, dont je décidai qu'il devait être grivois, mêlé de satire voilée, mais directe quand même. Faire de toutes les impudeurs, de tous les excès, de tous les vices *de mes contemporains*, une exposition de croquis humoristiques chantés, et les mettre à même de rire d'eux-mêmes (car aucun n'en pleura). Voici quelle serait *ma trouvaille, mon apport nouveau.*

Ah! Juvénal! Qui t'aurait dit qu'au « beuglant » tu allais, de par moi, ressusciter de tes cendres, mes gants noirs n'étant faits que des lanières antiques de ton célèbre fouet. Mon époque, vertueuse, et j'étais frite! Ah! sans les vicieux de mon temps... qu'aurais-je fait?

Mais le comique truculent de mon aventure fut que, de mes couplets qui ne relataient que *leurs* turpitudes, *leurs* tares, ils firent MON libertinage!

Le peintre pris pour le modèle! Le spectateur pris pour l' « acteur »! Aucun de mes auditeurs, aucune de mes auditrices, ne se voulut reconnaître dans les vieux messieurs, dans les femmes adultères, dans les vierges tourmentées d'amour, dans les bonnes à tout faire... dans les proxénètes de tous genres, dans les hommes d'affaires véreux, dans « le petit cochon » qui serre la main du mari dont il vole la femme et partage la caisse, dans la marchande d'amour, dans les jeunes filles à marier... dans les demoiselles de pensionnat... Et les clients des cliniques et des bouges ? Et ceux des prisons ? Et les juges ? Et les avocats ? Et les hommes d'État ? Et l'amour ! leurs façons de le faire, et de le défaire, les abandons, les misères, les avortements et leurs fœtus ! Mon époque, vertueuse ! mais j'étais frite, vous dis-je.

Mes gants noirs

Puisque le monde entier parla de mes gants noirs, j'en parlerai aussi.

Les premiers gants noirs qui m'impressionnèrent furent ceux d'une institutrice que j'eus, Mlle Laboulaye (en 1872).

J'avais sept ans, et je la revois nettement, comme si mon souvenir datait d'hier...

Rue de Turenne... au coin de la rue de Saintonge, le cours Archaimbaut. Cortambert y professait la géographie et Duruy l'histoire de France ! L'aristocratique Mlle Laboulaye acheta « le cours de Mme Archaimbaut », petite bourgeoise rose et replète, coiffée de « coques » sur les tempes.

Trop gamine pour comprendre « les sacrifices » dont parlaient perpétuellement à table mon père et ma mère (ils « s'étaient saignés » pour me mettre dans la pension la plus « chic » du Marais), j'y étais aussi malheureuse qu'en la dernière école communale ! Je m'en consolais en buvant tous les encriers de la classe « des petits » dont j'étais !

Mme Archaimbaut me faisait laver les joues, les mains et la langue une demi-douzaine de fois par jour... et je recommençais sitôt débarbouillée... Mais vint Mlle Laboulaye. Ce fut le bouleversement des mœurs de l'école, les miennes comprises. Elle était impressionnante, Mlle Laboulaye! Petite, très mince, un profil de camée, coiffée en bandeaux avec de longues anglaises « en satin noir », comme disaient les gamines tant ses cheveux brillaient, elle était serrée dans une longue robe de velours noir qui balayait les classes mal cirées et portait aux oreilles et au col des ornements de corail rose. Ses mains étaient éternellement gantées de noir : des gants montant jusqu'aux coudes, plissés et brillants.

Un jour que, pour « changer », j'avais, au lieu de boire l'encre, filtré au travers de mon tablier d'écolière tous les encriers vaseux de mes camarades, elle fut si dégoûtée de moi, qu'elle enleva ses gants pour me toucher, enlever ma blouse et me pousser dans un cabinet de toilette où une femme de chambre m'habilla en me tarabustant pour me reconduire chez ma mère! Mais j'avais vu les mains, les mains nues de Mlle Laboulaye! j'étais la première! la seule! l'unique! qui avait vu « les mains de Mademoiselle! ».

Des merveilles de mains! aux ongles en corail « comme la broche de Mademoiselle! » et voici qu'elle surprit mon regard figé de stupeur, qui suivait tous les mouvements de ses doigts. Alors, tandis qu'elle remettait ses gants, l'idée lui vint de me dire : « Tenez, petite sale... regardez... voilà comme une petite fille gentille doit avoir les mains... » J'éclatai en sanglots et je compris mon ignominie, je me jetai au cou de « Mademoiselle », la suppliant de ne pas me faire « rentrer » par la bonne, chez mes parents, qui, eux aussi, me faisaient honte de mes éternels « barbotages »! Et... miracle, le lendemain commença pour moi une vie nouvelle : plus d'encre au bout du nez, des cahiers propres, des doigts honnêtement sales comme ceux des enfants, et un respect, une considération supérieure pour les gants, les gants noirs qui faisaient à « Mademoiselle » des mains de Vierge Marie... des mains des tableaux de l'église!

Qui sait si ce ne sont point ces longs gants noirs qui impressionnèrent tant ma petite enfance, qui revinrent influencer mon choix quand je dus « me trouver une silhouette » curieuse et... pas chère ? J'étais si pauvre, à mes débuts, et les gants « noirs » étant les plus économiques, je choisis les gants noirs!... Mais j'eus soin de les porter avec des robes claires, et de les porter si montants, qu'ils exagéraient la gracilité de mes bras, élégantisant ainsi les épaules et le port de mon cou, si long, si mince...

Depuis, dans ma vie privée, je suis restée très simple. Ma mère, maîtresse de maison admirable, m'a secondée, et un ordre exceptionnel a toujours régné dans notre maison de Vaux et dans celle de Paris.

Mon hôtel du boulevard Berthier était spacieux avec un adorable jardin. J'ai vécu splendidement, mais simplement. Je rêvais d'un grand solide confort quand la guerre éclata.

Il me fallut, depuis, vendre cette adorable demeure et une charmante femme devint propriétaire de ce qui m'avait coûté alors trente-quatre années de luttes et de travail. Elle était riche, j'étais redevenue pauvre. Il fallut s'incliner devant la volonté du destin.

LIÈGE ET LA « POCHARDE »

J'appris donc *La Pocharde.* Je voulus la dire à mon premier voyage d'été à Liège où je débutais, au Pavillon de Flore (directeur M. Raskin, en août 1892).

Ainsi que mes chansons de l'Éden-Concert, *Les Chansons* de Xanrof furent orchestrées, et j'emportai le tout, avec ma *Pocharde* dont voici les très pauvres rimes que ce grand poète de Catulle Mendès appelait : Le « Petit Miracle » parce que, disait-il, c'était un miracle d'en tirer le triomphe que je leur dus!

JE SUIS POCHARDE

Chansonnette comique

I

J'viens d'la noce à ma sœur Annette
Et, comm' le champagne y pleuvait,
Je n'vous l'cach' pas, je suis pompette,
Car j'ai pincé mon p'tit plumet,
Je sens flageoler mes guiboles,
J'ai l'cœur guill'ret, l'air folichon,
J'suis prête à fair' des cabrioles
Quand j'ai bu du Moët et Chandon.

Refrain

Je suis pochard',
J'dis des bêtises,
J'suis grise,
Mais ça me regarde,
Qu'est c'que vous voulez que j'vous dise ?
Je suis grise.

II

Je fais très rar'ment des folies,
Mais quand j'en fais, ah! nom de nom!
Je dépass' tout's les fantaisies :
J'suis plus une fill', j'suis un garçon :
A moi l'plaisir, la rigolade,
J'm'en fais craquer l'corset d'aplomb.
Car y a pas, moi, faut que j'cascade,
Quand j'ai bu du Moët et Chandon.
(Au refrain).

III

J'dis aux gens qui m'reproch'nt la chose,
Remisez donc vos airs de deuil,
Car c'est l'champagn' qu'en est la cause,
Si j'ai parfois Mariann' dans l'œil,
Et puis j'trouv' que c'est toujours bête
De vouloir cacher son pompon,
C'est pas un crim' que d'êtr' pompette
Et d'aimer le Moët et Chandon.
(Au refrain).

IV

Avoir son grain dans la boussole.
Voyons, ça n'est pas un défaut!
Moi, j'ris, j'chante, je batifole,
Tout's les fois qu'j'ai mon coup d'sirop.
Alors, quoi ? pour un' petit' mèche
Faudrait-y m'battre à coups d'chausson ?
J'aim' mieux qu'on m'batt' que d'batt' la dèche,
J'pourrais plus boir' d'Moët et Chandon.
(Au refrain).

Donc j'arrivai à Liège en août. Je chantais là :

A 35 ans,
Dans les chasseurs.
Joséphine, elle est malade.
Le Fiacre.
Les 4 z'étudiants.
L'Hôtel du n° 3.
La Pocharde.

et jugez de ma stupeur quand, dès les premiers couplets, la salle entière m'acclama ! On applaudissait, on trépignait, on m'appelait. Je vins saluer plus de dix fois, et je dus chanter huit chansons, dont ma *Pocharde* pour finir. Alors, ce fut inimaginable, ma pauvre petite chansonnette m'apportait la fortune, le grand succès, une petite gloire !...

J'étais abrutie de joie, de stupeur, je pleurais (de bonheur cette fois). Le lendemain les journaux belges me consacraient des colonnes de louanges.

Le bruit de mon succès arriva à Bruxelles et, un soir, le directeur de l'Alcazar de Bruxelles, M. Malpertuis, vint m'offrir de chanter chez lui quinze jours, à raison de cent francs par jour ! j'étais folle d'allégresse ; mais tout de même ce furent les Liégeois qui, les premiers, comprirent mon art ; je leur garde une affectueuse et si tendre gratitude !

Cher vieil ami Luc Malpertuis, jamais il n'oublia notre première rencontre. Comme il me promettait une publicité monstre pour me « lancer » à Bruxelles, je m'y refusais avec une telle énergie qu'il ne me crut pas sincère, mais quand je lui expliquai mes craintes, mes affres, à la pensée que *peut-être* le public de Bruxelles ne ratifierait pas les jugements des critiques de Liège, alors il me promit de ne rien faire « de trop ». J'avais si peur d'une nouvelle désillusion...

Le même succès me suivit à Bruxelles, et j'eus une

telle vogue que je signai un contrat à raison de 300 francs par jour, pour l'été suivant, puisque l'hiver j'étais engagée encore pour deux ans à l'Éden-Concert. La presse de Bruxelles fut aussi magnifique que celle de Liège; bref, je rentrai à Paris rassurée, heureuse! heureuse, enfin! Maintenant, me disais-je, il faut conquérir Paris!

Je rentrai donc le 15 septembre à l'Éden-Concert. J'avais entre-temps envoyé tous mes splendides articles à Mme Saint-Ange, ma directrice, et quelle ne fut pas ma stupeur de la voir m'accueillir avec son habituelle froideur impassible.

– Vous nous chanterez ces fameuses nouvelles chansons, mademoiselle Yvette, et le père Baillet et moi, nous verrons si elles conviennent à notre maison.

Je fis organiser une répétition toute spéciale; l'effet fut terrible, sauf *La Pocharde*, rien ne me fut permis!

– Aucun public, à Paris, me dit Mme Saint-Ange, n'écoutera cinq minutes les couplets *de ce Xanrof*! réservez-les à la province, mademoiselle. Je vous autorise *La Pocharde*.

Je créai donc à l'Éden ma *Pocharde* et, devant le succès fait à mes couplets, je chantais à 10 heures, qui était l'heure « des Étoiles ». Chanter à 10 heures, au beau milieu de la soirée, était le rêve de toutes les artistes de l'Éden; et, pendant un mois, on me permit de garder ma chanson au programme; une faveur, car la règle était de changer le répertoire tous les quinze jours. Donc, pendant quatre semaines, je chantai *La Pocharde*.

J'espérais toujours que Sarcey, ou un autre des journalistes qui venaient au concert, parlerait de moi, mais le silence restait le même, et à part la petite clientèle des modestes bourgeois du quartier, personne ne daignait s'apercevoir de moi, et j'étais revenue à mes petits 20 francs par jour... et je rageais, pensant que mon engagement à l'Éden était signé pour trois années!

Un jour j'allai demander à ma directrice une augmentation ; il y avait près de huit mois que j'étais sa pensionnaire, et en raison du succès de *La Pocharde*, j'espérais un beau geste de Mme Saint-Ange. Mais elle refusa dès les premiers mots. Un vent de fronde me secoua toute et je n'eus plus aucune prudence ; oubliant que je pouvais rester sans pain, je décidai de quitter l'Éden.

Où irais-je, je n'en savais rien. Mais ma vivacité fut plus forte que ma raison, heureusement ! car ce fut cette nervosité soudaine qui força le destin.

– J'étais certaine, disait Mme Saint-Ange, que cela vous tournerait la tête, Mademoiselle... ce petit succès que vous venez d'obtenir avec « cette *Pocharde* » qui ne fait pas de vous pourtant l'égale d'une Mme Duparc, dont vous souhaitez les appointements. Or, j'avais très peu d'admiration pour Mme Duparc, je lui trouvais l'esprit graisseux, charcutier.

– Oh ! répondis-je, Mme Duparc gagne à Paris, à l'Eldorado, au moins 100 francs par jour, Madame, et après tout, je ne sais pas si je n'ai pas autant de talent qu'elle... c'est à voir.

A ces mots, ma directrice éclata de rire. Ce fut la première et vraiment la seule fois que j'ai vu cette femme avoir un accès de gaieté. (Que j'ai ri souvent moi aussi en repensant à cette scène.) Mais je fus si vexée que je lui dis : « Eh bien, Madame, puisque vous croyez que je n'ai pas au moins autant de talent que Mlle Duparc, c'est que vous ne *devinez* pas ce que je puis faire ; dans ce cas-là il vaut mieux nous séparer. » Ô belle jeunesse ! Ma vanité imbécile était, à ce moment, si exaspérée, que je ne me rendis pas compte de l'idiotie de mes paroles.

– En ce cas, me dit-elle, puisque vous-même voulez rompre notre contrat, Mademoiselle, n'oubliez pas que vous avez un dédit de 10 000 francs à me verser !

Je devins toute froide à ces mots... mais poussée par je ne sais quelle audace, je criai :

– C'est entendu ! c'est entendu ! je vous paierai vos 10 000 francs.

Et je partis, tout à fait sûre que j'allais, à présent, gravir ma montée. Payer cette terrible somme de 10 000 francs me sembla tout à coup la chose la plus simple du monde. De grands espoirs m'inondaient... Je quittai donc Mme Saint-Ange en lui gardant le plus respectueux des souvenirs, car elle resta dans ma vie une des rares personnalités honorables rencontrées dans le monde des « Marchands d'artistes ». Elle était sans culture aucune, sans aucune idée artistique ; mais ancienne marchande de beurre aux Halles, elle avait une probité de grande commerçante, et nous la respections tous, pour la belle dignité de sa vie.

LE MOULIN-ROUGE

(1890)

Partie pour me déligoter des entraves de l'Éden-Concert, je demandai à mon ami Zidler qui venait de créer le Moulin-Rouge de m'y laisser chanter, mais à condition de rester libre du choix de mes chansons...

– Tout ce que tu voudras faire, ma petite, tu le feras, à condition que tu le fasses en douceur... Il ne faut pas brusquer le public, mais tu sais que, chez moi, c'est le côté *Bal* qui prime, le concert n'est qu'accessoire, et je ne puis t'offrir que les mêmes 600 par mois de l'Éden-Concert. Mais si tu trouves à t'employer ailleurs en même temps, fais-le.

– Entendu, lui dis-je.

Je vis que la clientèle assise *au concert* était accessible surtout à la basse farce, au comique épais, et comme il fallait vivre, me voilà apprenant pour la clientèle du Moulin-Rouge une chanson parodique d'une nurse anglaise « bonne à tout faire » auprès des messieurs malades confiés à ses soins... Les cheveux lissés et tirés sous la coiffure traditionnelle à voile bleu pâle, des brides blanches sous le menton, la robe de soirée cachée sous le long manteau gris bien boutonné, avec ma sveltesse d'alors, j'étais une caricature étonnante de « nurse », froidement accessible aux propositions amoureuses bien payées des patrons! Je m'amusais follement à chanter ces couplets avec un accent anglais très précis. Maurice Donnay s'en souvient encore et m'en reparle quelquefois. Le texte de ma chanson était idiot, mais « Miss Valérie » amusait beaucoup ce « petit public » assis de 8 à 9 au Moulin-Rouge. Le « grand public » n'arrivait qu'au moment des quadrilles, à 9 heures et demie, c'était le public chic. Qu'il était pittoresque, alors, le Moulin-Rouge! Avec son jardin où l'on chantait l'été, et son éléphant géant dans lequel on montait voir « des attractions ».

La salle de bal, avec sa muraille du fond toute en glaces, devant laquelle les fameuses danseuses de l'époque, quand le public avait déserté la salle, à minuit, s'amusaient à créer entre elles et pour elles des pas inouïs de fantaisie acrobatique. Zidler permettait à l'orchestre de jouer quinze minutes après le départ du public afin de favoriser leur délassement de chaque soir, et c'était le moment où les familiers de la maison voyaient vraiment les danseuses professionnelles en pleine action.

La Goulue, aux bas de soie noire, son pied de satin noir dans la main, faisait virevolter les soixante mètres de dentelles de ses jupons, et montrait son pantalon cocassement brodé d'un cœur qui se tendait, farceur, sur son petit postérieur, lorsqu'elle s'inclinait en des saluts irrespectueux; des touffes de choux de rubans roses aux genoux, une mousse adorable de dentelles descendant jusqu'aux chevilles fines, laissaient paraître et disparaître ses adorables jambes, agiles, spirituelles, aguicheuses. La danseuse décoiffait son cavalier d'un petit coup de pied chic dans le chapeau et faisait le grand écart, le buste droit, la taille mince dans sa blouse de satin bleu ciel et sa jupe de satin noir « coupée » en forme de parapluie, s'étalant en ses cinq mètres de largeur.

Et c'était magnifique! La Goulue était jolie et

canaillement spirituelle à regarder... blonde, la frange de cheveux coupée sur le front arrivant net aux sourcils. Le chignon, en casque, sur le haut de la tête, commençait en une mèche, durement tordue dès la nuque, afin de ne pas tomber pendant les danses. De ses tempes la classique « rouflaquette » descendait en frisettes sur les oreilles, et de Paris à La Bowery de New York, en passant par les bouges de Whitechapel à Londres, toutes les filles de l'époque avaient cette même coiffure et le même ruban de couleur noué au cou.

La Goulue se promenait à Montmartre avec une chèvre qu'elle amenait aux répétitions des quadrilles du Moulin-Rouge. Elle vécut quelque temps avec une étrange petite danseuse aux airs de laveuse de vaisselle : « La Môme Fromage. » Un jour, un indiscret voulut savoir la vérité sur leurs relations... La Goulue, prise de pudeur, nia être lesbienne. Alors, la Môme Fromage de hurler une phrase qui fit le tour de Paris :

– Comment, Louise, tu nies que tu m'aimes? tu t'em... bêtes pourtant pas quand tu m'friandes!

Oh!... La canaillerie de la voix ajoutée à l'ordure...

La Môme Fromage était un basset fait femme, courte de jambes, longue de buste, rondouillarde, une tête de bonniche – Vénus de caserne –, je ne sais d'où lui venait son nom de Môme Fromage. Un homme, « Valentin le Désossé », était le cavalier célèbre de La Goulue, il dansait en redingote et haut-de-forme, mais quelle redingote! quel haut-de-forme! Il était le type osseux et très long de certains acrobates mal nourris des cirques de village.

Aucun Parisien ne vit Valentin le Désossé la tête nue; habillé au « décrochez-moi ça » des faubourgs, toujours le « haut-de-forme » gras, cabossé et luisant emboîtait son front.

Il habitait Montmartre comme La Goulue et avait fini par s'acheter un petit cheval et une voiturette, dans laquelle on les voyait quelquefois traverser le Bois de Boulogne, pour aller pêcher des fritures dans les environs de Paris.

Valentin conduisait, toujours avec sa redingote et son haut-de-forme; en revanche, La Goulue, assise à ses côtés, était toujours tête nue. La Goulue ayant amassé de l'argent, s'acheta une maisonnette à Montmartre. L'été venu, elle prit un soin minutieux de son jardinet, et Valentin le Désossé l'aidait à l'entretenir de fleurs.

Un jour qu'elle était mécontente des rosiers qui ne montaient pas assez vite garnir son mur, elle jura pendant une heure des N. de D. de N. de D... tellement qu'une voix se fit entendre chez son voisin de l'autre côté du mur disant : « Mon enfant, ne jurez pas de la sorte, vous offensez le ciel... »

– De quoi ?... de quoi ?... vieille gourde... de quoi que tu te mêles... eh! vieux potiron! fais voir ta gueule!

Et La Goulue, saisissant son échelle, grimpa pour voir de l'autre côté du mur quel était ce donneur de conseils. Le voisin, sans doute également intrigué, en fit autant de son côté et La Goulue se trouva soudain nez à nez avec un curé.

– Ah! mince alors! fit-elle, et, souriante, soudainement respectueuse, elle engagea une conversation qui se renouvela quotidiennement. Et La Goulue racontait que, depuis, le curé lui passait du raisin pardessus le mur et qu'elle lui coupait des fleurs pour sa table plusieurs fois par semaine.

Avec La Goulue, « Étoile de la danse », il y avait *Grille d'égout* (ancienne institutrice); ses dents écartées « comme une grille » lui valurent cet horrible surnom.

Puis *Rayon d'Or*, au chignon roux, longue, longue, souple. *Jane Avril*, folle de la danse, secrétaire d'Arsène Houssaye, je crois bien, était lettrée, artiste, distinguée, fine comme une fleur de narcisse dont elle avait la pâleur, une très longue et souple robe rouge, un chapeau noir, et Zidler, Zidler dirigeant ce bataillon de vierges folles, Zidler, ancien tanneur, fier de sa vie, « accomplie tout seul », disait : « Vois-tu, ma p'tite Yvette... j'suis comme toi... fils de mes œuvres... je me suis fait tout seul. A dix ans, je trempais dans c't'ordure de ruisseau de boue et de tanin qu'est la Bièvre. J'étais dans l'eau puante, pour tanner les peaux d'vaches que mon patron ne voulait pas faire; j'ai appris à lire et à écrire, j'avais quatorze ans, et je ne suis pas très fort... Mais mon intelligence m'a remplacé l'instruction. J'avais en moi l'étoffe d'un grand bonhomme, mais pas l'sou. Alors, comme j'avais l'flair d'organiser *l'plaisir*, j'ai fait un jour la connaissance d'Oller et, une fois associés à Paris, nous avons créé Les Montagnes russes (dans l'Olympia), Le Grand Hippodrome (pas loin de la rue François-Ier) où 3 000 personnes pouvaient s'asseoir, puis le Moulin-Rouge (célèbre à présent dans le monde entier), puis le Jardin de Paris, le rendez-vous des clubmen, l'été. Zidler, vois-tu, Yvette c'est un ours, une brute qui grogne et montre les dents pour se défendre... mais personne peut dire que Zidler ait manqué à sa parole, " *moi, j'ai l'honneur de mes mots* ", écrits ou parlés, les " mots " de Charles Zidler, c'est les mots de Charles Zidler! »

Ce qu'il ne disait pas, ce grognard, c'est qu'il avait un cœur d'or, très tendre quand il le fallait. Il ne faisait peur qu'à ceux qui ne le connaissaient pas. Il avait un respect profond de tous ceux qui travaillaient avec honnêteté, acharnement; quand, un jour, il parla de moi à Auguste Vacquerie, l'ancien directeur du Théâtre-Français, il lui dit : « Vous, naturellement, Monsieur Vacquerie, vous êtes mis à part... Diriger le Théâtre-Français, c'est honorable..., mais quand vous y étiez, vous avez dû voir qu'il est impossible, à vos collègues des autres théâtres, d'être des honnêtes hommes, eh bien, voilà Yvette Guilbert aux prises avec des individus au-dessous encore des directeurs de théâtre; au fond, allez, nous sommes tous plus ou moins marlous...; les Étoiles, c'est des gonzesses qui rapportent, nous en vivons... »

M. Vacquerie n'avait jamais oublié la boutade du père Zidler.

Quand Zidler inaugura le Jardin de Paris, il s'aperçut que le public n'y arrivait que vers 11 heures, après les quadrilles du Moulin-Rouge; alors il fit faire de grands omnibus à impériales pour transporter les clients du Moulin aux Champs-Élysées. Des cochers habillés en postillons faisaient claquer leurs fouets en dégringolant dans Paris.

Les amis de Zidler, le jour du Grand Prix, pensaient tous à lui! On savait que, ce jour-là, « Charles » gagnait 30 000 francs ou les perdait, selon le baromètre... et tous nous savions que, vers 6 heures du soir, il arpentait invariablement, chaque année, l'avenue des Champs-Élysées, scrutant les nuages. Quand la pluie noircissait le ciel, on voyait rentrer Zidler dans le Jardin de Paris, la canne levée, menaçante, et défonçant le baromètre à tour de bras : « Salaud!... salaud!... » hurlait-il, le chapeau rejeté en arrière, « tiens, tiens, salaud!... » et les coups de pleuvoir sur le pauvre instrument qui se brisait en mille miettes!

La pluie tombant, les quelques courageux venus quand même au Jardin de Paris (puisque c'était le « chic » de s'y faire voir) ne recevaient pour réponse à leur « bonjour Zidler » qu'un mot bref... cher aux lèvres de Cambronne. Les gens riaient, mais Zidler fumait de rage! Il était l'ami du Tout-Paris d'alors, tous les clubs aristocratiques avaient recours à lui pour organiser leurs fêtes.

La Ville de Paris en avait fait le grand ordonnateur de ses récréations, il avait le génie d'amuser la foule, les foules, avec des nuances, selon la qualité de la masse à distraire. Personne n'a remplacé Zidler.

Chez Zidler il y avait un sain génie de créer du plaisir « populaire » dans le très élevé sens du mot.

On ne lui savait pas de maîtresse, c'était à tous notre surprise, puisqu'il était veuf, je crois. Pourtant, après dix ans que je le connaissais, un jour il me dit : « Tiens, tu mérites de connaître mon amie... viens dîner avec nous ce soir. » Je vis alors une adorable jeune femme de trente ans peut-être (il en avait soixante-cinq) qui depuis longtemps était sienne. Douce, distinguée, femme de foyer, Zidler « la cachait » aux yeux de tous, et quand il mourut, elle ne put résister à son chagrin; elle le rejoignit dans la tombe quelques semaines après! Il avait été son premier et son unique amour, *ce vieillard étonnant.*

C'est au Moulin-Rouge que j'ai entendu les plus longs spasmes du rire, les crises les plus hystériques de l'hilarité. Zidler reçut un jour la visite d'un monsieur à visage maigre, triste et pâle, qui lui confia qu'étant un « phénomène », il voulait vivre de sa particularité.

– En quoi consiste-elle, votre particularité, monsieur ?

– Monsieur, explique l'autre en toute gravité, figurez-vous que j'ai l'anus aspirateur...

Zidler, froidement blagueur, fit :

– Bon, ça!

L'autre continua, d'un ton de professeur :

– Oui, Monsieur, mon anus est d'une telle élasticité que je l'ouvre et le ferme à volonté...

– Et alors... qu'est-ce qui arrive ?

– Il arrive, Monsieur, que par cette ponction providentielle... (?) j'absorbe la quantité de liquide qu'on veut bien me confier...

– Comment ? vous buvez par le derrière ? dit Zidler effaré et aguiché. Qu'est-ce que je puis vous offrir, Monsieur, fit Zidler cérémonieux...

L'autre, de même :

– Une grande cuvette d'eau, Monsieur, si vous le voulez bien...

– Minérale, Monsieur ?

– Non, merci, naturelle, Monsieur.

Quand la cuvette fut apportée, l'homme, enlevant son pantalon, fit voir que son caleçon avait un trou à l'endroit nécessaire. S'asseyant alors sur la cuvette remplie jusqu'au bord, il la vida en un rien de temps et la remplit de même.

Zidler constata alors qu'une petite odeur de soufre se répandait dans la chambre : « Tiens, vous fabriquez de l'eau d'Enghien ! »

L'homme sourit à peine :

– Ce n'est pas tout, Monsieur... Une fois ainsi rincé, si j'ose dire, je puis, et c'est là où est ma force, expulser à l'infini des gaz inodorants... car le principe de l'intoxication...

– Quoi ?... quoi ?... interrompit Zidler, parlez plus simplement... vous voulez dire que vous pétez ?...

– Heu... si vous voulez... concéda l'autre, mais mon procédé, Monsieur, consiste dans la variété sonore des bruits produits.

– Alors, quoi ? vous chantez aussi du derrière ?

– Heu... Oui, monsieur.

– Eh bien, allez-y, je vous écoute !

– Voici le ténor, ... un ;

« Voici le baryton, ... deux ;

« Voici la basse, ... trois ;

« La chanteuse légère, ... quatre ;

« Celle à vocalises, ... cinq.

Zidler, affolé, lui cria :

– Et la belle-mère ?

– La voilà ! dit le « Pétomane ».

Et, sur ce, Zidler l'engagea. Sur les affiches, on lisait :

Tous les soirs, de 8 à 9,

LE PÉTOMANE

Le seul qui ne paie pas de droits d'AUTEURS!

Zidler mit le Pétomane dans l'éléphant du Jardin, on s'écrasait pour « l'entendre », et les cris, les rires, les spasmes des femmes, les hurlements hystériques s'entendaient à cent mètres du Moulin-Rouge. Et quand le Pétomane voyait cette foule ainsi secouée, il criait : « Un! deux! trois! *En chœur!...* » et « le chœur », se joignant à lui, la salle était alors « en convulsions ».

Un soir, le directeur du Divan Japonais, voisin du Moulin-Rouge, vint m'entendre et m'offrit de venir chez lui chanter. Il fut convenu que, « mon tour de chant » terminé au Moulin-Rouge, je sauterais dans un fiacre tout habillée et serais chez lui à 9 heures et demie.

Adorable souvenir que ce Divan Japonais!

T'en souviens-tu, Maurice Donnay? Et vous Auriol? écrivain farceur, et toi Henri Dumont, rapin charmant... et toi Xanrof, qui demeurais à côté. Et vous aussi du haut du ciel : Alphonse Allais? et Toulouse-Lautrec? Ah! les amusants souvenirs!...

LE DIVAN JAPONAIS

(En 1890)

Imaginez, en haut de la rue des Martyrs, passé le boulevard Rochechouart, imaginez une petite salle de café de province, basse de plafond, et pouvant contenir, en les tassant, cent cinquante à deux cents personnes. On y chantait.

Une estrade plantée au fond de la salle à 1,50 m du sol, ce qui m'obligeait à faire attention de ne point lever les bras sans besoin absolu, car alors mes mains se cognaient au plafond, ce plafond où la chaleur de « la rampe » à gaz montait si forte qu'elle nous mettait la tête dans une fournaise suffocante!

Les chanteurs n'y séjournant que cinq à dix minutes s'en tiraient, mais moi, c'était cinquante à soixante minutes qu'il me fallait endurer ce supplice, lequel, terminé, m'obligeait « à me sécher » une demi-heure, avant d'oser affronter l'air froid de la rue, collée que j'étais, dans ma robe, les cheveux ruisselants de sueur. Chaque soir, je risquais la mort; mais tout cela était compensé par une joie *d'artiste* qui entrevoyait sa libération de la misère.

J'arrivais au Divan (c'était en mai ou juin 1891) descendant d'un fiacre découvert qui m'apportait du Moulin-Rouge tout habillée, toute maquillée. Quelques fidèles du Moulin suivaient mon fiacre, pour venir au Divan m'écouter dans un tout autre répertoire, car au Moulin, entre 8 et 9, c'était une clientèle de petits commis du quartier, et je n'osais pas risquer ces mêmes couplets que j'offrais à la clientèle artiste des peintres, sculpteurs, écrivains qui se réunissaient chez Jehan Sarrazin, dit le « poète aux Olives ». Au Moulin, je chantai sans joie pour commencer... cela vint après. Au Divan, je chantai avec plaisir tout de suite en raison du public. Sarrazin me payait 20 francs par soir. Je gagnais donc 40 francs par jour (avec le Moulin); pour moi encore si pauvre, c'était la fortune!

Le milieu, là, était nouveau pour moi, et je m'y sentais pourtant à l'aise comme si j'y étais née! Bohème étincelante : Willette, Pill, Léandre, Forain, Desboutins, Toulouse-Lautrec, Bac, Raffaelli, Duez, Alexandre Bloch, Henri Dumont, Roybet, Rochegrosse, Detaille, Steinlein, etc., etc.; c'est à Montmartre que je dois de vous avoir connue! Maurice Donnay, Émile Goudeau, MacNab, Bruant, Xanrof! Et vous, grandes vedettes du journalisme d'alors, vous y vîntes me découvrir... Vieil ami Chincholle... et Georges Montorgueil, et Catulle Mendès et Jacques Saincère, et Auguste Vitu, et Émile Blavet, et Grosclaude, et Raoul Toché, et Périvier, directeur du *Figaro*, et Arthur Meyer, directeur du *Gaulois*, et Maizeroy du *Gil Blas*, et vous « terribles » critiques, Francisque Sarcey, Henri Bauer, Bisson, et vous Adolphe Bellot, auteur de ce roman : *La Bouche de Madame X...*, que les femmes lisaient en cachette!... Et vous, truculent Armand Silvestre! Quelle chance d'avoir chanté devant vous et d'avoir, par vous, conquis mes galons!

Mon grand ami, le beau tragédien Sylvain, de la Comédie-Française, y venait fumer sa pipe et amenait « des jeunes », *ses élèves*, s'inspirer de ma diction; Capiello venait composer une adorable statuette de moi, aussi Lalou, qui sculpta la statue charmante que l'on montre dans la salle des banquets de l'Hôtel de Ville, inspirée de la gracile jeune fille *au cou de cygne* que le directeur de la manufacture de Sèvres, M. Champfleury, déclarait être « un cou rare », lorsqu'il écrivait à Eugène Baillet, le vieux poète, que si Mlle Yvette Guilbert consentait à venir poser à Sèvres, on immortaliserait « ce cou unique en ses proportions et sa forme ». Mais Mlle Guilbert était trop jeune, à cette époque... elle ignorait tout de Champfleury, et se fichait pas mal d'être fixée en terre cuite! Bête que je fus!... Aujourd'hui que *Monsieur Le Temps* a supprimé jusqu'au souvenir de cette petite joliesse que, paraît-il, je possédais, je regrette mon refus et j'ai honte de moi quand je pense que le divin Burne Jones me pria d'être son modèle et que je l'ai envoyé promener!... Ignorance, oui... ignorance... C'est en allant, un jour, à Londres, visiter une galerie d'art, où on exposait les œuvres du grand peintre anglais, mort, que je compris ma bêtise!

Au Divan Japonais, pour fêter ma venue, Jehan Sarrazin faisait deux soirées : une, de 8 à 10, avec ses artistes; une autre, de 10 à 11, soirée d'Yvette. C'est au Divan que j'ai créé une chanson qui me cause d'amusants ennuis avec la censure : *Les Vierges!* Mon air calme, ma diction lente, ma froideur dans les mots burlesques, en faisait un triomphe; je la chantais, certains soirs, jusqu'à trois fois! Je fus dénoncée, me dit plus tard Adrien Bernheim, mon cher vieil ami, le censeur, par un camarade jaloux et la chanson, qui avait été visée pourtant, me fut défendue ou presque.

Je fus à la censure avec mes couplets et comme je disais aux censeurs, dont Bernheim : « Mais enfin, vous l'avez autorisée, cette chanson! Je la chante telle que son visa m'autorise à le faire!... » – « On s'est plaint... dit Bernheim, et on nous a écrit... » Et déjà il allait rayer, de son crayon, le visa obtenu, quand je criai : « Ah ! non ! non ! mon succès, c'est mon gagne-pain, si vous me supprimez mon succès, vous me supprimez mon pain. Revoyons la chanson, lisons-la » :

L'âme candide, et le front pur,
Elles vont les yeux vers l'azur
Les Vierges
Ce sont des abricots pas mûrs,
Elles ont peu d'charmes mais ils sont durs
(Parlé) « Pour sûr » !
Les Vierges !

II

Ainsi que l'herbe dans les champs,
Ça pousse, incult's, et rapid'ment
Les Vierges
Ell's sont maussad's, général'ment
Ell's ont mêm' quèqu' chos' de cassant
(Parlé) « Oh maman ! »
Les Vierges !

III

Pâl's comm' des cierg's en leur aspect,
On les regarde avec respect
Les Vierges
Ça port' bonheur, dis'nt les pinc'-bec,
C'est peut-être pour jouer avec ?
(Parlé) « Cinq sec »
Les Vierges !

IV

Ell's vont ainsi l'esprit distrait,
De l'amour ignorant l'secret
Les Vierges
A quoi rêv'nt-ell's, nul ne le sait,
De fruits, de fleurs ou de navets ?
(Parlé) « Qui sait » !
Les Vierges !

V

Vous, Messieurs, qui religieus'ment
Respectez cet état charmant
Des Vierges
Sachez qu'il en est cependant
Qui restent jusqu'à soixante ans
(Parlé) « Méchants »
Des Vierges!

La chanson lue et relue par les trois censeurs, Bernheim, Défossés, Desforges, il y eut un silence... Tout à coup, Bernheim, qui était le plus intelligent des trois, se mit à rire, et, les yeux farceurs, crut m'empêcher de chanter la chanson en disant : « Voilà, où nous supprimons la chanson définitivement, ou vous la chantez sans les mots " parlés " qui sont à la fin de chaque couplet. Ils sont vraiment un peu raides. »

C'était, paraît-il, *sur les mots parlés* que la lettre anonyme tapait... « Eh bien, dis-je à Bernheim, supprimons les mots, à l'exception du dernier pourtant, qui termine la chanson. »

– Non, non, insista Bernheim, aucun!

– Mais, le mot *méchant* n'a rien qui puisse choquer, voyons?

Bref, on m'accorda que le mot *méchant* resterait au texte, et l'on écrivit sur la chanson : Les mots parlés sont à supprimer, à l'exception du seul mot « méchant », et le tout fut timbré à la date du jour! « Et vous savez, dit Bernheim, j'irai vous entendre, gare à vous si vous trichez! »

Je dégringolai, joyeuse, les quatre étages du Palais de la rue de Valois, car, en une seconde, j'avais vu que la chanson par la suppression des mots *parlés* allait devenir, de par ce que j'allais en faire, dix fois plus amusante.

Le soir même, à mon entrée sur l'estrade du Divan

Japonais, je vis Bernheim assis au premier rang... cela m'intimida d'abord... puis, amusée de la blague que j'allais lui faire, j'annonçai, le regardant farceuse : *Les Vierges!* A l'avance je devinais quelle serait sa stupeur. J'allais tout simplement *tousser* de façons très farces et très différentes (selon le sens des couplets) les fameux mots défendus, et la chanson en deviendrait dix fois plus grivoise! Ah! l'effarement de Bernheim. Brave et charmant ami, que de fois nous reparlâmes de cette soirée au Divan! Vous n'avez jamais su, cher ami, que moyennant cent sous, un garçon de bureau me passait votre terrible tampon de censeur, et que je me donnais des visas moi-même! Ô farce!

Et je l'ai chantée cette chanson des *Vierges*, de longues saisons, toujours « toussant » les fameux passages, et quand d'autres chanteuses arrivaient vers Bernheim défendre aussi leurs couplets, mis en péril par la censure, Bernheim leur disait : « Et ne me racontez pas que vous allez les " tousser " comme Yvette! la toux d'Yvette est exceptionnelle! »

Jehan Sarrazin, le tenancier du Divan, était poète. Il récitait ses vers, un petit tonneau d'olives sous le bras, douze « olives pour cinq sous », criait Sarrazin, et il les servait sur une feuille de ses poésies! Mme Sarrazin, à la caisse, débitait les consommations « fines ». Ses lunettes sur le nez, elle surveillait la salle, et le garçon qui aidait son mari réglait la sortie des pochards, faisant office de sergent de ville.

Ah! que toute cette jeunesse était turbulente et bon enfant!... Comment oublier le silence admirable qu'obtenait, certains soirs, Sarrazin, quand il criait : *Le chahut est prié de cesser!* Mlle Yvette Guilbert va nous dire quelques chansons... et, comme par enchantement, on aurait entendu voler une mouche. Ah! Xanrof, je chantais tes premiers couplets! Ton père et toi, vous habitiez rue Tholozé, à côté du Divan, tu avais l'air d'un clergyman, avec ton petit bout de faux col qui dépassait ton gilet boutonné jusqu'à la cravate! Te souviens-tu des soirs où mon petit fiacre, me ramenant chez moi (rue Saint-Lazare), une foule de cinquante à soixante personnes me reconduisait, obligeant le cheval à marcher au pas... On descendait toute la rue des Martyrs, et là l'escorte se dispersait avec des : « Bonsoir, Yvette! à demain, Yvette! bravo, Yvette!... » tout cela crié si gentiment... On aurait dit qu'on voulait me faire oublier toute ma jeunesse miséreuse, toutes mes larmes et qu'on tentait de me rassurer sur l'avenir. Je sentis, à cette époque-là, quelque chose de très tendre dans le succès que l'on me fit. Souvent Jules Roques, le directeur du *Courrier Français*, blaguait l'émotion de ma gratitude, mais je reste encore persuadée aujourd'hui par tout ce que me répètent les gens de ma jeunesse, les *suiveurs de ma carrière*, qu'il se mêlait une affectueuse sympathie à l'indulgence des bravos.

Séverine m'a souvent dit : « Yvette, vous avez été la femme la plus aimée de Paris. » Ça me fait plaisir de le croire... En tout cas, ce fut du Divan Japonais que partit ma consécration artistique. Et Montmartre a gardé mon cœur. J'ai chanté au Divan les chansons de Xanrof, de Bruant, c'était pour « le public » une révélation, car, pour la première fois, elles sortaient de leur enceinte : le Chat Noir, et allaient, de par moi, se populariser à travers le monde...

Et pourtant Zidler, qui était mon éternel « conseil », me disait que le succès de « Montmartre » resterait celui d'une petite chapelle *artiste*, c'est vrai... mais qu'une réputation devait se faire de par la masse, qu'il fallait donc surveiller les possibilités de « descendre » en bas « DANS PARIS ». (La difficulté alors en était grande pour les débutants!) « Et tu sais, petite, quand *en bas* tu auras fait ton affaire, n'y piétine pas! Deux ans au plus, et file, voyage. Une carrière, vois-tu, ce qu'on appelle *une carrière*, ça se fait dans l'univers entier, et pas dans *une* ville, fût-elle Paris. Tu verras! tu verras! tu feras le tour du monde... c'est moi qui te le dis... »

Quel prophète.

LE CONCERT PARISIEN

(1891)

Le Concert Parisien : *La Boîte à Auguste*, fut la dernière scène sur laquelle la Grande Thérésa devait paraître; trois jours après son départ, j'y fis mes débuts (en 1892). Le directeur, Auguste Musleck, ancien maître nageur des bains de la Samaritaine (au Pont Henri-IV, si ma mémoire est bonne), avait, racontait-il, appris la natation « au fils de Napoléon III ».

Il était le vrai type de tenanciers d'assommoirs faubouriens; ayant été « troquet », il voulut, un jour, joindre à la vente de l'absinthe et du tord-boyaux, « un commerce d'art ». Il acheta donc le fonds du Concert Parisien, inexploité et fermé, et pria un « agent de concert » de lui former une troupe. Il fit de piteuses affaires, car, en homme qui veut lui-même défendre sa caisse, il décida de ne point s'en rapporter au seul goût de l'agent, et se mit à suivre ses impulsions propres. Ah! le goût, le pauvre goût d'*Auguste*, comme l'appelait familièrement tout le quartier du faubourg Saint-Denis, il était si pitoyable, si « Quai de Javel », si *arsouillard*, disait Jean Lorrain, que les petits commerçants du faubourg résistaient à ses invites. Il fut déclaré en faillite, quand il s'avisa de prier Thérésa, qui ne chantait plus, de revenir deux semaines sur une scène... Thérésa hésitait, racontait-il, puis, ayant accepté, les recettes montèrent un peu, mais pas assez pour sauver la situation. Alors, il décida de fermer *la boîte à Auguste* dès la fin de la saison et d'attendre les événements.

J'avais alors quelques centaines de francs d'économies. Apprenant par le poète Zidler, que le « Parisien » allait fermer ses portes, j'eus l'idée d'aller trouver « Auguste » et de me « lancer » moi-même, puisque personne ne le faisait. J'arrivai faubourg Saint-Denis, chez lui, en son appartement rempli de bibelots horribles. Toute la gamme du goût « mufle » était là étalée. Sidonie, sa femme, me reçut. Elle était jolie, grassouillette, caillette et blonde, ayant l'affabilité minaudière d'une repasseuse qui jouerait « à la dame ».

– Voilà, dis-je à Musleck, sans aucun préambule : J'ai du talent, je vous apporte *mille francs*, pour me faire des affiches inondant Paris. Vous m'annoncerez simplement avec la date de mes débuts à votre concert. Voici des notes, des articles vous prouvant la vérité de mes dires... J'ai, en ce moment, un gros succès au Divan Japonais, au Moulin-Rouge... voyez... constatez... lisez...

Et comme il me regardait, surpris :

– Ne connaissez-vous pas mon nom ?... Vous ne lisez donc pas les journaux ?...

– Non, répondit Auguste... c'est d'la foutaise et... qu'est-ce que vous chantez ?

– Le genre « chatnoiresque ».

– Ah ! mince alors, répliqua Musleck, j'y suis allé une fois au Chat Noir et c'que je m'y suis em... !

J'étais glacée. Tout de même, je lui dis :

– C'est la cause de votre faillite.

– Oh ! par exemple, sursauta Auguste, expliquez-moi ça...

Et je lui fis toute une théorie sur le bon goût et le

mauvais goût. Il m'écoutait, cessant d'essuyer ses gros yeux clairs, toujours coulants, puis tout à coup, il dit :

– C'est vrai que je suis pas un homme instruit. J'ai quitté l'école à neuf ans... et j'ai toujours turbiné. J'ai fait des « tas d'bricoles »... ayant pas d'métier, j'm'ai mis dans l'théâtre pour monter en grade, quoi... mon copain Dufayel, qu'était groom chez la mère Crépin, y m'a mis dans ses écuries, pour diriger les voitures de livraison, mais quoi... fallait être là à 6 heures le matin... ah... m...! J'ai lâché le boulot!... » et il éclatait de rire... et se tournant vers sa femme : « Il fallait laisser Sidonie seule dans le dodo! »

Je le regardais, médusée... Il était gros, ventru, obèse terriblement, sa face rougie, réjouie, craquait de santé, ses yeux clignotants, éternellement pleins d'eau, si tendrement crapules, si cocassement « fripouillards » quand il était sincère, devenaient tout à coup honnêtes et largement ouverts, quand il avait à tromper quelqu'un, une main sur le cœur et son brûle-gueule dans l'autre!

Sa bouche, sa grosse et large bouche, aux dents carrées bien saines, laissait passer le rire en fusées violentes; il suçait tout le temps sa moustache humide de vermouth ou de pernod ou l'essuyait de ses mains énormes, restées gonflées de l'eau de la Seine depuis son premier métier. Il avait la poignée de main d'un escrimeur ganté. Je remarquai ses ongles, jaunis par l'eau mal séchée de « la verrerie » du soir, qu'il lavait lui-même chaque jour, Sidonie régnant à la caisse.

Comme mon visage exprimait, sans doute, une sorte de petit effroi... il ajouta : « Quoi... quoi... ayez pas peur, la petite... Si vous v'nez ici, et qu'vous m'fassiez faire de la galette, j'vous considérerai comme ma fille... En attendant, j'vas me renseigner sur vous au Moulin-Rouge et au Divan Japonais, et revenez me voir après-demain. » Il me reconduisit jusqu'au palier du petit escalier et j'aperçus ses pieds, étonnamment chaussés de pantoufles en tapisserie (de Sidonie), le pied gauche décoré d'un pot à tabac avec trois pipes blanches, le pied droit d'un jeu de cartes ouvert... des chaussettes très blanches, car le couple était extrêmement propre.

Deux jours après, je revins. Le père Zidler, très intelligent et brave homme, eut, ainsi que Jehan Sarrazin (le directeur-poète du Divan Japonais), la même impression farce de Musleck.

Zidler, vieux gamin de Paris, disait de lui : « Il a dû faire dorer une ancienne paire de menottes, pour en faire la chaîne de montre qu'il porte sur le ventre ! »

Quand j'arrivai chez « Auguste », il était tout sourire, son attitude, sinon son langage était d'un autre homme.

Il avait « son affaire » en tête, bien claire, bien nette : Il s'agissait *pour moi* de lui faire faire fortune, *pour lui* de me lancer « sur le boulevard », puisque j'avais une sorte de naissante célébrité à Montmartre, et voilà ! A moi de travailler, à lui d'encaisser.

S'il y avait Paulus, qui régnait encore au Café-Concert, il n'y avait pas de femme d'équivalente « valeur commerciale ». Et puis, si vraiment j'avais le talent qu'on disait, eh bien... il deviendrait un personnage ! car la réputation d'un directeur de théâtre ou de music-hall dépend de la qualité des artistes qu'il engage. Ils ne sont rien par eux-mêmes, en général. Donc, le tout était de s'entendre. Je donnerais mes 1 000 francs à Musleck, puisqu'il n'avait que 70 francs en caisse pour toute fortune, et il collerait vingt mille « papillons », c'est-à-dire des bandes de 40 centimètres dans tout Paris, avec cette inscription qu'il avait trouvée dans la nuit : « YVETTE GUILBERT, LA DISEUSE FIN DE SIÈCLE, le 5 octobre au Concert Parisien. »

Nous étions fin septembre 1892, il me proposa un contrat de trois ans : 100 francs par soirée la première saison ; 200 francs la seconde ; 300 la troisième saison. Un dédit de 10 000 francs fut stipulé dans le contrat pour celui qui manquerait à sa promesse.

Musleck fit le plus sérieusement du monde ce contrat ; il prenait une responsabilité qui n'avait aucune valeur, puisqu'il n'était pas solvable.

S'il ne faisait pas de recettes, il me lâchait, fermait boutique, et mon contrat de trois ans devenait un chiffon de papier... Mais si, au contraire, LUI faisait de l'argent, et que MOI je voulusse le quitter, alors j'étais poursuivie pour dommages et intérêts et devais payer mes 10 000 francs de dédit.

Comme lui, je signai froidement son contrat, m'amusant de sa crapulerie. Depuis j'ai appris que chaque artiste court toute sa vie ce genre de risque. Quel que soit le contrat, quel que soit l'artiste, le directeur a toujours le moyen de se débarrasser des deux. On plaide ? Mais si nous avions affaire à d'honnêtes gens, aurions-nous besoin de plaider ? Pourquoi les « amuseurs publics » ont-ils perpétuellement ou presque affaire à une bande de fripouilles ? Pourquoi le théâtre est-il souvent un commerce honteux que l'art n'arrive pas à épurer ? Pourquoi les capitalistes « du théâtre » sont-ils éternellement disposés à être roulés ? Pourquoi les dupes sont-elles si nombreuses ? Pourquoi fallut-il que ma belle et saine vie de labeur ouvrier, que mon bel enthousiasme, mon honnête ardeur « artiste », mes dons du Bon Dieu, ma passion « de l'Esprit », vinssent, en une gerbe splendide, se déposer dans les mains de ce gros homme ignorant ? nul par lui-même... incapable de me comprendre, comme femme et comme artiste, dont la vulgarité tentera, pendant de longs mois de mon stage chez lui, de déplacer le but que je poursuis ? Ma sensibilité, mon intelligence, la « spécialité » de mon rire, la qualité de ma gaîté, l'élégance de mon interprétation, la distinction que je m'efforce de mettre dans ma grivoiserie

« de haute compagnie », jusqu'à mon art de dire, tout sera sujet « à sa critique », à ses conseils, oui, à ses conseils !... Quel martyre que l'obligation, « pour faire bon ménage » avec son employeur, d'avoir à rester calme, et puis j'étais jeune ! et bien élevée, très bien élevée, et puis... j'avais ma vie à faire. Mais au fond... quelle prostitution de soi-même... oh ! être un jour « moi-même » et m'échapper de leurs mains, libre !

Cependant, le choix de l'art que je voulais offrir ne *s'achetait* que dans ces concerts. On ne chantait que là. Il fallait donc avaler la pilule, jusqu'au jour où je pourrais avoir un *concert à moi*... et ne plus vendre mon talent à des Musleck (et j'en ai rencontré dans ma vie !).

Donc, mon premier contrat signé, je vins répéter le 1er octobre pour débuter le 5 (1892).

Jamais je n'ai oublié cette première répétition, devant « mon Musleck et sa Sidonie ». Plus tard, quand je voulais les taquiner, je leur rappelais cela... Donc, je montai en scène, passant mes feuillets de musique à l'orchestre de troisième ordre, engagé par « Auguste ». Sidonie et Auguste, qui ne m'avaient jamais entendue chanter, étaient venus voir et écouter : « La Poule aux œufs d'or » (surnom que me donna Sidonie par la suite). *Les 4 z'étudiants, Le Fiacre, L'Hôtel no 3*, enfin tout ce qui avait suscité l'amusement des artistes, journalistes, etc., à mon passage à Montmartre.

Ils se regardaient anxieux... désorientés... désappointés... et je lus leur déception d'une façon si nette, qu'amusée, je leur dis : « Et vous savez, je ne porte point de bijoux... ni de robe " de gommeuse " jusqu'aux genoux, moi, une longue robe tout unie et des gants noirs. C'est tout. » Il y eut de la consternation dans leurs yeux, dans ceux du chef d'orchestre, dans ceux des musiciens, et je sortis laissant tout le monde déconcerté et ahuri. Musleck, ce jour-là, ne me dit rien...

Le jour des débuts, dans l'après-midi, je vins installer ma loge, qui avait été celle de Thérésa, j'y trouvai une épingle à cheveux de la célèbre chanteuse, que je gardai comme un fétiche. Très timidement, Musleck murmura : « Ah ! je suis bien curieux de vos débuts ce soir... je me demande si mon public du faubourg Saint-Denis... enfin, on verra... c'est un chouette public... des bons types... on verra, quoi... on verra... » Ah ! qu'il était anxieux ! On vit si bien, que, quatre semaines après, je reçus des offres de Mme Allemand, me demandant de venir à la Scala, prête à payer mon dédit, quel qu'il soit, et m'offrant 400 francs par soirée. Je ne répondis pas à Mme Allemand, et, arrivant chez Musleck, je lui dis simplement que la foule envahissant son concert, il était juste qu'il m'augmentât... « Demain, c'est le jour de la répétition, dit Auguste, nous verrons... je verrai... ce soir, il y a un tel monde, que je ne puis rester à parler affaire... »

Le lendemain, vendredi, Musleck me pria de répéter d'abord, après on causerait. « Vous avez des machines nouvelles à chanter ? » – « *Oui...* » Auguste les écoutait nerveux. Tout à coup, interrompant orchestre et chanteuse, il cria : « Quand on ne sait même pas chanter, ni faire de gestes comme tout le monde, on ne demande pas d'augmentation, mademoiselle ! Comment, je vous paie *cent francs par jour*, scanda-t-il, et vous restez là, les bras sur le ventre comme une grande andouille ! Et puis des chansons, ça SE CHANTE, ça N'SE PARLE PAS ! » Indignée, je lui criai : « Eh bien, je m'en vais, mon dédit vous sera payé. » Et je descendis de scène. Il courut après moi et me rattrapa près de son bureau ; il m'y fit entrer, m'expliquant de la meilleure foi du monde que je devais comprendre sa surprise : « Vous saisissez, ma p'tite, les premiers jours... en vous écoutant... je m'suis dit... elle ne fait pas de gestes... mais ça va venir... et elle va certainement nous chanter *des airs* quoi... et pas des machines qu'elle parle à moitié... c'est pas du café-concert, ça, voyons !... est-ce que vos camarades chantent comme ça, voyons?... Vous dites des mots “ rigolos ” et vous ne riez pas! Regardez, Mlle Bonnaire, elle rigole, elle se trémousse, et puis, vous êtes purée avec votre robe sans un volant, sans un bijou. On vend du toc épatant... si vous ne pouvez pas avoir “ du vrai ”, achetez du toc... »

Je ne bougeais pas, j'étais muette, et tout à coup, perdant mon contrôle, j'éclatai en larmes. Musleck se méprit sur le motif de mes pleurs et me crut « devenue raisonnable ». « Plus d'augmentation, hein? dit-il tendrement. » – « Non, lui dis-je, je m'en vais! » – « Mais pourquoi, N. de D.! » hurla-t-il. – « Parce que vous êtes un ignorant et un gros sot, Mme Allemand vous paiera mon dédit. » Cette phrase fut un coup de couteau pour lui. Il n'en pouvait croire ses oreilles, et tout à coup, croyant que je « bluffais », il éclata de rire, et insolent, me bousculant : « Eh bien, qu'elle le paie! »

Rentrée chez moi, je contai la scène à ma mère. Elle me dit : « Il est fâcheux de quitter cet homme qui, somme toute, est cause que *La Scala* t'offre ce splendide contrat... Il faut lui faire signifier, par huissier, ton départ dans un mois, pour lui donner le temps de se débrouiller; il verra par là que tu lui dis la vérité, et en même temps il aura la possibilité de réfléchir, et, qui sait, s'il ne te paiera pas, lui aussi, quatre cents francs par soirée?... Donne-lui une chance. » – « Mais pense donc, mère, s'il me paie davantage, il deviendra plus despotique, m'imposera ses préférences, ses choix... je vais souffrir le martyre dans cette atmosphère... » Ma mère leva les bras au ciel... « Nous demanderons à un avocat de refaire ton contrat, et tu seras absolument libre de tes mouvements, etc. » Bref, Musleck, après la réception du papier d'huissier arriva chez moi, bouleversé et « bonhomme »... son gros ventre collaborant à cette feinte bonhomie. « Eh bien, voyons, Yvette, on va lâcher Auguste?... Auguste est un brave type, voyons... un peu gueulard... mais un brave cœur... Y n' veut pas d' vot' dédit, mon enfant... avec quoi le paieriez-vous ?... car l'histoire de Mme Allemand et de la Scala, c'est d'la blague, je n'y coupe pas... mais disons que je vous augmente de... ? de combien, voyons ?...

– De 400 francs par jour, lui dis-je...

– Quoi ? Vous demandez 500 francs par soirée ?

– Oui, Musleck, Mme Allemand m'en offre 400. A 500, je reste chez vous. »

Il ricanait, remettant déjà son chapeau sur sa tête. Alors je lui exhibai la proposition écrite de Mme Allemand. Sidonie, qui l'accompagnait, dit simplement : « Tu vois... je te l'ai dit, cette fille-là est incapable de filouter... elle a pas l' chic de ça... tu comprends pas son succès... mais quoi... elle l'a... Nous sommes peut-être pas à la hauteur. »

Musleck, suant terriblement, lisait et relisait l'offre écrite, et tranquillement il décida : « C'est bien, on déchirera le contrat présent. J'vous donne 500 francs c't' année 1892, 600 en 1893 et 700 en 1894, avec un dédit de 100 000 cette fois. »

On fit donc un contrat en règle, m'assurant toute liberté quant à mon choix de répertoire, costumes, etc., et aussi la possibilité de paraître dans un *théâtre*, après mon travail au Concert (si j'étais appelée, dans une revue ou un autre spectacle). Donc, après vingt et un jours, mon contrat passa de 3 000 à 15 000 par mois. Ce furent les recettes qui installèrent « le respect » d'Auguste à mon égard. Il confia, un jour, à Oller, le directeur du Jardin de Paris, qui m'engageait l'été aux Champs-Élysées, qu'il m'avait « mis les menottes »... Il voulait faire fortune en deux saisons, et il la ferait, car sûrement, après cela, Yvette Guilbert perdrait de sa valeur. Personne n'en voudrait plus à des prix pareils!... et il s'en débarrasserait. « Y a toujours des trucs, pour se débarrasser des gens », assurait Auguste. « Je lui donne trente mois, vous verrez, vous verrez... »

Mme Allemand reçut ma réponse l'informant que Musleck me donnant ce qu'elle m'offrait, je n'avais point de raison de le quitter pour aller à la Scala.

Elle me fit une réponse sèche, et trois mois après elle « lançait » le chanteur *Kam-Hill* à l'Eldorado, qu'elle possédait aussi. CHANTEUR MONDAIN en habit rouge, disaient les affiches.

Kam-Hill était un garçon charmant, chantant très agréablement, et d'allures distinguées. Il eut beaucoup de succès. Son répertoire côtoyait le mien. Puis vinrent des chanteuses qui m'imitaient, et que la Scala, l'Eldorado engageaient, faute d'Yvette.

Musleck avait la chance! Musleck acheta en seize mois trois petits immeubles à Paris et une villa je ne sais plus où; à chaque achat on fêtait l'événement par un déjeuner monstre au Concert Parisien! Je fis, à un de ces déjeuners, la connaissance de Jean Lorrain, copain de baignade, disait Musleck, du bain de vapeur, faubourg Saint-Denis. Ces bains avaient, en ce temps-là, une réputation douteuse, qui faisait dire à Auguste qu'il y pourrait mener Sidonie toute nue sans danger... ces messieurs ne s'intéressant qu'à eux-mêmes!...

Jean Lorrain tutoyait Musleck, il le trouvait « une gouape pittoresque » et l'appelait Mufleleck.

Musleck avait une habitude exquise, qui ravissait Lorrain. Tous les soirs, le faubourg Saint-Denis avait, devant la porte du Concert, une file de quinze à vingt voitures, et les cochers en belle livrée s'appelaient tous par les noms de leurs maîtres. On entendait : « Eh! d'Uzès, viens-tu faire un zanzibar, De Luynes va garder mes chevaux... » Et Musleck allait chez le troquet, leur payait à boire, et, rentrant au concert, disait : « J' viens d' gagner dix sous au zanzibar à c' miteux d' Larochefoucauld! »

Pauvre Musleck, il était parfois si cocasse. Un vendredi, jour de la répétition, arrive dans la salle un aide de camp du grand-duc Alexis. Le grand-duc débarquait de Londres, à 6 heures, et avait télégraphié à Paris, à son aide de camp, d'aller retenir quatre loges au Parisien. Musleck, en bras de chemise dans la salle, se sentit gêné devant la personnalité très distinguée de l'aide de camp, et pour se flanquer de « l'allure » lui donnait de l'Altesse et de l'Altesse. L'aide de camp finit par lui dire : « Non, non... je ne suis point le grand-duc... vous vous trompez... Mais, à propos, veuillez, monsieur, éviter qu'on joue ce soir l'Hymne russe, n'est-ce pas ? Son Altesse a horreur de cela », et Musleck, en chaussons, de lui répondre, grasseyant : « Entendu, m'sieu... à condition qu'on n' me joue pas *La Marseillaise* quand j'irai à Pétersbourg ! »

Le soir, après mon tour de chant, le grand-duc vint dans ma loge avec ses amis et l'on reparla de la boutade de Musleck. « Mais qu'est-ce que c'est que cet homme-là ? demanda le grand-duc, riant, « il est très drôle... » – « Voulez-vous le voir ?... » – « Oh non ! oh non ! » Et tout à coup : « Par où donc allez-vous en scène, mademoiselle ? » J'ouvris la porte qui communiquait au long souterrain qu'il me fallait traverser. « Ah ! quelle horreur ! » fit le grand-duc. « Mais c'est l'image de nos prisons ! » – « Alors, j'espère qu'elles sont vides, monseigneur, lui dis-je... » Il y eut un silence dans tout le groupe. Que c'est loin, tout cela.

Il y avait, au fond de la salle, un endroit peuplé de chaises et de petits guéridons mobiles, pour les amis de la maison. Ce coin-là s'appelait « Le Saloir » parce que, disait « Auguste », « les cochons de ma connaissance s'y assoient ».

Tous les soirs, j'y ai vu, pendant de longs mois, la noire silhouette d'une grande femme à cheveux blancs, qui venait là se chauffer et se distraire. C'était la célèbre danseuse de Mabille, Mogador, chantée par Nadaud ! Pomaré, Mogador et Clara, trois reines du chahut de l'Empire. Mogador mariée au comte de C..., veuve, misérable, d'une allure de reine en exil, me regardait passer avec des tas de conseils dans les yeux... Je comprenais tout ce qu'elle ne me disait pas. Musleck avait pitié d'elle, et une bonne boisson chaude l'attendait chaque soir d'hiver. Dufayel s'y asseyait deux ou trois fois par semaine, il avait trente ans et rêvait d'épouser sa richissime vieille patronne de soixante ans, ce qui faisait dire à Musleck : « Ah! c'qu'il est intelligent c'type-là! Avec le magot, sa jeunesse et ses dons, s'il devient veuf, il épousera une Bragance! Je t'ai connu gamin, ouvrant les portières, hein... et quand tu louais des chevaux, hein, mon gros... » disait-il à Dufayel, qui, gonflé, astiqué, sentant la vie lui sourire, et la fortune le combler, venait donner à Auguste des « tuyaux » de bourse ou d'affaires à réaliser. Un soir, Dufayel se fâcha, Auguste ayant trop bien dîné, lui criait : « C'est à ta belle petite gueugueule que tu dois d'être riche, hein, vieux frère, tu les connais les femmes... les jeunes et les vieilles! Sans ta belle petite gueugueule et tes épaules... » et Auguste, follement gris, l'embrassait, attendri. Dufayel, nerveux, tortillant sa canne, se réfugia dans ma loge pour échapper à son trop expansif ami...

Quelques années plus tard, arrivé à ses fins, riche, influent dans la politique et les affaires, j'eus à le voir dans son bureau des « magasins Dufayel », pour une matinée de bienfaisance. Il me reçut avec une aisance de grand seigneur, dans une atmosphère de luxe « faubourg Saint-Antoine », lourde d'acajou et de bronze faits « en série ». Toute son ignorance esthétique, toute « sa vérité » éclata dans l'ordonnance du style et de la décoration effarante de ce palais qu'il fit construire avenue des Champs-Élysées et qui a été démoli depuis peu.

Musleck et Dufayel restèrent intimes longtemps, et je crois bien que Dufayel l'aida dans sa misère finale, après la chute du Concert Parisien.

Dans le « Saloir » venaient aussi des artistes, des peintres, des dessinateurs de talent. Sinet, qui fut ma première affiche. Bac, qui en fit plusieurs. Toulouse-Lautrec, Steinlein, Jules Roques, le directeur du *Courrier Français*, traînant ses célèbres collaborateurs à sa suite; Willette, Heidbrienk, Wiedhoff, Léandre, Ibels, les chansonniers du Café-Concert, Jules Jouy, Delormel, Daleroy, Byrec, Poncin, etc. Journalistes, dessinateurs, poètes chansonniers arrivaient à l'heure où je chantais, entraient me serrer la main, un article en tête, une caricature en poche, une chanson inspirée d'un geste.

Il y avait quatorze mois que je chantais au Parisien, quand je fus invitée à paraître dans une revue que Xanrof écrivit pour le théâtre des Nouveautés, situé sur les grands boulevards. Mon contrat avec Musleck m'y autorisait. Or, libre à 11 heures un quart au Parisien, je signai un engagement avec les Nouveautés et je parus à 11 h 45 dans la Revue de Xanrof. A ma grande surprise, Musleck m'assigna en paiement des 100 000 francs de dédit. Gros procès, ragots dans les journaux, insinuations perfides, mon talent fini... les recettes nulles au Parisien... Je ne valais plus rien. L'avocat déclarait que Mlle Guilbert avait ruiné M. Musleck en allant porter ailleurs le peu d'attraction qui lui restait sur un public fatigué d'elle, alors qu'elle recevait 500 francs par soirée, etc. Un jour, je dus recourir au préfet de police pour obtenir qu'un agent ne me quittât plus, ayant été menacée par Musleck d'avoir « *mon affaire faite* » dans le souterrain conduisant de ma loge à la scène! On me donna un agent de la brigade de fer! et je fus escortée chaque soir jusque sur la scène par l'agent Picoury, qui s'aperçut vite que mes craintes étaient fondées. Deux fois le lourd rideau frôla ma tête; sans mon agilité à me garer, j'étais assommée!... Un soir, la salle fut houleuse, on trépignait, on criait pour que, mon programme fini, je rechantasse encore, et le rideau tombé sur mon dernier couplet ne se relevait pas. J'avais beau dire au machiniste : « Rideau ! rideau ! » il me regardait, rouge, mais immobile. Je compris le truc d'Auguste, et rejoignant ma loge par le souterrain, j'entrai brusquement dans la salle, parmi les spectateurs, et leur criai la vérité. Musleck, qui n'avait pas prévu cela, en était pâle et défait...

– Mesdames, Messieurs, dis-je, vous lisez tous les jours dans les journaux les phases de mon procès en cours avec M. Musleck ; ce soir, je vous prends à témoin qu'il a voulu m'empêcher de revenir chanter pour faire constater par le commissaire de police, ici présent, que je me refusais à mon service. Le machiniste au rideau avait l'ordre de ne point le relever...

Toute la salle éclata en bravos !

Musleck perdit son procès, naturellement, et je fus libérée de lui.

LA BODINIÈRE

(1897)

En 1892, il y avait, rue Saint-Lazare, une salle d'exposition de peintures; un jour elle devint : « Le Théâtre d'Application ». M. Bodinier eut l'idée de créer une scène d'essais pour les étudiants d'art dramatique que le Conservatoire dédaignait d'aider à mettre le pied dans l'étrier. Ces sortes de petites entreprises n'eurent jamais de succès à Paris, les mécènes de nos scènes étant des gens, en général, disposés à ne bénéficier du théâtre que comme d'un harem; le reste les laisse indifférents. Donc, une scène d'application fut créée par Charles Bodinier, qui, si ma mémoire est bonne, avait été longtemps employé à la Comédie-Française, où il remplissait, je le crois bien, les fonctions de lecteur.

Les professeurs du Conservatoire, acteurs de la Comédie, lui envoyèrent des débutants et une scène fut construite au fond de la longue galerie qui se terminait par des salles carrées permettant l'installation de fauteuils, d'un balcon, de huit loges. M. Bodinier était un homme charmant, bien élevé, érudit, de tout à fait bonne compagnie; il recevait ses abonnés du théâtre d'application avec la distinction d'un homme du monde qui ouvre la porte d'un temple à des fidèles mystérieux et fervents. Professeurs, acteurs, auteurs, poètes, écrivains, journalistes, gens du monde, peintres, sculpteurs, fréquentaient ce milieu Bodinier, car la longue salle en boyau, précédant l'entrée de la nouvelle salle de spectacle, avait été conservée aux expositions de tableaux et de sculptures.

La petite salle du théâtre contenait environ 500 places. Des lectures y étaient faites de pièces inédites, les auteurs les y venaient lire eux-mêmes, et les éditeurs des revues littéraires s'y réunissaient, afin d'y peut-être trouver le chef-d'œuvre à éditer.

Bref, un milieu fort distingué. Un jour, je vis arriver chez moi M. Bodinier, mon voisin (car j'habitais au 30 de la rue Saint-Lazare, à cette époque), et l'École d'application était à 50 mètres de là.

– Mademoiselle, me dit-il, ne voudriez-vous point vous faire entendre chez moi, en des matinées spécialement organisées pour que les gens du monde, résistant au café-concert, aient la chance de vous applaudir ?

– Comment arrangeriez-vous cela, monsieur ?

– Un conférencier s'est offert de vous présenter à mon public; c'est une chose fort nouvelle que de joindre à une conférence l'audition d'une artiste, jamais encore cela ne se fit à Paris, vous seriez la première...

– Qui est ce conférencier ?

– Hugues Le Roux.

Nous nous entendîmes pour que Le Roux vînt avec Bodinier me parler de ce projet.

Je ne connaissais Hugues Le Roux que parce qu'il écrivait dans les journaux.

Il arriva chez moi, seul, sans Bodinier.

Il me fit une impression charmante. L'homme était très fin, très aristocratique, un visage mince, étroit, d'une taille qui, par son élégante sveltesse, le faisait paraître plus grand qu'il n'était en vérité. Il portait l'habit noir comme peu d'hommes le savent faire, il y avait en lui de l'Anglais et du Normand mêlés. Quant à son éloquence, elle était incroyable, Le Roux pouvait « improviser » un discours deux heures durant, sans que jamais une syllabe fût hésitante, qu'une image se fît attendre. Dans les dîners, dans les banquets, il était prodigieux! mais dans l'intimité, il avait pris une telle habitude « de parler » que, quel que fût le temps de ses visites, personne autre que *lui* ne pouvait placer un mot. Il était devenu la terreur de ses amis. Tous ses souvenirs d'explorateur, tous ses grands voyages en Afrique et ailleurs étaient, il faut en convenir, d'amusants sujets de narration.

Comme conférencier, il fallait chaque fois que Bodinier le ramenât à la réalité, en le priant de raccourcir ses conférences, afin de laisser plus de temps *à la CHANSON* et à la chanteuse.

Je baptisai la maison de Bodinier *la Bodinière* dans un mouvement de vivacité, et le nom lui resta de très longues années, c'est-à-dire jusqu'à sa fermeture. Les journaux mêmes annonçaient les spectacles : A LA BODINIÈRE. Je portais bonheur à la Bodinière. Voyant la foule s'y précipiter, les équipages arrêter la circulation de la rue Saint-Lazare, le préfet de police du temps voulut que les voitures allassent « attendre » dans une rue à côté. Je fus trouver le préfet et j'obtins que les coupés bien rangés en file à l'arrivée pussent reprendre leurs propriétaires de la même façon à la sortie. Chaque jeudi, de la Trinité à la Bodinière, une interminable lignée d'équipages se formait! Alors, on fit deux matinées par semaine, puis trois! Bodinier me paya d'abord 150 francs par matinée, Hugues Le Roux autant. Mais la seconde saison, Hugues Le Roux vint me déclarer que si nos cachets n'étaient point doublés, nous devions ne point rester à la Bodinière.

Bodinier, qui, s'il avait de bonnes manières, était très avare en affaires, poussa les hauts cris et me déclara qu'il était dans l'impossibilité de nous donner davantage. Alors Hugues Le Roux se fâcha et lui annonça qu'il n'avait plus à compter sur nous.

La saison arrivait à sa fin et Bodinier espérait qu'à la rentrée nous changerions d'avis. Mais Le Roux tint bon et enfin Bodinier me pria de les réconcilier.

Un projet de contrat fut préparé à raison de 300 francs pour Le Roux et autant pour moi (à signer à la rentrée de la saison et cela pour deux ans).

Bodinier fit une publicité énorme et des abonnements commencèrent à affluer de telle sorte que je dus, pour protéger mes représentations du soir au Concert Parisien, où je chantais à l'époque, ne donner qu'une matinée par semaine à la Bodinière!

Là, pas de fumée, pas d'atmosphère « de beuglant », disaient les femmes du monde, une société ultra-mondaine, réunie deux heures, et qui finissait par se connaître comme dans un salon. Entre les spectateurs et moi, une espèce d'intimité s'était formée, et par exemple, si les sœurs du Maître Gounod n'étaient point arrivées à la minute où l'on devait lever le rideau, nous les attendions!

La première fois que Le Roux me présenta à ce public, il fut si éloquent qu'à mon entrée en scène les bravos me mirent de longues minutes dans l'impossibilité de parler.

Puis, les applaudissements cessèrent et le public se mit à bavarder tout haut, les gens entre eux se faisaient des réflexions d'un rang de fauteuil à l'autre. Ce fut pour moi si long, si interminable, que soudain, très intimidée, je regardai Le Roux souriant de mon embarras, et... je sortis de scène! Le public comprit alors et trépigna. Je rentrai, et Hugues Le Roux me demanda tout haut : « Mais Yvette, pourquoi vous sauvez-vous... »

– C'est que, dis-je très timidement..., je ne savais plus que faire de moi... quand je ne chante pas... je ne sais plus que faire de moi...

Le public eut un grand rire... La glace était rompue.

C'est à une de ces matinées que les sœurs de Gounod me firent demander de la part du maître de le venir voir place Malesherbes, en son hôtel.

Aller chanter chez Gounod? En voilà une idée, par exemple, me disais-je, mais il va se moquer de moi... avec mes quatre notes!... Mon cœur battait en montant le grand escalier décoré de peintures, de fresques; enfin, j'entrai, introduite par les deux charmantes vieilles dames. D'abord, impressionnée par la personnalité du musicien, je le dévisage tellement qu'il s'écrie : « Eh bien, petite fille, est-ce que je ressemble à mes portraits?... »

– Non, maître.

– Ah! Pourquoi?...

– Parce que sur vos portraits, vous avez les yeux « figés » comme par un ordre du photographe, et qu'ici vous avez des yeux... de velours!

Gounod passa, content, sa main sur sa belle barbe. Il s'en fut à son piano et me dit : « Voilà... Il faut me faire un grand plaisir... Il faut me chanter la *Coupe du Roi de Thulé.* »

– Seigneur! criai-je, mais je ne la sais pas... Je la sais comme toutes les jeunes filles savent *Faust*... et puis, je ne sais pas chanter, moi! Je ne vais pas la chanter en mesure... votre *Coupe du Roi de Thulé*... Je la sais « d'oreille »... C'est tout, je ne l'ai jamais apprise...

– Eh bien, dit Gounod, amusé, chantez-la-moi « d'oreille » et je vous suivrai au piano.

M'inspirant du fait que Marguerite était au rouet en chantant la ballade, je chantai à mon idée la *Coupe du Roi de Thulé*!

– Eh bien, me dit le maître, me regardant et secouant la tête, eh bien, savez-vous ce que vous venez de faire?...

– Oui... une bêtise?

– Une bêtise, mon enfant, une bêtise? Mais vous

m'avez chanté cela ad-mi-ra-ble-ment – Et il scandait ses syllabes : Oui, ad-mi-ra-ble-ment, avec LA PENSÉE qui domine la légende, et surtout avec CE VAGUE voulu dans la diction, car, voyez-vous, il faut chanter cela comme vous venez de le faire, comme en réalité une femme la chanterait EN FAISANT SON MÉNAGE ; mais voilà ce que mes cantatrices ne comprennent pas ! Aucune ! aucune ! dit-il, depuis Mme Miolan-Carvalho. Ah ! mon enfant... Miolan-Carvalho, quelle artiste ! C'est elle qui me créa ma Marguerite.

– Je l'ai connue, maître.

– Où ça ?

– Au Printemps.

– Qu'est-ce qu'elle faisait au Printemps ?

– Elle y achetait des robes... c'était mon rayon... et elle était « ma cliente ».

– Ah ! Oh !

Il n'en revenait pas, ce grand Gounod ! Alors, affectueux, paternel, charmant, il me prit par le bras et dit :

– Je vous défends, vous entendez, je vous défends de prendre jamais une leçon de chant ! aucun professeur, petite, aucun !

– Pourquoi, maître ? j'en aurais tant besoin !

– Non, non ! On vous fabriquera « une voix », un registre, et vous n'en pourrez plus sortir. Vous avez toutes les voix (sans en avoir aucune) ; au contraire, continuez de parler en chantant comme vous le faites, c'est là votre « merveille », ce chant parlé, ce rythme dans le verbe !

Je quittai Gounod toute fière de moi. Le lendemain les journaux racontèrent cette entrevue avec tous ses détails, et les gens du monde commencèrent à venir me demander de chanter chez eux. Mme Heine m'envoya une dame qui me raconta que la parente du célèbre Henri Heine (le poète) voulait m'aider à me faire connaître dans les salons parisiens. Mais Mme « Henri Heine » s'alita, fort malade, et je n'entendis plus parler d'elle. Alors elle m'envoya 500 francs *pour m'acheter des fleurs*, écrivit-elle sur sa carte.

Un jour, à la Bodinière, un monsieur insista pour être reçu dans les coulisses, ce que je ne faisais jamais. Je le priai de venir chez moi après la matinée, puisque je demeurais à côté. Il s'agissait, disait la carte du comte de Guy de Kerveguen, d'un conseil qu'il était urgent de me donner. Ce monsieur attendit la fin de la matinée et se précipita vers moi accompagné de sa sœur, une dame qui me dévisageait tellement que je ne savais où regarder pour échapper à ses prunelles.

Le comte Guy de Kerveguen était âgé d'environ quarante ans ; sa sœur, il me sembla, était son aînée. Il était gros, portait des favoris de l'ancien temps, son allure très simple, très allante, me surprit. Il ne me paraissait pas « logique », en ma naïveté, qu'un « aristocrate » fût si accueillant. Cher Kerveguen ! Vous souvenez-vous de la soirée passée chez vous, rue Dumont-d'Urville, où vous m'apprîtes que : chaque fois que des « gens du monde » manquaient de simplicité ou de courtoisie, c'est qu'ils manquaient de VIEUX ancêtres.

Ce jour-là, Kerveguen venait tout simplement m'offrir de me présenter aux salons les plus fermés de la capitale, où jamais, me dit-il, une actrice n'était entrée !

– Et qu'est-ce que vous allez faire pour ça ?...

– D'abord, dit Kerveguen, ma sœur va parler à toutes les grandes dames d'organiser des soirées ; moi, je suis des quatre grands clubs de Paris, ce me sera facile de vous faire entendre partout, et surtout, mademoiselle, surtout, demandez *le grand prix*, ne chantez pas pour un prix modeste, demandez 500 francs par cachet !

– 500 francs ! mais on ne me les donnera pas, monsieur ?

– Mademoiselle, vous gagnerez 1 000 francs par jour, si vous savez mener votre barque, et quand vous aurez un petit sac, lâchez le café-concert, et refaites « du théâtre ».

Cinq ans plus tard, il me disait le contraire... Tous les salons de Paris s'ouvrirent grâce à lui.

Quel adorable ami il se montra pour moi, dans le courant des années; il était devenu si attaché à ma carrière que je lui racontais tous mes petits ennuis et aussi tous mes espoirs.

– Voyons, Kerveguen, vous êtes sculpteur, feriez-vous tous les jours de votre vie la même statuette sans jamais vous lasser? Est-il possible à une « artiste », je ne dis pas à une « chanteuse », je dis à une « artiste », de limiter *la joie de son art* et de considérer davantage *son succès*? Voilà cinq ans que j'ai du succès avec ces chansons grivoises, cinq ans, ami, cinq ans que je joue le même rôle! le même personnage! chatouilleusement sexuel, j'en ai assez!... Vos femmes du monde mêmes raffolent dans leurs salons de ce que je ne chanterais plus dans le mien... Vous avez su le petit incident survenu avant-hier chez votre amie la duchesse espagnole du 120 de l'avenue des Champs-Élysées, lorsqu'elle me pria pour divertir cette vieille croulante duchesse de Pomar, qui arrivait en retard couverte de bijoux comme une icône... de chanter *Héloïse et Abélard*.

– Non, madame, dis-je à la maîtresse de maison. Il me déplairait de manquer de tact dans votre maison, je vous prie d'excuser mon refus, mais il est formel...

La duchesse pinça le bec et s'en fut expliquer à ses invités que Mlle Guilbert ne trouvait pas convenable cette chanson pour *un salon*...

L'effet de ces mots fut si ironique, si significatif que, froissée, je lâchai lentement, froidement :

– Mesdames, Messieurs, je vous demande pardon du respect que je croyais vous devoir!...

– Et alors, Yvette, dit Kerveguen, vous avez chanté *Héloïse et Abélard*?

– Moi! pas pour un empire!

Kerveguen était fou de joie, mes boutades audacieuses lui plaisaient, le Tout-Paris des Cercles les connaissait le même soir. Dans ces moments-là, Kerveguen criait de sa voix perchée et nasale : « Je vous adore, Yvette, je vous adore! » Ah! qu'il était amusant et comme il devinait tout de mon vrai caractère!

– Voyez-vous, ma chère, me disait-il, *votre grand bonheur*, c'est votre grand talent; *votre grand malheur*, c'est « l'endroit » où vous devez le produire, et pas moyen d'y remédier.

» A vos débuts, je vous ai dit : ne restez pas " au beuglant "; votre place est au théâtre, car vous êtes comédienne plus que chanteuse. J'ai changé d'idée parce que... il faut bien vous l'avouer au risque de vous crever le cœur... parce que la foule, la masse, ce sont vos chansons, l'audace de leurs textes, qui la précipitent vers vous; vous l'amusez formidablement, mais transformez votre répertoire et vous verrez comme cette foule vous lâchera!

» Ce même répertoire chanté devant des " artistes " est applaudi pour de *très différentes raisons*; là, c'est votre talent qu'alors on y découvre, votre curieuse intelligence, vos facultés expressives qu'on y sent de premier ordre. Chantez devant des intellectuels et tous déploreront la piteuse valeur du texte que vous chantez... ils déploreront votre " talent " perdu à le manifester sous cette forme... Mais si vous essayez de retourner au théâtre à présent que la foule fait de vous *l'Idole d'un genre d'art* et que vous vouliez *changer ce genre*, vous ne la trouverez pas prête à vous le faciliter! Public, presse, directeurs, tous vous seront hostiles. Vous êtes, de par votre étonnante carrière parisienne, victime marquée, emprisonnée, emmuraillée dans votre robe verte et vos gants noirs, vous en vivrez, vous en mourrez! C'est Paris, cela, ma chère! Vous avez la chance, reine de la grivoiserie, qu'on vous permette de vous en évader par-ci par-là, avec des couplets tragiques ou autres, mais n'en abusez pas... Le café-concert n'a pas le public de la Comédie-Française, ma petite... Quand vous serez riche, bâtissez-vous un je ne sais quoi, où l'on puisse aller vous applaudir dans des choses qu'il vous plaira de faire, et vous trouverez toujours une élite que votre talent attirera; pour l'instant, pas d'illusion, la masse ne court qu'à *votre répertoire* (votre façon de le chanter ne lui apparaît que secondairement), votre grand art lui échappe. Si vous insistez pour conquérir des hommages rendus à *votre seul talent*, alors changez de cadre, mais soyez résignée... et renoncez à la richesse. Voilà, Yvette.

– Alors, Kerveguen, mon instinct est vraiment admirable! car je suis si sûre que vous dites vrai que j'ai commencé, depuis dix-huit mois, une superbe collection de chefs-d'œuvre, dans l'intention de les interpréter plus tard; je crois que je pourrai un jour me libérer ainsi de ces succès trop faciles pour moi, et soumettre le public à mon talent cette fois!

– Bravo, fit-il.

Ah! il y avait des insuccès qui étaient plus hautains que *mes* succès? Eh bien, j'irais vers *ces insuccès* et on verrait bien!

Ah! mon bel orgueil comme je vous salue!

Quel dommage qu'il soit mort ce délicieux ami avant d'avoir pu voir la réalisation de mon courageux et bel effort, et son triomphe depuis vingt-six ans à travers le monde!

Changer de cadre, changer de répertoire, tout était là. Je le fis. Dix ans de répertoire boulevardier et graveleux, et vingt-six ans de beaux chants de France. Voilà mon bilan de ce jour. Cela me fut facilité, comme on le verra ailleurs, par les salles de concerts symphoniques. Mais je n'ai pu encore arriver à faire au *Théâtre* ce que je devais y réaliser, en raison de la collaboration obligatoire des directeurs, de toutes ces multiples barrières, par lesquelles il faut passer. Combinaisons louches, rôles vénaux, mauvais goût, théâtres livrés à des locataires à la petite semaine, auteurs dévalisés pour faire recevoir leurs œuvres, directeurs partageant les droits des auteurs, combines modernes des trafiquants d'artistes; acteurs, actrices, commanditaires, floués, dupés, art dramatique agonisant, interprètes médiocres, Sarah Bernhardt, Réjane, mortes, Coquelin, Guitry, Mounet morts. Les grands drames littéraires ou lyriques désertés du public, un goût du bruit, un amour du clinquant, des verroteries, des paillettes, le style enfin : arbre de Noël, manège de chevaux de bois, enguirlandé de pacotilles argentées, rutilances en toc pour éblouir l'œil enfantin, voilà le miroir aux alouettes de la masse, de celle qui n'emplit plus que les « music-halls ».

Sans compter les cinémas en 1926!

Non, vraiment, non il ne faut pas descendre à ces paillasseries, on n'est pas plus étranglé en se pendant à la branche la plus haute d'un arbre qu'à se pendre à la plus basse, et au moins, là-haut, l'air est pur.

LE NOUVEAU CIRQUE

Où est le temps où Donval, mari de Thérésa, dirigeait du haut de son ventre imposant ce cirque, dont les enfants chics de Paris faisaient « leur club »! Tous les soirs le cirque était bondé d'habits noirs, les grands cercles y avaient leurs loges, le Jockey Club, les Pommes de Terre, l'Épatant, l'Union, le Volney présidaient et donnaient le ton... Les femmes y venaient en décolleté, les premières y étaient ultra-parisiennes, et Donval, d'une sérénité souriante, faisait les honneurs de ses « Écuries » comme le chambellan d'un empereur ceux de la salle du trône.

Beau temps où les « managers » ne nourrissaient qu'un orgueil, celui d'avoir la clientèle la plus aristocratique de Paris.

Quand Donval vint me trouver pour chanter chez lui, il s'amusa de ma peur, de ma crainte de n'être point entendue, en raison de l'architecture de la salle, et par trois fois je lui refusai mon concours. Mais il joua une pièce-farce et une scène fut construite dans l'arène, alors je me décidai.

Garden Party, tel était le titre de la piécette. J'arrivais montée sur un ânon, conduit en laisse par le brave clown Footit, et chaque soir il s'amusait à guider l'âne vers un petit bassin plein d'eau pour me donner la peur d'y tomber. Comme il s'amusait à ce jeu, et le public donc! Footit piquait la bête, qui ruait, et moi, cramponnée à l'animal, je devenais aussi rouge que les cerises de mon chapeau! Enfin je descendais au bas d'un perron, et je chantais. Dans l'entracte, c'était le défilé des clubmen au foyer qui était ma loge, et Donval disait : « J'aurai eu l'honneur de connaître deux gloires de la chanson : Thérésa et Mlle Yvette Guilbert. »

Époque où les bonnes manières tenaient lieu d'acte de naissance! On serrait la main de Donval parce que, disaient les aristocratiques clients du cirque, il avait l'air *comme il faut*.

Footit et Chocolat, voici que va s'écrouler le forum de vos harangues, jusqu'au souvenir de vos parodies *sarahbernhardesques*, où l'aspic de Cléopâtre devenait un serpent boa entrelacé d'une mélodie bien applaudie alors des Parisiens :

C'était un pauv' petit serpent,
Qu'avait rien à s'mettr' sous la dent...

que chantait Yvette.

Ah! ce temps où la maigreur de Sarah amusait la satire, époque aimable où l'esprit français savait rester élégant, où la diffamation (même sous des allures « bon enfant ») aurait figé le rire des auditeurs! beau et bon rire des Maurice Donnay, des Goudeau, des Mac-Nab, etc., etc., où les fusées cérébrales, sentimentales, n'offraient que le bouquet de fleurs d'un esprit qui sentait bon la France, tout en restant de « Paris ». Que reste-t-il de tout cela? Une affiche de Chéret me perpétue seule ce souvenir...

A LA SCALA

Je quittai donc le Parisien.

La nouvelle s'en répandit dans les journaux. Mme Allemand revint me voir. La figure composée, elle me dit, en admirant mon appartement, rue de Portalis : « Oh !... quelle jolie chambre... C'est original cette pièce tendue de satin blanc. » Puis : « Eh bien ?... Il paraît que les recettes de Musleck ne furent pas fameuses ces temps derniers, hein ?... Tout de même, je crois qu'avec une bonne publicité... Voulez-vous venir chez moi à 500 francs par soirée la première année, à... » Je l'interrompis d'un catégorique : « Non, madame. » – « Pourquoi ? »

– « Parce que, lorsque vous m'avez chassée de chez vous, il y a quelques mois, et que j'y gagnais 600 francs *par mois*, je vous ai dit que je n'y reviendrais qu'à 600 *par jour*. » – « Oh ! mais, c'était une boutade d'enfant ! » – « Possible, madame, n'empêche que je ne rechanterai pas chez vous à moins de 600 francs par jour... » – « Mais votre succès, ma chère, votre succès n'est plus ce qu'il était... On l'a dit dans le procès Musleck. » – « Donc, je ne vaux pas les 500 francs que vous m'offrez, madame ?... 500 francs, c'est une somme énorme, personne ne les gagne à Paris. » – « Alors, acceptez-la, ma petite. Croyez-vous qu'un succès qui s'éteint doive se payer le même prix qu'un... »

– « Madame, un succès qui s'éteint ne doit pas se payer du tout. » – « Oh ! si, mademoiselle, fit-elle, parce que, enfin... vous avez peut-être encore... enfin, voyons, acceptez-vous 500 ? »

– « Non, madame, je vous ai dit 600, ce sera 600. »

Deux heures après, elle acceptait mes conditions et un contrat de trois ans me liait à la Scala. Quatre mois chaque année, par série de deux mois, afin que je pusse faire les grands voyages que je rêvais, et la permission de me produire l'été deux mois aux Champs-Élysées. Mais quelle bêtise, toute cette ruse, hein ?

Je débutai donc à la Scala. J'y fis « salle comble » de 1892 à 1895, c'est-à-dire pendant tout ce premier contrat de trois ans. Le *Tout-Paris* accourut. Pourtant, le dernier jour, le tout dernier jour de mes représentations, Marchand (le gendre de Mlle Allemand qui était le véritable directeur de la Scala) ne vint pas me faire ses adieux, ce qu'il faisait toujours à chaque fin de mes séries, et comme je n'avais reçu aucune lettre me demandant de renouveler mon contrat, j'en conclus que « c'était ma dernière soirée à la Scala ». J'étais froissée de cette façon de me traiter, « je n'ai jamais pu me familiariser avec les manières de ces gens-là ». On faisait donc mes paquets, quand arriva Paulus, le chanteur, vers 11 heures et demie. Ce fut la première, l'unique fois qu'il vint me voir. Je le reçus très gentiment, il me dit : « Alors ? on part ?... Le contrat n'est pas renouvelé, hein ? »

– « Non, le contrat n'est pas renouvelé. »

– « Oui... je sais, Marchand s'est plaint à moi que vos recettes baissaient, Yvette, oh ! dame ! votre cachet est lourd... » – « Prenez ma suite, Paulus, on ne peut ici se passer de vedette. » Il me regarda tout étonné de ma suggestion et répliqua : « Marchand ne m'a fait aucune proposition... Il ne veut plus payer d'étoile votre prix, puisqu'il y perd de l'argent... Vous gagnez combien, Yvette ? 700 francs par jour. Ah ! C'est cher... On ne m'a jamais payé ce prix-là, moi... c'est très cher ! » –

« C'est très cher, monsieur Paulus. » On se serra la main, puis il partit. Et ma femme de chambre débarrassa entièrement ma logette.

Je rentrai chez moi très tranquillement. Je le dis sans fausse modestie, ni hypocrisie, le talent m'étant plus précieux que le succès ; je savais ma vie assurée, si non à Paris, ailleurs ! Mais j'avais sur le cœur « le coup de Marchand », car j'étais certaine que Paulus m'avait été expédié par lui.

Pourquoi ? puisque six jours après M. Marchand arrivait chez moi. A cette minute, je pris une décision en coup de vent. « Eh bien, ma chère Yvette, vous revenez avec moi la saison prochaine, n'est-ce pas ? » dit Marchand. – « Non, cher ami. » – « Comment non ? » – « Paulus m'a dit que vous aviez perdu de l'argent avec moi, cette dernière année, et je ne veux pas vous faire perdre d'argent. » – « Mais!... » – « Mais quoi ? Paulus a été votre confident à cet égard. Pour que vous en arriviez à confier à Paulus une pareille chose, c'est que vos pertes furent grosses ? Vous n'êtes ni bête, ni méchant !... On ne met pas dans la bouche d'un Paulus la possibilité de répéter à tout Paris que " votre " vedette vous ruine, si ce n'est pas vrai ! Non, Marchand, je ne resigne pas. Je le regrette, croyez-le bien, cher ami, tant pis pour moi ! » – « Que voulez-vous, dit Marchand, les affaires furent moins bonnes que je l'espérais ; diminuez votre cachet, Yvette, je vous offre 500 au lieu de 700 par soirée... »

– « Non, lui dis-je, non, mon talent n'a rien à faire avec vos recettes. C'est mon talent que je vends, or il est de même valeur. » Marchand sortit tout penaud. La semaine suivante, il revint me voir.

– « Allons, dit-il, je vous offre 600 au lieu de 700. » – « Je ne signerai qu'à 800 par soirée. » Trois heures il resta à maudire les artistes exigeants et les affaires difficiles. « Enfin, soupira-t-il nerveux, restons-en à vos 700, puisque vous êtes si dure... 700, est-ce dit ? »

« Non, dis-je, JE VEUX 800. » Bref, il me les donna, à condition que le prix restât le même pour une nouvelle série de *trois années*! Ce contrat fut fait chez moi, 2, rue Portalis.

Quand je l'eus en main, je le pliai lentement et je lui dis : « Vous venez de vous coûter 72 000 francs bien bêtement, monsieur Marchand. Si vous étiez resté *brave homme*, sans ruse et sans Paulus, j'aurais signé au même prix de 700 le second contrat. Vraiment, cher ami, je ne mérite pas pareils pièges!... Nos rapports furent toujours excellents... Alors ? Pourquoi ces procédés inélégants ? Vous faites beaucoup d'argent avec moi ? »

Marchand, un peu gêné, sourit et sortit. Un quart d'heure après je recevais une splendide corbeille de fleurs...

Du temps que je chantais à la Scala, les Parisiens des boulevards voyaient défiler une procession d'hommes-sandwichs portant d'énormes annonces sur leur dos : « Tous les soirs, à 10 heures, Yvette GUILBERT à la Scala. »

Alors naquirent de grosses amertumes dans le pauvre cœur des artistes qui commençaient le programme, devant une salle presque entièrement vide. Mais que pouvais-je y faire ? Toutefois, les rancœurs se cachaient, car envers moi ces camarades restaient charmants. Pendant toute ma carrière de « café-concert », jamais je n'eus une querelle, jamais je n'eus à me plaindre d'aucun. Le café-concert d'alors était un endroit d'honnête travail, rempli de très braves gens, l'atmosphère y était précise, le public ne venait là que pour entendre des chansons – rien d'autre – et de 8 heures à 11 heures et demie, on chantait, chaque artiste peinant de son mieux, car il était responsable de son succès. La monotonie n'existait pas, car chaque chanteur avait son genre, présentait son personnage par un répertoire spécial, ou quelquefois un costume qui le différenciait des autres. Il y avait le chanteur soldat, le pochard, la gommeuse, le loqueteux, le gros bourgeois riche, le paysan, l'ouvrier, le ténor sentimental, le chanteur « à voix », le chanteur à tyrolienne, le baryton dramatique, le monologuiste farce, l'imitateur des artistes en vogue, le chanteur « gambilleur » genre Paulus, des duettistes.

Pendant mon stage à la Scala, Polin, Maurel, Dranem, Reschal, Claudius, Marius Richard, Plebius y triomphèrent, et j'en oublie! Le côté femme avait moins de variété : Mealy, la grande gommeuse court vêtue, aux dessous froufroutants, énorme chapeau en tête. Anna Thibault, une diseuse fine et distinguée. Anna Held, belle! belle! Polaire, l'Égyptienne, à la taille de guêpe, sa ceinture pouvait lui servir de collier. Paulette Darty, la chanteuse de valse, et d'autres, et d'autres que j'ai oubliées!

Je chantais pendant quarante minutes environ, sans me presser, sortant de scène après chaque chanson qui durait quatre à cinq minutes. Je laissais aux applaudissements le temps de me rappeler « sincèrement ». J'étais si froissée, quand je voyais des artistes bondir dans la coulisse pour rebondir aussitôt sur la scène, cela me choquait toujours et me choque encore aujourd'hui!

La scène pour moi était un salon dans lequel je m'exerçais à entrer comme une grande dame; puis, j'y produisais mon art avec tout ce qu'il comportait de variantes et je devenais une Pierreuse de Montmartre, un apache au besoin, casquette en tête, foulard au cou, etc., etc., mon organe se vulgarisant, devenant celui d'une goualeuse, s'il le fallait; mais tout cela fini, je quittais la scène avec le même souci d'élégance et de distinction et je voulais que mon sourire signifiât : « Tout ceci pour nous amuser, n'est-ce pas? »

Mon succès fut tel pendant ce second contrat de trois ans à la Scala, que M. Marchand m'en fit signer un troisième qui devait prendre fin en 1901 ; mais une terrible maladie du rein vint l'interrompre en 1900, l'année de l'Exposition. *Jamais*, après ma terrible opération, JAMAIS Marchand ne vint me voir... Une fois, une seule, sa femme fit prendre de mes nouvelles. Drôles de gens, drôles d'âmes. Pendant les dix-huit mois que je fus mortellement malade, j'eus le temps de réfléchir sur ce qu'il nous fallait entendre par le mot « célébrité », et, dégoûtée, amère, je demandais à mes médecins de m'aider à obtenir la résiliation de mon contrat Marchand et de celui des Ambassadeurs, soit 244 000 francs à abandonner. Je me fis voir en chaise roulante à l'Exposition, béquilles aux côtés ; Serge Basset, le journaliste, venu de la part du journal *Le Matin*, reçut de moi la « confidence » que je resterais boiteuse probablement (!) et mon chirurgien Albaran m'aidant, j'obtins la résiliation de mes contrats !

Ouf ! j'étais libre ! libre ! J'allais pouvoir filer de par le monde, libérée des marchands d'orgeat, limonade, bière, et libre surtout d'évoluer, de me manifester selon mes aspirations artistes. J'allais pouvoir être moi-même ! J'avais payé (avec quelle joie) 244 000 francs mon évasion. Et c'est de là que partit la seconde, la grande et superbe période de ma vie !

COMMENT J'AI COMPRIS BRUANT

Que de succès, à la Scala, je dus à Bruant... Et pourtant combien m'intimidèrent ses couplets. Je n'étais jamais sûre de pouvoir, de savoir les exprimer. Quelle profondeur sous la forme gouailleuse de son verbe! Comme j'aimais Bruant! Son immense talent! Sa miséricorde!

Je le revois, il y a trente-huit ans, chez Léon Sari, le dernier d'Artagnan du boulevard; il recevait Bruant à son château de Fortvaches, en Seine-et-Oise, et la curieuse silhouette d'Aristide Bruant effarait les habitants du village. Moi, toute jeunette, je le regardais, ne me doutant guère qu'un jour je serais son interprète! Et plus tard, devenue l'Yvette aux gants noirs, je fus menée l'entendre en son cabaret par Hugues Le Roux et le grand bouleversement se fit en moi. *Je voulus savoir*, cher Bruant, si tu chantais *la vérité*, si *la misère* pouvait vraiment susciter tant de suicides moraux, et *le vice* tant de miséricorde! J'étais si jeune, alors, qu'il me fallait tout apprendre de cette très spéciale chienne de vie des prostituées que tu dépeignais. Et un soir, nous voilà partis avec Hugues Le Roux, rue Galande, au célèbre Château-Rouge (ancien hôtel de la Belle Gabrielle!) escortés de Jaume, le célèbre policier.

Ah! soirée inoubliable. Le bouge regorge de monde. Paris est tout blanc de neige depuis plusieurs jours et à deux heures du matin, par ce froid tueur des pauvres gens, tous ces malheureux doivent sortir ! Ordonnance de police. Pour aller où ?... Le patron du bouge, pistolet à la ceinture, est enfermé derrière un haut comptoir et sert du vin, des alcools aux femmes et aux hommes venus là se réchauffer et dormir. Hugues Le Roux est annoncé à cette cohue grouillante ; on l'accueille avec sympathie, car il a aidé à sortir de prison un « des leurs », d'où *reconnaissance*. On me regarde avec hostilité...

Une femme, défigurée par une tache rouge qui semble lui couper le visage en deux, vient à nous avec un sourire édenté. Hugues Le Roux me la présente : « C'est *Lie-de-Vin*, l'amie de Gamahut ! » Je reste bouche bée... (les crimes de Gamahut étant à l'époque dans tous les journaux) je la regarde avec de tels yeux que « Lie-de-Vin » me dit en hoquetant : « Oui... c'est moi Lie-de-Vin qui l'a bien aimé... ah ! les vaches !... y m' l'ont raccourci... mais on dit qu'on va y faire “ au Grévin ” sa tête en cire et l'histoire de son crime ! J'irai, j'irai l'embrasser et j' crèverai l' bourgeois qui m'en empêchera ! » Et « Lie-de-Vin » retourna boire à son banc... Vint alors une sorcière de Macbeth, elle pouvait avoir soixante-dix ans, avec des yeux écaillés, vitreux, la bouche teinte, absolument teinte de violet, du dessous du nez au menton, par le vin « colorié » qu'elle happait comme un chien, tenant son verre, non dans sa main, mais dans la jointure de son bras replié ; elle nous tendit sa main ouverte, on lui donna de l'argent. Puis vint un énorme garçon, rouflaquettes aux tempes et sentant fort le patchouli, recherché pour vol avec effraction et chourinage de trois filles. Celui-là, nu jusqu'à la ceinture, était entièrement tatoué ; il nous demanda deux francs pour *faire rigoler la Reine d'Angleterre* (Victoria à l'époque) ; nous acceptâmes son programme, et, à ma grande gêne et à celle de Le Roux, il fit d'un coup de pouce dégringoler son pantalon et nous cria : « Mesdames et Messieurs, voyez au-dessus du " robinet d'amour " Victoria qui rigole! » Puis, empoignant son ventre à pleines mains, il en pétrit la chair et nous vîmes « Victoria rigoler », j'étais figée... si intimidée... si gênée...

Enfin, nous montâmes au premier étage. Ah! là je vis l'Enfer! Des vieillards, des jeunes hommes pêle-mêle, dormant sur le parquet, des guenilles sordides, des chapeaux, des casquettes, surtout des vestons, des pantalons, de tout, de tout, éclairés par un minuscule bec de gaz, en cas de bagarre, et une odeur, une odeur terrible! Un vieillard surtout, avec de longs cheveux blancs sur les épaules, me bouleversa... les bras étendus et comme cloués au sol, la bouche ouverte, les yeux révulsés, il semblait le Christ de la misère. Je versai tout mon porte-monnaie dans ses mains; le froid de la monnaie le réveilla. Ah! son regard, son regard « émerveillé et triste » d'éternel abandonné! En redescendant, nous aperçumes « de longues tables » où des petits enfants étendus dormaient : « Leurs mères, nous dit le patron, les confient à " leurs hommes " quand, à deux heures de la nuit, elles doivent quitter la chaleur du bouge pour " filer aux Halles " faire tous les métiers. »

Bref, pendant des semaines, je fus hantée par cette vision infernale et je compris Bruant :

Un jour qui faisait pas beau,
Pas ben loin du bord de l'eau,
    Près d' la Seine,
Là ousqu'il pousse des moissons
De culs d' bouteilles et d' tessons
    Dans la plaine
Ma mère m'a fait – dans un coin –
    A Saint-Ouen!...

Et toute la gamme des misères défile en la chanson, misères trouvant leur répit dans :

L' cimetière qu'est pas ben loin...
A Saint-Ouen.

Un jour, il m'expliqua, avec force anecdotes, la « Chevalerie » de ses « marlous ».

« Les derniers chevaliers se battant pour leur dame », disait Bruant. Leur point d'honneur, leur spéciale qualité de conscience et d'inconscience, et comme je lui demandais avec cette timidité en art qui, même aujourd'hui, ne m'a pas quittée, et ne me quittera jamais : « Dis donc, Bruant, crois-tu que je saurais chanter tes chansons ? » Il m'empoigna par les épaules, m'embrassa et, la voix chavirée : « T'en as de bonnes, avec ta modestie ! Mais, voyons, avec ton talent et un cœur qui saigne ! Vas-y ma grande ! » Et j'y allai... Jamais je n'ai oublié ces mots-là, c'était un soir, chez Raoul Toché, Bruant a saigné lui aussi... c'est pourquoi sa muse rouge chanta si bellement la justice et la pitié.

Son œuvre est aussi populaire à l'étranger que chez nous. A la bibliothèque de New York, de Boston, de Philadelphie, se trouvent de nombreux ouvrages américains, anglais, allemands, italiens, analysant *l'œuvre* du grand chantre montmartrois.

Pour les « étrangers » il représentait, avec Salis, Montmartre. Le maquillage voulu de sa muse était compris d'eux. Son argot accusait de plus fortes lignes, les desseins de sa pensée généreuse. Il aimait les *déchus* comme François d'Assise, les lépreux, en toute pitié.

Comment chanter Saint-Lazare sans sangloter ? Comment ne point caresser tous ceux qui sont giflés ? J'adorais Bruant qui me rendit pensive... Que Dieu l'accueille en tout amour puisqu'Il vient de l'appeler à lui. Bruant ouvrit son cœur et sa bourse au malheur, des Montmartrois lui doivent le repos d'une vieillesse artiste imprévoyante... Bruant a été dans sa vie ce qu'il fut dans son œuvre : rude et bon, je l'aimais.

L'HORLOGE

Ce café-concert des Champs-Élysées était situé, en 1892, à côté de l'endroit où est aujourd'hui le petit kiosque vestige du Jardin de Paris. C'était le *mauvais côté* des Champs-Élysées, disaient les Parisiens, le côté déserté, personne ne consentant à traverser l'avenue des Champs-Élysées. Le « bon côté » était celui où étaient installés les cafés des Ambassadeurs et de l'Alcazar.

Donc, en raison de l'absence de piétons, en raison du calme adorable et du site enchanté, où s'élevait le petit pavillon qu'était l'Horloge, il y a cinquante ans, une famille viennoise, très riche, faisant le commerce des grains, le loua à la ville de Paris pour y habiter. Dans cette famille, il y avait une jeune fillette infirme, ne pouvant vivre qu'au grand air. La location du pavillon fut faite, en vérité, pour elle, pour sa santé; il y avait déjà, je crois bien, une sorte de scène dans le grand jardin, où l'on chantait l'été, et la ville de Paris obligea le locataire à garder ce divertissement.

La famille Stein se tint donc en règle avec les exigences de la ville, et des attractions furent choisies, non point dans le dessein de faire recettes, mais pour « amuser » la fillette malade, qui chaque soir, l'été, était assise sur le balcon de sa chambre et regardait de 8 à 9 heures des clowns musiciens ou des chanteurs farces, dont le seul vrai devoir était d'amuser l'enfant. Un petit orchestre jouait les airs que la fillette aimait. Bref, cette famille riche, très riche, n'avait aucun but commercial en gardant ouvertes au public les portes de l'Horloge.

Quelques bourgeois, avec des enfants, s'y égaraient; mais la clientèle était si limitée que la « verrerie » se composait de quelques douzaines de verres. J'étais débutante, quand un jour que j'avais chanté au Trocadéro, dans une fête de bienfaisance, je vis venir dans les coulisses une vieille dame adorablement distinguée, qu'accompagnait son fils d'environ trente ans. C'était la famille Stein. Ils m'invitèrent à déjeuner à « l'Horloge » le lendemain à midi. Je les regardais, surprise, ne les connaissant pas; cette invitation me semblait étrange (j'ignorais qu'ils fussent les propriétaires de l'Horloge). Comme ils me virent hésitante : « Une petite malade, ma fille, vous admire et je veux qu'elle vous connaisse, mademoiselle... »

L'impression était si charmante de ces deux personnes que je promis d'être à midi, le lendemain, au lieu du rendez-vous. J'arrivai donc à l'Horloge, stupéfiée d'être introduite dans une salle à manger familiale, et non dans un restaurant. Alors, je compris tout de suite que ces Stein étaient chez eux et que je déjeunais avec les propriétaires de l'Horloge.

La fillette malade, allongée, m'accueillit avec une joie tout enfantine. Pourquoi? Mystère! bref, cette enfant, présente à la représentation du Trocadéro, s'était sentie « heureuse », amusée, remplie d'une inexplicable sympathie, un élan d'enfant malade, et la famille avait tout de suite décidé de m'engager! Je chanterais tous les soirs « de gentilles chansons », mais pas tard, pour que la fillette pût se coucher de bonne heure. L'ennui, disait M. Stein, c'était que le public allait peut-être envahir le jardin, si délicieusement calme... mais, au fond de son cœur, il escomptait le *mauvais côté* et espérait que la foule resterait sur l'avenue d'en face. Je chanterais des chansonnettes gaies, amusantes, et on me donnerait trois cents francs par jour. Je n'en croyais pas mes oreilles. La saison commençait trois mois après. Je revins voir plusieurs fois la famille Stein, c'était le printemps, la fillette vivait en plein air, la famille passait la journée au doux soleil d'avril. L'on m'installa une gentille loge toute repeinte à neuf, pour débuter en juin.

On annonça dans les journaux que je chanterais à l'Horloge. Mon ami, le père Zidler, faillit en avoir une attaque d'apoplexie. « Tu es folle! Ma pauvre enfant! Chanter dans ce cercueil! Le mauvais côté de l'avenue des Champs-Élysées, personne, tu entends, personne n'y viendra! C'est idiot ce que tu as fait là! et un contrat de deux ans encore!... » Il était si convaincu que j'en fus bouleversée, car tous mes amis vinrent et se lamentaient de la même façon.

– Ah! mais ces gens sont si adorables, répondais-je, ça me changera du directeur du Parisien... Ce sont des gens si distingués, si comme il faut!...

– Si ce sont les « gens comme il faut » et distingués qu'il te faut, hurla Zidler, regarde-les bien... et si tu aimes à chanter dans les cimetières, eh bien... tu y es.

Je débutai.

Le jour même de mes débuts, la famille Stein perdit patience d'abord, et la tête ensuite, la foule envahissant le jardin; les chaises manquaient quand il fallut servir la consommation due à chaque client, on courut dans les restaurants d'alentour faire des emprunts de verres! La petite fille malade, assise au balcon, était saisie, amusée, ravie, de tout ce tohu-bohu qu'elle voyait pour la première fois de sa vie! Le lendemain, des voitures apportèrent le matériel nécessaire, car le public avait traversé l'avenue et envahissait l'Horloge!

Ah! Zidler, cher Zidler, de quels yeux charmants, bons, heureux, avez-vous regardé la petite Yvette...

– Tu viens de prouver « ta force », m'avez-vous dit. Ma grande, tu viens de faire un miracle, tout simplement.

Les recettes furent si magnifiques que M. Stein, quelques jours après, à un déjeuner familial, me dit : « Votre contrat me fait honte... nous allons le déchirer pour le doubler »; et, sans autre explication, il m'apporta, déjà préparé, un nouvel engagement. Un an après, leurs affaires de grains obligèrent les Stein à quitter Paris, et ils cédèrent leur concert à M. et Mme Debasta.

Le nouveau couple n'avait rien, oh! mais rien, du précédent. De Montmartre d'où il descendait, après y avoir fait fortune dans je ne sais plus au juste quel établissement, Gaîté-Rochechouart, Concert Européen, il apportait une note, une allure trop différente pour que je pusse m'y faire. Madame, jolie blonde, grasse et rose, avait un surnom dont je n'ai jamais su l'origine, mais le Tout-Paris, des boulevards extérieurs aux Acacias, la connaissait sous le sobriquet de la *Môme Caca*.

Lui et elle, habillés trop élégamment, passaient, figés dans leur victoria, au Bois de Boulogne, et les habitués de l'allée des Acacias ne les appelaient que : Le Môme et la Môme Caca, comme ils appelaient Le Pou et l'Araignée deux autres personnages de Paris.

Debasta était le type de l'amant de cœur, des « Lantier » des pièces de l'Ambigu, beau brun, frisé, les moustaches en crocs, l'œil noir, brillant, d'un don Juan en mal de femmes. Bien bijouté, bien lustré, bien chaussé, bien ganté de jaune, il me faisait perdre toute l'aménité de mon cœur, il m'était antipathique. Chic d'habits et mufle de peau, disait Marguerite Duclerq!

Quant à « Madame », Busnac, vieux montmartrois, prétendait l'avoir connue blanchisseuse et ajoutait : « C'est le type vivant de ma *Nana*; si elle avait été actrice, je lui aurais confié le rôle de ma pièce. » Debasta et Môme Caca étaient très froidement corrects avec moi, je les voyais à peine, du reste, car ils éprouvaient avec raison une sorte de besoin de se faire respecter et ne trouvaient pas d'autres moyens pour y réussir que ceux dont n'usent généralement pas les gens respectables. Ils se donnaient une allure embarrassée et d'un raide, farce!... qui me mettait à l'aise pour les laisser à leur amidon et me sauver. Du reste mon contrat avec l'Horloge allait finir et je patientais. Ma dernière soirée approchant, je vis venir M. Debasta dans ma loge, avec un nouveau contrat en mains. Je ne voulais pas être discourtoise, puisque, après tout, ces gens restaient polis, sinon aimables.

– Monsieur Debasta, lui dis-je, je demande à réfléchir... dans quelques jours je vous reverrai...

– Voyez, mademoiselle Yvette, je vous augmente...

A ces mots, je pris la peine de lire son contrat, le contrat s'accroissait de quatre cents francs par soirée!

Je le regardais, le questionnant des yeux.

– Oui... dit-il, cela met à mille francs par jour votre cachet de l'an prochain, et ceux des deux autres saisons.

Il y eut un petit silence. Je compris tout d'un coup le pourquoi de cette « augmentation » énorme. Très posément, je lui répétai que, d'ici quelques jours, je lui ferais savoir ma réponse... Alors, l'œil durci, le geste brusque, il martela de sa bouche crispée : « Non... c'est tout de suite, c'est ce soir, ou jamais. » J'étais fixée, et je répondis : « Alors, jamais. »

Le lendemain matin, j'allais déjeuner au restaurant des Ambassadeurs, quand arriva ce que j'avais prévu. Le directeur des Ambassadeurs, M. Ducarre, informé par l'agent lyrique de Debasta, savait que mon contrat chez son confrère d'en face était terminé, et en bavardant, Ducarre avait lâché cette parole : « Si Debasta ne réengage pas Yvette, je lui offrirai vingt-cinq mille francs par mois (800 francs par soirée). »

L'agent, immédiatement, en avait informé Debasta

qui, surenchérissant pour me garder, m'offrait mille francs. J'avais tout deviné, et voilà que Ducarre, s'approchant de la table où je déjeunais, me dit : « Tiens! quel bonheur!... ah! mademoiselle, vous avez un gros succès à l'Horloge... Vous y êtes encore pour longtemps ? »

– « Non, lui dis-je, à la fin de la saison, je suis libre. »

– « Vous y retournerez ? » – « Peut-être... on m'offre mille francs... » – « Quoi! mille francs? trente mille par mois? » – « Oui. » – « Mais c'est énorme! soixante mille pour deux mois que dure la saison. C'est fou! » Je riais et, à brûle-pourpoint, je lui demandai : « Combien donc m'offririez-vous si je venais chez vous? » Ducarre sauta sur la balle et dit : « Cinquante mille pour la saison. Est-ce dit? »

A cette minute entrait Oller. Ducarre, encore tout hors de lui, lui cria : « Savez-vous ce que Debasta offre à Mlle Yvette Guilbert? soixante mille pour les deux mois de saison! »

– « Eh bien, dit Oller, c'est qu'elle les rapporte trois fois. »

Zidler arriva à son tour, tous les deux se mirent à ma table, et pendant le déjeuner Zidler me dit : « Ma petite... si j'étais toi, je préférerais l'offre de Ducarre; c'est un brave homme, tu te sentirais heureuse ici, je le connais... C'est un brave homme, veux-tu que j'arrange cela pour toi ?... »

– Faites.

Il appela Ducarre et lui dit : « Allez... préparez un contrat, Yvette signera avec vous à cinquante mille, rien que pour le plaisir de ne point s'embêter chez Debasta. »

Ducarre, heureux et ahuri, rédigea le contrat, et je restai neuf ans chez lui. Comme il était charmant, comme il était net en affaires! Alors, il m'arriva cette chose unique dans l'histoire du théâtre : Debasta, ayant appris l'affaire, comprit en même temps « mon antipathie » pour lui et, ne pouvant rien empêcher (puisque j'allais, pour moins d'argent, chez son concurrent), me fit offrir DE ME REPOSER, DE NE POINT CHANTER aux Champs-Élysées, résolu à acheter également cinquante mille mon silence!

Naturellement, je n'acceptai pas ce paiement « du silence doré ». Mais il était écrit au ciel de ma vie de tourments que le soir des mes débuts aux Ambassadeurs, juste à la minute où j'entrais en scène, une fanfare formidable de cors de chasse pétaraderait dans les Champs-Élysées, se ferait entendre jusqu'au Palais de l'Industrie, et irait secouer de ses échos les bureaux de mon ami le commissaire de police Benaguet; il accourut dans ma loge, au pas de course, soupçonnant que « j'étais victime » d'une farce ou d'une vengeance.

D'où venait cette fanfare? Ma voix était couverte par le bruit de nombreux cors, vous le pensez bien, et le public, nerveux, s'impatientait... bref, on envoya des agents inspecter l'avenue, quand tout à coup on apprit que c'était à l'Horloge!

Pendant trois jours que mit le commissaire de police à régler la chose, la clientèle des Ambassadeurs qui s'écrasait dans la salle dut subir, comme moi, le tintamarre de quinze cors de chasse s'époumonant pour m'embêter et fricasser mon succès. Grâce à Benaguet et à la préfecture de police, je pus rechanter en paix.

Quand Debasta et la Môme Caca croisaient ma voiture au bois, ils regardaient fixement le derrière de leur cocher pour ne point saluer ma figure. Ils étaient grotesques et sinistres, pas mauvaises gens, disaient ceux qui les connaissaient; elle est morte et lui, en vieillissant, ne trouva point de miséricorde dans la vie. Je lui ai donné mon obole quand il le fallait, car devant l'infortune et même sans l'infortune, on oublie les gestes piteux ou bêtes, comme on se rappelle, jusqu'à la mort, les êtres et les choses supérieurs de la vie.

LES AMBASSADEURS

Qui n'a pas connu les Ambassadeurs avant 1892 ne peut se faire une idée des soirées tumultueuses qui s'y donnaient.

On venait là pour faire « du potin »; c'était le but, les artistes le savaient, s'en amusaient, et subissaient les cris, les vociférations sans se déconcerter. On venait là pour faire du « chahut », aussi engageait-on des chanteuses « fortes en gueule » pour couvrir de leur organe les bruits quotidiens.

Élise Faure dominait l'orchestre, les cris, les hurlements, le charivari des soucoupes, des cuillères, des refrains qu'on reprenait en chœur, et des cris d'animaux! et quand la danseuse Violette entrait en scène, on lui criait : « Ote ton pantalon!... » – « Plus haut!... » – « Cache-le!... » – « Fais-le voir ».

Et Paulus! Un soir, il fut si nerveusement furieux qu'il cria : « Si vous voulez chanter avec moi, chantez en mesure, N. de D.!... »

La salle l'acclama, et Paulus, faisant office de chef d'orchestre, guida le rythme de la foule.

La seule femme qui trouvait grâce, à cette époque, devant cette jeunesse folle, était Mlle Demay, une grosse fille brune, pleine de talent, et dont l'arrivée « en boule » sur la scène créait tout à coup le silence! Ses chansons dans la bouche d'une autre devenaient tristes, et dites par elle, quelle fusée de joie!

Quel esprit! Quel talent elle avait! Cette femme, ancienne blanchisseuse, possédait trois dons : l'articulation, la prononciation (ce qui n'est pas la même chose) et un timbre de voix étonnant! L'esprit habitait son œil, la bonté ornait sa belle grosse bouche, et ses petits bras courts, ses mains enflées par l'eau des anciens lavoirs, lui faisaient des gestes cocasses et nouveaux. « *Moi j'casse des noisettes en m'asseyant d'ssus.* » « *Les montagnes russes!* » Ah! cet esprit cocasse de Demay!

Elle mourut subitement, frappée de congestion par une boisson glacée, un soir de grande chaleur.

J'arrivai donc aux Ambassadeurs. La saison ne commençait, en vérité, qu'en juin. On ouvrait en mai avec une troupe d'attente. Du jour au lendemain, tout va changer. Le public ne semblera pas le même. Les artistes pourront enfin chanter « en paix », plus de « chahuts », Élise Faure ne s'égosillera plus à dominer le tapage, Violette dansera sans apostrophes, bref, une nouvelle ère s'ouvre pour ce jardin de refrains

Le seul jour du Grand Prix, si le gagnant surtout est un Français, le bruit, le tumulte reviendront et c'est Mlle Duclerc, surtout avec ses refrains d'Espagne (la Raquel Meller de ce temps-là) qui déchaînera par ses rythmes les hurlements des pochards...

Les soirs de gros orages, la pluie nous jouait des airs de tambourin basque, sur la toile tendue au-dessus de la tête des spectateurs. Je fis alors les démarches nécessaires pour obtenir enfin ce qu'on avait, pendant trois saisons, refusé à mon directeur : la permission de bâtir une vraie toiture couvrant le jardin et améliorant l'acoustique. Mon directeur, M. Ducarre, m'en remercia par deux vases dessinés par Carpeaux que je mis à Vaux dans mon jardin.

J'ai quitté les Ambassadeurs en 1900. Je ne les revis

que dix-huit ans plus tard. Quelle dégringolade!... Une salle enlaidie, bariolée d'affiches... une décoration de ciné de banlieue... une atmosphère vulgaire, un public qui me sidéra, et enfin, il y a deux ans, j'y rechantai! Ce fut en mai. On y gelait, naturellement. Mon directeur m'avait conseillé de me munir d'un bon manteau de scène. Un public grelottant, triste, commun, que l'humidité persistante du sol détrempé rendait maussade... Quelques Parisiens d'autrefois vinrent me revoir, je reçus des lettres adorables de gens qui m'avouaient avoir revu ce coin pour la première fois depuis vingt ans, et en restaient émus! Pourquoi l'avaient-ils déserté?... Je n'en dirai point la cause, on la devine : aujourd'hui, comme autrefois, c'est le manager qui attire sa clientèle, ou la chasse, par le choix de ses spectacles.

Ah! que je souhaite bonne chance à celui qui nous rendra « Les Ambassadeurs » avec leur élégante clientèle d'autrefois, leur atmosphère charmante! Mais où sont les princes de Sagan, les marquis de Massa, les ducs de Modène! Je ne connais point « d'étranger » qui, à Paris, quand j'y chantais, ne soit venu m'applaudir aux Ambassadeurs! Dans le monde entier, on me parla de ma robe blanche sous les arbres verts, et le souvenir de mes refrains reste vivant, mêlé au cadre adorable d'alors. Le célèbre poète anglais Arthur Symons fit un poème à mon sujet dans ses *Nuits de Paris*. En ce temps-là l'étranger trouvait à Paris ce qu'il y venait chercher : *l'esprit de Paris*, et nos spectacles aux « Ambass » étaient composés de chansons, et rien que de chansons. Pas de filles nues, ni de revues, mais des *artistes*, de *vrais artistes* et les salles étaient bondées de gens de tous les pays du monde, mais la joie était autant dans la salle que sur la scène, et les étrangers en emportaient un souvenir spécialement *parisien*, alors qu'aujourd'hui ils s'ennuient à des spectacles renouvelés de ceux qu'ils ont chez eux. Des nègres, des nègres, voilà l'esprit de Paris en 1926. Parisiens de mes trente ans, vous rappelez-vous nos beaux soirs d'autrefois ?... Et n'avez-vous point le cœur un peu serré ?...

Le « père Ducarre » dirigeait les Ambassadeurs. Quand je le connus, il devait avoir soixante ans. La salle de concert et la salle de restaurant étaient à lui. Il filait lui-même tous les matins aux Halles dès cinq heures. On dînait très bien chez lui pour vingt francs. Un jour, le Prince de Galles vint déjeuner. Le futur roi d'Angleterre adorait les pêches et, voyant un beau panier de « Montreuil », il s'en fit servir. Au moment de payer l'addition il vit que chaque pêche était marquée vingt-cinq francs pièce... Ducarre fut appelé ; pressentant la réclamation, il arriva souriant... « Les pêches sont rares, probablement, cette année, lui dit le futur Edouard VII... vingt-cinq francs la pièce !... Je n'en mangerai plus... » – « Altesse, répondit Ducarre, les pêches ne sont point rares... ce sont les Princes qui le deviennent... » Le Prince de Galles s'amusa si fort de la réponse qu'il paya de bon cœur.

Ducarre était un vieux petit homme sans aucune instruction, toujours habillé d'une redingote noire, et portant une cravate blanche ; il avait l'air d'un convive de mariage pauvre.

Il était extrêmement courtois ; d'une politesse facilement aimable, et les artistes l'aimaient bien. Comme il me savait timide, il venait à ma table dîner, car, chaque soir, l'été, je venais prendre ce repas aux Ambassadeurs pour être sur le lieu de mon travail à l'heure voulue. Habitant dès juin en Seine-et-Oise, à Vaux, une jolie maison que j'avais fait construire, j'y allais chaque matin et rentrais à Paris vers 6 heures. Le restaurant des Ambassadeurs était le plus attrayant coin de Paris en juin, juillet. Journalistes, hommes de lettres, sportsmen, actrices, demi-mondaines s'y rencontraient.

La marquise de Saint-Paul y dînait souvent; de sa table bellement fleurie m'arrivaient des roses qu'elle me faisait porter dans ma loge. Je m'habillais dans une cage de bois, grande comme une cabine de bains de mer, pas d'électricité, mais quatre becs de gaz! On y mourait de chaleur, à tel point qu'un jour, Réjane, venue me voir, s'y trouva mal. On la sortit alors dans la petite cour, et ce fut cet incident qui décida enfin le père Ducarre à me construire en maçonnerie une logette plus spacieuse, avec fenêtre et porte.

Ducarre me payait cinquante mille francs pour mes deux mois « de saison estivale », c'était à cette époque un prix fabuleux! Mais la salle était bondée tous les soirs, et je l'enrichissais aussi.

J'ai chanté huit ans dans cet adorable coin! et je garde au vieux père Ducarre, mort depuis longtemps, un souvenir attendri. Je ne l'ai jamais vu faire une chose mesquine; il n'était pas commun, s'il venait d'une famille modeste, on sentait qu'il sortait d'un milieu de braves gens. Avec lui comme avec Marchand, je n'eus jamais l'ombre d'une discussion, nos relations furent sans nuages et, un jour, à l'occasion d'un renouvellement de contrat il m'écrivit qu'il avait une telle confiance en moi, une telle estime pour moi, qu'il se contenterait de ma parole sans ma signature; « mais, ajoutait-il, les artistes sont si méfiants que je crois devoir vous envoyer un traité " en règle " ». Je lui renvoyai son contrat, me contentant de sa parole, il en fut si touché qu'il vint dans ma logette m'embrasser.

Je l'ai vu un jour bien furieux!... Une femme s'était avisée d'auditionner avec une chanson de mon répertoire. Ducarre l'arrêta, dès le premier couplet. – « Non, madame, non, ceci est du répertoire de Mlle Yvette Guilbert... personne, ici, ne peut le chanter, son contrat le lui réserve. » – « Ah! soupira la pauvre fille... c'est que partout, monsieur... j'ai un tel succès avec cette chanson! » – « Possible, dit Ducarre, mais c'est la chanson d'Yvette, rien à faire! » – « Mais, monsieur, si Mlle Yvette Guilbert me le permettait?... » – « Ah! ça... c'est une autre affaire, allez la voir et revenez la semaine prochaine. »

Vous pensez bien que je ne refusai pas à la jeune femme de chanter ma chanson.

Mais le public, lui, ne permit pas cela. A peine avait-elle commencé que des sifflets partirent et qu'elle dut s'interrompre et chanter autre chose. Cela avait mis les coulisses en émoi, et Ducarre, effaré des sifflets, était arrivé dans les logettes juste pour entendre : « Hein... Cette Yvette, elle l'a fait exprès... » Ducarre n'en écouta pas davantage, il saisit une chaise à portée de sa main et la flanqua contre le mur en criant : « Tas de cochons! tas de cochons! Yvette fait un geste généreux, et vous le tournez en infamie, vous serez toujours les mêmes, jaloux et cochons! » Jamais on n'avait vu le père Ducarre en cet état. Il y eut un silence de mort. Alors il sortit tremblant de tous ses membres, en claquant la porte du jardinet. C'est la seule fois où j'ai vu Ducarre grossier et perdant toute réserve. Sentant la vieillesse et sa santé l'abandonner, il s'adjoignit son gendre, M. Pinard, un médecin. Quand je fus gravement atteinte, ni lui ni Ducarre ne se soucièrent de moi. Puisque je ne pouvais plus faire « leurs recettes », je pouvais mourir. Mais si, dans les saisons où les orages d'été sont si perfides aux chanteurs, j'étais enrouée quarante-huit heures, toute la maison accourait chez moi me supplier de *chanter quand même* pour sauver « la location ». Me casser la voix, perdre mon gagne-pain, leur semblait très naturel si cela sauvait leur caisse.

UNE SOIRÉE CHEZ L'ÉDITEUR CHARPENTIER (1895 ou 1896)

Les Charpentier recevaient beaucoup dans leur maison d'édition, rue de Grenelle.

Ma réputation, faite par des hommes de lettres, avait attiré sur moi la sympathie admirative de quelques écrivains édités chez Charpentier; de là à parler de moi et à m'y faire inviter fut chose facile. J'y vins d'abord dîner, ce fut le premier contact avec les maîtres de la maison. Je dînai avec Mlle Gouzien (la fille d'Armand Gouzien) qui chantait à ravir, avec de Montesquiou, le poète, et des parents des Charpentier. L'accueil fut d'une cordialité exquise. Une discussion s'éleva quant au talent de Bruant, que j'interprétais. « A quoi bon, disait de Montesquiou, auréoler la vie de ces gens des boulevards extérieurs, quand il y a tant de vies *magnifiques*!... » Et je me mis à défendre Bruant avec une telle violence, un tel acharnement que je finis par dire : « Et puis, tenez, ce n'est pas tout ça, Bruant ça ne s'explique pas, ça se chante, ça se parle et ça se pleure! " Le magnifique " dont parle M. de Montesquiou c'est l'âme de Bruant, et tous ses reflets! » Et je m'amusais à fredonner certains couplets, à en réciter certains autres, bref, à la fin du dîner, je dis à

Mme Charpentier que, quand elle le voudrait, je viendrais chez elle chanter tout ce que je savais de Bruant et tout ce qu'elle voudrait d'autre avec. On prit date, et comme je voulais profiter d'une occasion unique en ma vie, je lui demandai d'inviter quelques grands écrivains du temps.

– Oh ! Madame... donnez-moi cette joie... par eux seulement je saurai ma réelle valeur ; le public, je ne fais que l'amuser ! mais des intellectuels, si je les INTÉRESSE, pensez à l'énergie, au courage que cela mettra en moi !

Comme elle était simple, comme elle fut bonne et charmante, Mme Charpentier, et combien son mari fut accueillant à mon désir !

Deux semaines après, je chantais devant Zola, Daudet, Hervieu, Octave Mirbeau, Pierre Loti, Marcel Prévost, etc., etc.

Qu'allais-je chanter pour plaire à Zola... je balançais entre *Rosa la Rouge* de Bruant, ou *La Soularde* de Jules Jouy... puis réfléchissant que Zola était plus l'homme des « faubourgs » que celui des boulevards extérieurs, je décidai de chanter *La Soularde*. Zola suivait de ses yeux ronds et fixes tous mes gestes et je sentais son terrible examen... De temps en temps il se penchait vers Daudet, les deux hommes échangeaient des réflexions, et j'eus le sentiment que je leur semblais « tragique » autant que je le désirais ; alors, par coquetterie, je me mis à chanter une farce de Xanrof : *Elle était très bien*. Je vis Zola, les sourcils haussés, « en surprise », et Daudet riant, très amusé, puis ce fut : *Fleur de berge*, de Jean Lorrain ; Zola, du coup, vint petit à petit auprès de moi, ses yeux attachés à mon masque. Dans ces couplets lascifs d'amoureuse du ruisseau, mon corps mince se faisait félin, ondulant, serpentant, et quand au dernier couplet, la fille insulte le destin, parce qu'il la laisse mourir à l'heure où elle a trouvé sa rédemption dans l'amour, ma voix, plaintive jusqu'alors, devenait rauque et menaçante. Elle éclatait enfin dans un cri de révolte douloureuse, ce qui déclencha de vigoureux applaudissements de Daudet et de Zola.

Daudet, ne pouvant pas bouger de son fauteuil, me fit prier de venir à lui : « C'est magnifique, dit-il... C'est magnifique, Mademoiselle ! » Et Zola : « Quelle vérité dans vos accents, Mademoiselle, quelle actrice vous êtes ! »

Mon cœur battait à rompre... car tous les autres écrivains présents m'entouraient, enthousiastes. Alors, pendant deux heures, on me fit chanter.

J'avais d'abord voulu séduire Zola, il était pour moi l'inspirateur du réalisme en art, *de la vérité* dans l'expression, et ma nature sans truquage correspondait à « sa manière ». Moi aussi, j'étais près de la terre.

Je voulus ensuite séduire le côté poétique de Daudet, et je lui chantais une sorte d'idylle qui avait pour titre : *C'était bon.* C'était bon la pureté de l'enfance. C'était bon le premier amour. C'était bon le premier baiser. C'était bon le premier enfant. C'était bon de bien vieillir. Bref, c'était bon de mourir, le devoir accompli. Cela sentait la douce et saine existence de village, et il me semblait que je lui versais un peu de soleil de sa Provence... à ce superbe Daudet !

« Quittez le café concert, Mademoiselle ! Quel dommage !... Un tempérament pareil... une telle diversité... faites du théâtre. Ah ! si j'étais jeune et bien portant, quelle pièce je vous écrirais ! »

Je regardais Daudet si émue, si bouleversée, qu'il sentit mon émotion et me prit la main... Alors, je crus que j'allais pleurer, ma gorge se serrait... et je lui dis : « Alors, maître... j'ai donc vraiment du talent ?... » – « Du talent ! du talent ! Mais vous avez plus que du talent ! » Ah ! cette soirée... elle fut l'épanouissement de ma foi en moi...

Le visage d'Émile Zola me sembla, ce soir-là, désappointant. Alors, c'était ça cet illustre écrivain ? Le masque froid, la face plate, les cheveux tirés en arrière, la bouche fine, sèche, hermétique, de grosses lunettes sur les yeux qui ne bougeaient pas et me semblaient sans lueur; une opiniâtreté terrible semblait être la caractéristique du visage de Zola, j'y lisais une expression de forte ténacité; sa figure n'était pas de celles qui laissent refléter toutes leurs émotions intérieures, non, elle était close.

Lorsqu'il devint mon voisin de campagne à Médan, en Seine-et-Oise, j'eus souvent l'occasion de le revoir sur les routes, accroupi sur sa bicyclette, filant avec le même regard fixe et froid, avec la même allure « avocat pauvre ». Sa propriété à Médan était un assemblage de chalets portant chacun les noms de ses ouvrages.

Un jour, à un banquet donné en son honneur au Bois de Boulogne, au chalet Azaïs, et auquel je fus invitée, j'eus l'immense surprise de voir son embarras quand il lui fallut répondre aux toasts élogieux. Il bégaya, se troubla, et confessa, d'une façon charmante, qu'il ne savait pas parler. En effet, ses amis n'ignoraient point qu'il n'était pas orateur, et que c'était un supplice pour lui que d'avoir à s'exprimer publiquement.

Si je trouvais l'air « avocat pauvre » à Zola, en revanche, cette soirée des Charpentier me révéla un Daudet auquel je ne m'attendais pas. Physiquement superbe! une tête à la chevelure de flammes noires, dansant sur des yeux de feu. Déjà malade, assis dans un large fauteuil, les jambes recouvertes d'un châle, Mme Charpentier l'avait, à sa soirée, installé près de la cheminée qui flambait et reflétait sur le visage du grand homme des ors et des rouges qui l'ensoleillaient! Derrière son binocle, ses yeux étonnants brûlaient et ses doigts mobiles me « racontaient » les impressions que lui faisaient mes couplets; l'éloquence de ses mains est inoubliable pour moi.

Et vous, cher Paul Hervieu! avec la tristesse de vos yeux myosotis, votre menton de galoche vieillardisant votre pâle visage, comme vous m'avez serré les mains, en me disant : « Quelle splendide tragédienne... et quelle formidable " comique " vous êtes... Ah ! pourquoi rester au café-concert ! »

Et vous, Octave Mirbeau, que je revoyais là (vous ayant déjà vu chez Léon Sari), vous rappelez-vous notre causette, sur le canapé, près de Daudet ? Et du haut du ciel, entendez-vous quelquefois mes refrains de reconnaissance ? Quand, déçue dans mes efforts pour attirer auprès de moi certains collaborateurs, je les trouve indifférents et sourds, et que me souvenant de vos paroles, j'en fais ma consolation : « Ma petite, disiez-vous, votre inspiration " géniale ", vous ne la trouverez pas chez beaucoup d'autres ! Il faut avoir bougrement de talent pour s'adapter au vôtre... Vous fichez le trac !... » Et comme je vous regardais, bouche bée... vous ajoutiez, violent : « Quoi ! *Il faut* SAVOIR que vous avez du génie, ou vous ne le méritez pas ! » Mais comment, diable, peut-on être sûre d'avoir du génie ? Ce n'est certes pas « le succès » qui le prouve. J'ai vu tant de piteux artistes avoir un énorme succès. Alors ? Tout de même, à force de s'entendre louer, on en retire une dose forte de courage.

Et vous, Pierre Loti ! Et vous, Marcel Prévost ! Et vous, Lavedan, qui m'avez appelée la Rose Caron du café-concert. Et vous, Jean Richepin, à qui je dois *La Glu*, et vous, cher Catulle Mendès, qui vîntes un soir au Nouveau-Cirque (où j'avais accepté de paraître dans une revue, pour y chanter mon répertoire) me faire pleurer par trente minutes de durs reproches que vous me fîtes, de ne point « assez respecter mon talent » en le « prostituant » dans une atmosphère indigne de moi, disiez-vous.

Et vous, Theuriet, doux poète, et vous François Coppée, qui déjà veniez à l'Éden-Concert entendre mes premiers couplets !

A cette soirée-là, que la vie me fut bienveillante,

quelle force elle me donna cette soirée-là... chez Charpentier, où après deux heures de chansons, qui m'avaient enfiévrée de joie, chacun s'en vint vers moi, les mains tendues, avec des paroles qui m'affolaient, des conseils unanimes, de lâcher les « Boui-Bouis ». « On ne chante pas comme ça si l'on n'est pas à la fois une très grande comédienne et une très grande tragédienne... Faites du théâtre! Vous êtes bien plus actrice que chanteuse... vous apporterez au théâtre la même note curieuse... inattendue, disait Hervieu, faites du théâtre. Je vous fais une pièce! »

« Non, disais-je, non! il me faut attendre, je sens qu'il me faut attendre », et comme le brouhaha autour de moi ne cessait pas, une femme que je n'avais pas encore vue, une femme dit dans mon dos, d'une voix irritée, sèche, dure : « Cette demoiselle Guilbert, elle me fit des robes autrefois... Ah! elle était moins brillante... elle ne se souvient plus de moi, bien entendu... »

Je me retournai. Oh! joie du ciel! j'étais devant la belle Mme X..., cette femme à laquelle je devais, en la période de ma vie d'ouvrière, des nuits horribles d'insomnie!... Je me retournai et, d'un ton sec : « Ah! mais si, mais si, madame, je me souviens de vous, dis-je, je n'oublie pas vos factures si difficiles à toucher... J'étais si pauvre que j'insistais... je vous en réitère mes excuses, madame. » La belle Mme X..., « Vénus » à la mode sous Grévy, en resta clouée à son fauteuil. C'était elle qui me faisait découdre et recoudre des étiquettes des grandes maisons de couture de Paris pour les attacher à des robes que ma mère et moi avions passé des nuits à lui faire *au rabais*, et dont nous ne pouvions obtenir le paiement que par bribes infimes!

Un grand ami de mes débuts, fidèle de ma maison pendant de longues années, homme de lettres bien connu, Louis de Robert, ayant assisté à cette soirée chez Charpentier, eut l'idée de demander à ses célèbres confrères leur opinion sur Yvette Guilbert. Voici leurs réponses, ils les écrivirent sur un album; Louis de Robert m'en fit cadeau :

« *C'est à la fin d'une soirée chez Charpentier que j'ai entendu Yvette. Il était tard déjà, et jusqu'à deux heures elle nous a tenus dans une grande émotion. Je crois bien qu'elle nous a chanté à la file les meilleures chansons de son répertoire, sans un arrêt, avec une verve, un désir passionné d'être admirée et aimée. Et tout le monde s'est évoqué, à moitié réel, à moitié fantasque, d'un excès dans le caractère qui est l'art tout entier. Jamais je n'ai mieux compris qu'une artiste n'est qu'une nature qui s'exalte et se donne.*

« ÉMILE ZOLA. »

« *Maintenant, chez Yvette Guilbert, c'est dans une animation enfiévrée du corps, une vivacité de paroles tout à fait amusante...*

« *Ce qu'il y a d'original dans sa verve blagueuse, c'est que sa blague moderne est émaillée d'épithètes de poètes symboliques et décadents, d'expressions archaïques et de vieux verbes, remis en vigueur : un méli-mélo, un pot-pourri de parisianisme de l'heure présente et de l'antique langue facétieuse de Panurge.*

« *Et la soirée se termine par* La Soularde, *la soularde où la diseuse de chansonnettes se révèle comme une grande, une très grande actrice tragique, vous mettant au cœur une constriction angoisseuse.*

« EDMOND DE GONCOURT. »

« *Parbleu! Je sais bien ce que c'est que la chanson. Avec les autres ce n'est rien, le plus souvent, que de décourageantes inepties. Mais avec Mlle Yvette Guil-*

bert!... C'est un drame frissonnant, la saisissante évocation d'un type, d'un état social ou d'un état d'esprit... de la douleur comique ou du fou rire qui fait pleurer... quelque chose enfin qui entre avec elle dans l'art et dans l'émotion humaine.

« *J'admire même qu'avec rien il n'y ait pas d'exemple qu'elle n'ait su créer quelque chose d'exceptionnel et de caractéristique, suppléant par sa propre imagination, par son invention à elle, à l'indigence du texte chansonnier, devenu heureusement inutile... et génial.*

« *Mais ce n'est pas assez, quoique cela soit beaucoup. Avec ses dons merveilleux d'intelligence, de composition, d'expression, de goût, de mouvement et de voix qui font de Mlle Yvette Guilbert, dans n'importe quoi, une artiste si originale, si vibrante et mordante, parfois si étrangement tragique, et si tragiquement comique, ce serait un de mes plus vifs regrets qu'elle ne les apportât pas, dans un grand rôle, au théâtre...*

« *On demande pour Mlle Yvette Guilbert un moderne Shakespeare.*

« OCTAVE MIRBEAU. »

« *Si j'en avais le loisir, si j'en avais le courage et si, et si, je voudrais écrire, pour cette Yvette Guilbert, dont le merveilleux talent s'étrique en des inepties boulevardières, un drame lyrique, moitié mimé, moitié chanté, tiré des tragiques annales de l'Irlande ou de la Commune. La voyez-vous en pétroleuse ou en féniane. Ce long corps et souple, cette face toute blême et suante de whisky ou d'eau-de-vie blanche, et les rauquements de cette voix, si douloureusement passionnés; ou encore, à bord de quelque chaland, pendant ces dures saisons de sécheresse et de chômage que les mariniers de la Seine appellent l'affameur, imaginez au milieu de sa marmaille une femme de la batellerie, attendant son homme, et qui chante et se soûle dans un mastroquet du bord de l'eau. Je songeais à tout cela en entendant l'autre soir cette délicieuse Yvette Guilbert chanter je ne sais quelle niaiserie avec des yeux, des gestes, une expression !*

« ALPHONSE DAUDET. »

« *Je ne crois pas qu'il faille s'étonner que Mlle Yvette Guilbert puisse se montrer si tragique, étant si comique ; mais, au contraire, qu'elle puisse se montrer si comique, étant si tragique.*

« *Car, à mon sentiment, c'est avant tout une tragédienne, une grande tragédienne, avec sa stature étrangement harmonieuse, son visage masqué de pâleur, ses yeux brusques, son geste qui, par des allures presque désobéissantes, prend les caractères de la fatalité.*

« *Aussi, quand il ne s'agit, pour Mlle Yvette Guilbert, que de faire rire, son art dédaigneux et sûr consiste peut-être surtout dans le contraste entre l'intention des légères paroles qu'elle chante, et la gravité de ses moyens d'expression. Elle dresse sur la foule une longue encolure de prophétesse aux écoutes, dont les bras sont plongés jusqu'au coude dans le deuil de ses gants noirs ; et tandis que sa voix enfonce alors en nous les mots grivois ou drolatiques et les sons joyeux, comme avec un rude marteau fantastique, l'artiste nous impose tantôt le drame de son immobilité, et tantôt, dans ses mouvements de torse ou de physionomie, des arrêts macabres.*

« PAUL HERVIEU. »

« *Yvette Guilbert est une affiche qui parle, qui chante, qui remue, mais une affiche, une grande affiche macabre et insolente qui fait froid dans le dos. Je pense toujours en la voyant et en l'entendant à quelque troublant automate, à une dame en cire d'Edgar Poë qui aurait un phonographe dans le ventre. Est-elle en vie ? Je n'en suis pas plus sûr que ça.*

« *C'est la Rose Caron du café-concert.*

« HENRI LAVEDAN. »

« *Yvette, non seulement par génie naturel, mais aussi par une volonté acharnée, par un travail dont la ténacité et la minutie ont de quoi stupéfier, finit par donner quelque chose qui ressemble à du charme, à de l'émotion, aux bassesses du café-concert.*

« *Que d'art déplorablement employé! Mais l'artiste est extraordinaire.*

« CATULLE MENDÈS. »

« *Qu'elle chante du bon, du mauvais ou du médiocre, cela n'a aucune importance. Le texte, paroles et musique, n'est ici, en effet, qu'un prétexte, pour elle, à commentaires, pour vous, à évocation. Commentaires et évocations uniquement créés par elle, son geste, sa physionomie, sa voix. Et avec une puissance de suggestion d'autant plus magique et inattendue, que c'est son geste qui parle, sa physionomie qui vocalise et sa voix qui gesticule! Écoutez-la plutôt en vous bouchant les yeux, ou regardez-la en vous bouchant les oreilles! Il semble alors que les aveugles doivent la voir en l'entendant, et les sourds l'entendre en la voyant. Ce qui est, j'en suis sûr.*

« – *Mais cette Yvette est donc une artiste miraculeuse?*

« – *N'en doutez pas.*

« JEAN RICHEPIN. »

« *Tout le monde admet qu'Yvette est adorablement drôle. Mais on ignore en général quelle autre artiste exquise elle peut devenir quand elle chante des chansons mélancoliques. Un jour que nous étions seuls chez elle, au piano, elle m'a fait frissonner en interprétant à sa manière " L'Automne " de Rollinat, et je ne sais plus quelle vieille étrangeté de Ronsard...*

« *Je la remercie pour cela, plus encore que pour les bons moments de fou rire que je lui dois.*

« *Et je suis son admirateur.*

« PIERRE LOTI. »

« *Tout est dit sur Mlle Yvette Guilbert, depuis le temps qu'elle a des auditeurs illustres. Donc, je louerai surtout son tempérament de lutteuse pour la gloire, qui vaut une admiration singulière. Fut-elle assez discutée, diminuée, niée, cette Yvette! A chaque rentrée, combien la guettèrent qui comptaient cette fois " avoir sa peau ", sa jolie peau en grain de soie... Or, chaque fois, elle s'est défendue, elle a montré, comme rageusement, un art plus inattendu, plus haut, plus mûr. Hier encore, avec Rosa la Rouge, elle nous donnait, d'elle, un nouveau frisson.*

« *Cette conscience du mieux-faire, cette rage de l'effort artistique, de grands écrivains les ont illustrées mais elles sont rares, trop rares au théâtre.*

« *Mlle Yvette Guilbert est un grand exemple moral.*

« MARCEL PRÉVOST. »

MON RÉPERTOIRE

Le répertoire grivois de mes débuts me mena vers la gloire, cette gloire spéciale, artificielle, de la rampe, qui a sa cour, ses rois, ses reines et ses princesses, sans lignées. En province de France quand je chantais dans les music-halls, des oreilles venaient écouter mes couplets, avec le même sentiment qu'ont certains yeux, liseurs de livre défendus et payés à prix d'or. Mais le côté bouffon de tout cela fut, je le répète, que si je mettais les hommes en éruption, et les femmes en état cantharidé, moi, je restais à regarder froidement l'effet que produisaient sur eux mes stupéfiants, je me faisais l'effet d'un pharmacien de campagne qui, avec une seule drogue, contente tous ses malades.

J'eus un jour une longue correspondance à ce sujet avec Francis Jammes. Ce fut très curieux de voir *le public* dénaturer *mes Satires* pour n'y savourer toujours que les mêmes polissonneries. Mon fouet se transformait en « épingle » pour vieux messieurs anormaux : et quand je déclamais, d'un air sibyllin, d'une voix, d'un visage facticement féroces, tels vers de Donnay, tout mon public n'avait que la *vision* de scènes antiques et s'y complaisait... alors que, moi, je n'éprouvais qu'une joie : celle de venger l'amour blasphémé, l'amour dont les vraies amoureuses de mon temps faisaient leur noble joie et leur haute douleur.

Voici, du reste, la pièce poétique que Donnay récita lui-même au Chat Noir, et qui descendit vers « la masse » par mes soins :

ÉROS VANNÉ

Je ne suis pas ce Dieu vainqueur
Né sous le ciel bleu de la Grèce,
Qui s'en allait perçant les cœurs
Avec ses flèches d'allégresse,
Ce fils d'Arès le guerrier fort
Et d'Aphrodite aux beaux scandales,
Ou de Zéphir aux cheveux d'or
Et d'Iris aux pures sandales.
Je suis le fruit d'un rendez-vous
Pris dans une arrière-boutique
Par un bockmaker aux poils roux
Avec un trottin chlorotique.
Très vieux malgré mes vingt années,
Usé, blasé,
Car je suis né
Sur un lit de roses fanées,
Et je suis un Éros Vanné.

Je ne suis pas le Dieu qui jette
Les amants aux bords des fossés
Et dont la rapide sagette
Couche les couples enlacés
Le Dieu qui sème, qui féconde
Et qui garde vigilamment
La vieille Loi qui donne au monde
L'éternel rajeunissement.
Non, ma mission est moins haute,
Car je fournis aux débauchés
Les mineurs de table d'hôte
Et les petits garçons bouchers.
Je ne règne pas, je divise,
Et pour toute pollution
Cherchant l'ombre, j'ai pour devise :
Stérilité, discrétion,
Je suis blond, mes yeux d'émeraude

Hypnotisant les névrosés,
J'apprends la science des fraudes
Aux maîtresses des épuisés.
J'ai la souplesse des couleuvres
Je sais le pouvoir des parfums
Et, par de secrètes manœuvres,
Ressusciter les sens défunts!
Et j'ai le martinet qui cingle
Pour les gagas! triste troupeau,
Et le supplice de l'épingle
Cruelle, qui porte à la peau!

Elles ne sont point prolifiques
Mes unions, évidemment;
J'assiste aux amours saphiques
Des femmes qui n'ont point d'amants.

Je suis le Dieu des Morphinées
En quête de frissons nouveaux,
Je suis le Dieu des Raffinées
Dont je détraque les cerveaux.

Très vieux, malgré mes vingt années,
Usé, blasé
Car je suis né
Sur un lit de roses fanées
Et je suis un Éros Vanné!

Le seul quatrain qu'il me fallait supprimer au café-concert et restituer dans les cercles littéraires, comme La Bodinière, ou réunions de lettrés, était celui-ci :

Elles ne sont pas prolifiques
Mes unions, évidemment,
J'assiste aux amours saphiques
Des femmes qui n'ont point d'amants.

Auguste Musleck, mon directeur du Concert Parisien, recut des lettres demandant que je voulusse bien expliquer au public ce que voulaient dire les mots :

prolifiques et *saphiques;* plutôt que « d'expliquer », je supprimai ce quatrain. Du reste cela me valut de Musleck la réprimande suivante :

« Qu'est-ce que tu veux, ma belle, tout le monde comprend pas l'argot, moi qui le jaspine. Dieu sait... Eh bien, j'te comprends pas non plus ? » Et comme je lui expliquais *cet argot*, levant les bras au ciel, il s'écria : « Ah ! mais comment veux-tu qu'on comprenne " ton parler d'Sorbonne " ? »

Dans *Les Vierges*, autre chanson de mon répertoire, le public ne vit rien qu'une grivoiserie congestionnante, moi une effroyable fessée au génie génital ; on ne s'entendait pas, quoi ! mais quand vint la chanson du *Petit Cochon*, alors ce fut le comble ! cela dépassa toutes les limites. Pendant vingt ans, vingt-cinq ans, on se servit du titre, des couplets de cette chanson, pour m'insulter. Tous les petits apprentis journalistes, en mal de rosserie, tous les incompréhensifs me couvrirent, avec le *Petit Cochon*, d'une robe honteuse. Hypnotisés par ce seul mot : « cochon », ils lui attribuaient des vouloirs de cochonneries. Or, qu'était la chanson ?

Le sujet de cinq cents pièces de théâtre !

Une cinglante satire *contre le ménage à trois, l'adultère*, le ménage parisien, mis en scène à cette époque sur toutes nos scènes, comme si la France d'alors n'était composée que de catins et de cocus.

Ce cochon de ma chanson était le troisième larron de la farce matrimoniale. Le public, lui, ne voyait pas *l'idée* mais *l'image*.

Le petit cochon
Avec sa queue en tire-bouchon...

Moi, j'avais la frousse de la chanter, cette chanson, elle me faisait peur, car elle était comme une gifle donnée à des *milliers* de mes auditeurs. Me permettraient-ils ce geste sans se rebiffer ? Toute chanson a différentes formules d'expression. Le petit cochon n'échappait pas à cette facilité de le transformer. Je le fis. Le texte resta ce qu'il semblait être : une farce, et ma mimique, mes intonations vocales, s'employèrent à déformer comiquement la tragédie matrimoniale, qui, « au théâtre », classique ou autre, finit souvent par des coups de feu et des cadavres à la douzaine!

Quand j'avais à chanter de nouveaux couplets, je les essayais sur mes amis. Le petit cochon fut « essayé » devant Alfred Capus et Catulle Mendès. Mendès craignait la possibilité « d'une engueulade »; Capus disait : « Pensez-vous... le cocuage est dans les mœurs... On s'en arrange, tout s'arrange. »

Une blague, qui devenait de *haut ton*, devant un certain public, ne dégageait que malaise au café-concert; c'était la blague froide des carabins d'hôpital.

La danse macabre des fœtus, par exemple, dont Mac-Nab, auteur chansonnier, faisait les délices au Chat Noir, laissait mon public étouffé d'angoisse! Dès le titre lancé par moi, dès les premiers mots, les femmes m'écoutaient, effarées, les hommes glacés, immobilisés net. Des souvenirs de phénol, de sages-femmes, d'espoirs et de désespoirs se lisaient sur les visages.

Cette fois-ci, pendant que, moi, je m'amusais des *images*, mon public, lui était pris par les *mots*! Quand je vous dis que c'était difficile de s'entendre avec une Yvette qui était souvent sérieuse quand elle riait, et savait si bien rire quand elle pleurait; allez donc vous y retrouver! Avec les fœtus, j'obtenais des applaudissements avortés (naturellement); les femmes les ouataient en creusant les paumes de leurs mains gantées, les hommes y allaient de bon cœur, qu'est-ce qu'ils risquaient... et les jeunes filles, d'instinct, se serraient le ventre...

Comment oublier ces images macabres, cette fresque de gnomes, cocassement mis en trempette?

Comment ne point rire sur ce que nous sommes, avant de pleurer sur ce que nous serons ? Ah ! ces produits de l'amour, images grotesques, lancées sous les feuillages des beaux arbres des Champs-Élysées, plaquant sur mon visage des reflets verts comme ceux des bocaux pharmaceutiques, c'était fantastique !...

Mais, bien entendu j'avais des couplets passe-partout tels que ceux du *Fiacre aux stores baissés*... qui, à cette époque, semblaient d'un audacieux !... (Aujourd'hui ils seraient chantés au mariage d'une garçonne.) Et la complainte des *4 z'étudiants*, qui m'attira les foudres de cette adorable Mme Séverine, grande et célèbre polémiste de la presse de mon temps. Séverine confia à des amis, qui vinrent m'en avertir au galop, qu'elle allait me rosser par un article intitulé : « Mlle Copahu ! » Tout cela à cause d'un couplet qui mettait Séverine hors d'elle, avec ces quatre vers :

En échange, la p'tite blonde,
Quelque chose... leur donna.
La plus belle fille du monde
N'peut donner que c'qu'elle a.

Mais des amis s'en vinrent trouver l'excellente femme ; on s'expliqua. Bref, quelques années plus tard, Séverine consentait à parler avec son grand talent d'éloquence, auprès de cette Yvette terrible, qui présentait au Gymnase, en matinées dites : *Les jeudis d'Yvette*, des chansons destinées à un public qui n'allait jamais dans les cafés-concerts et qui commençait à goûter le répertoire dit de *ma deuxième carrière* : « La vieille chanson de France ». Mais ce fut à mon premier répertoire que j'essayai, par-ci, par-là, de rendre un brin littéraire, que je dus mes premiers succès. J'y ajoutais les études de Bruant sur les gigolettes et leurs marlous (reprises trente ans plus tard par Carco).

Jules Jouy écrivit, pour moi, *cette Pierreuse*, dont le

« pi-ouit », parodié d'une chanson d'opérette créée par Judie, mettait sur le cou du spectateur le froid du couteau de Deibler. J'ai chanté aussi, casquette sur la tête et foulard rouge au cou, les couplets de bravade d'un apache assassin condamné à mort. J'enrouais ma voix crapuleusement et quand, ma casquette alourdie de plombs s'échappait de ma main, on entendait, on voyait le couperet de la guillotine faire son œuvre. Cette chanson s'appelait : *Ma Tête*. Victorien Sardou, venu me demander mon concours pour un « bénéfice de charité », m'entendit chez moi la répéter. « Horreur, cria-t-il, la guillotine à la scène ! On va vous jeter des pommes ! » Ce fut un triomphe.

Jean Lorrain se joignit à Bruant, à Jules Jouy et à Secrétan, l'auteur de cette dernière chanson.

Jean Lorrain, lui, se délectait du côté « romance » des marlous, il les suivait dans leurs bals musettes, sous les ponts, au Point du Jour, connaissait tous leurs lieux de rendez-vous et de plaisirs, aux parfums de friture et d'absinthe.

Cette *Fleur de Berge* écrite par lui était un duo d'amour avec d'inoubliables souvenirs charnels, toute une lamentation sur la peau du mâle « *qu'Elle avait dans le sang* ».

Y m'app'lait sa gosse, sa p'tite môme.
Dans l'jour, en bateau...
J'étais foll' de lui, et d'sa peau ;
Y m'caressait fallait voir comme.
C'était un gas, c'était un homme !

Plus tard, l'éditeur modifia ainsi je ne sais pourquoi le troisième de ces vers :

Y m'baisait la bouche, fou d'ma peau ;

L'soir au Lion d'Or, par des temps d'neige,
Au coin d'un bon feu
Y m'faisait des tas de sortilèges
Pour m'monter un peu

Caressant comme un chat qui miaule.
D'suite y riochait
M'disant : « viens-tu voir à la piaule
C'que d'vient ton brochet... »

Toute la lamentation sensuelle et désolée finissait par la douloureuse constatation de la fille, qui, devenue poitrinaire, accusait le ciel de se sentir partir :

« *L'Ciel est canaille, y faut mourir quand on est heureuse.* »

– Surtout, disait Lorrain, surtout pas de voix rauque de goualeuse, *c'est trop facile*, chantez cela en vierge amante liliale, pas de gestes « fillasse », *n'extériorisez rien, en vierge amante*, épurée par l'amour, voix lointaine de tuberculée, voilà ce que je veux.

Et me conformant à ses désirs, que je partageais du reste, *Fleur de berge* devenait « Botticellique et Billancourt », soulevée, idéalisée, immatérialisée, empoignant le public.

Cette forme d'art naturaliste fut aussi celle que le public salua en moi, non seulement comme un nouveau mode d'expression, mais aussi comme *un style*, inédit au café-concert, Et enfin!... je mis des gants à mes hardiesses... Mes gants noirs furent aussi un symbole d'élégance apportée dans une atmosphère un brin canaille et sans esprit.

C'est sur les épaules de cette notoriété faite d'épices de Rabelais et de Zola que j'ai dû et pu accrocher le long manteau de cour de ma seconde tentative, de ma seconde carrière, car si l'on bouda à l'étiquette « café-concert », « music-hall », on ne contesta jamais mes qualités d'interprète. Mon art si français de tout dire, de tout savoir dire, en restant élégante, mettait dans l'articulation de mes syllabes une science qui façonnait la prononciation totale des mots et accusait leur dessin, leur coloration, leur présentation. *Tant* d'artistes croient qu'il leur suffit d'articuler avec ardeur pour bien prononcer!

Parmi les acteurs et chanteurs de cette époque, il en est qui, lorsque je les entends, me pincent au creux de l'estomac. Leur affreuse prononciation se triple d'horreur par l'effort de l'articulation. Je ne connais que trois personnes qui se soient aperçues de la piteuse manière de Mlle X... de prononcer notre langue en chantant; auteurs, critiques, compositeurs n'y voient rien, et le public, habitué qu'il est à cette sorte de vilain langage, ne le remarque plus.

Pour l'artiste, comme pour la diseuse de chansons, cette science du beau parler doit s'augmenter de la science d'allumer et d'éteindre les mots, de les plonger dans l'ombre ou dans la lumière, selon leur sens, de les amoindrir ou de les amplifier, de les caresser ou de les mordre, de les sortir ou de les rentrer, de les envelopper ou de les dénuder, de les allonger ou de les réduire. Tout ce qui, en bref, fait vivre ou mourir un texte, le fait palpiter avec force, couleur, style, élégance ou vulgarité, toute cette science-là fut l'objet continuel de mes soins, et fut la première qualité reconnue par mes juges qui totalisèrent toutes ces nuances en une seule : *une bonne articulation.*

Oui, mais j'ai autre chose!... A mon articulation se joint « la prononciation » que je soigne et sais être belle. A cette prononciation se joint la diction, c'est-à-dire la mise en action du verbe, l'analyse du texte, enrichie de sa composition expressive, de son sens extériorisé, *visible*, peint, sculpté, rendu vivant!

Tout l'art du comédien, au service d'une chanteuse sans voix, qui demande au piano ou à l'orchestre de chanter à sa place. Voilà quel est *mon art.*

Quand je dis « mon art », c'est en connaissance de cause, car il est fait de mes personnels vouloirs; je sais de quoi il est fait, puisque j'en suis la mère.

Quand je jouerai la comédie, libérée de l'oppression

d'un directeur, d'un metteur en scène, que je ne suivrai que mes seuls instincts, ce que je n'ai jamais pu faire au théâtre, je suis sûre d'apporter une émotion nouvelle.

Quant à ma voix, à mes possibilités lyriques, je n'en ai pas, et je suis pourtant à même *d'exprimer* tout ce que je veux; ma voix arrive, jusqu'à me servir de masque.

« Une actrice doit, comme une chanteuse, être la femme aux Cent têtes, et par conséquent aux Cent organes. »

Mon cerveau aide ma voix à se « colorier », à s'amplifier aussi et donne, de par le rythme qu'admirait si fort Gounod, le spectre d'une voix de chanteuse.

Ma voix de poitrine a déconcerté tous les chanteurs. Tous m'ont dit qu'au bout de six mois je ne pourrais plus chanter; il y a trente-cinq ans que je chante. *Voilà tous mes secrets*!

Sur les centaines de chansons chantées par moi, il en est très peu dont je n'ai point écrit « le monstre », ce qui signifie, en argot de théâtre, *le sujet*. Souvent j'en donnais l'idée musicale. Je la réduisais à sa plus simple expression, étant diseuse et non chanteuse, et réservant aux paroles la grosse part de mes meilleurs soins, c'était « mon genre ».

Vraiment, je ne cesse de le constater, les artistes sans grande personnalité n'effraient et ne déroutent personne. Il leur suffit d'une technique « passe-partout », et le succès leur vient doucement, lentement (quand il vient). Pour moi, ce fut une bataille ardente, des suites d'escarmouches rudes, mais de courte durée, car, en vérité, ce fut en quatorze ou quinze mois que le feu d'artifice de ma réussite d'artiste illumina ma vie. Mais... quel cran d'arrêt... à peine en avais-je fini de lutter pour m'assurer *la vie*, que la *mort* dès 1894 s'avança, sournoise, me lancinant, indécise, me taquinant, me prenant par la taille... (cette taille fine et souple dont j'étais si fière!) enfonçant, plongeant, curieusement à l'heure même de mon travail, ses griffes de macabre danseuse dans mon rein droit, qu'elle égratigna... déchira... jour par jour... mois par mois, jusqu'au moment où, en 1899, le premier couteau du chirurgien se planta droit, comme un drapeau ennemi, sur ma chair vaincue, conquise par la terrible *maladie*! Le poète Rollinat me chantait un jour :

> La maladie est une femme
> Invisible comme un remords.
> Elle vous prend, elle vous mord
> Elle vous broie, elle vous tord.

Que de fois ai-je repensé à ces vers en ces seize ans d'affreux martyre! Seize ans de douleurs continues, sans répit, avec six fois le baiser d'acier du couteau... six fois la table où le corps s'étend livré à l'inconnu... six fois le cauchemar, l'affreuse angoisse, de dire adieu à ceux qu'on laisse, seize ans de désespoirs et d'espoirs, de « vivre ou mourir »... Parisiens qui m'avez vu si gaie, si burlesque quelquefois, vous que j'ai toujours fait rire, avez-vous su, vu, deviné « La Passion » que votre Yvette endurait, quand à la Scala, aux Folies-Bergère, ou sous les arbres des Ambassadeurs, elle se maquillait jusqu'à deux et trois fois, démaquillée qu'elle était par la sueur d'angoisse... La veille de ma première opération, Albaran, mon chirurgien, vint m'entendre aux Folies-Bergère. Ce fut un terrible choc pour moi; instantanément je me dis : « Tiens, Albaran a l'idée que c'est la dernière fois qu'il m'entendra... » et comme mes camarades, sachant que le lendemain on m'opérait, étaient tous descendus sur le plateau, j'eus la sensation du dernier adieu...

On donnait une espèce de ballet fantastique; c'était « la première », et chaque belle fille, pour faire admirer son costume à ses camarades, avait à passer devant ma loge, et j'entendais : « Hé Margot, fais voir!... Oh...

là là ! C'que t'es lugubre, qu'est-ce que tu fais dans l'ballet ? »

– *Le désespoir*... Et toi ? t'en as des ailes... t'as l'air d'un hibou !...

– Moi, répondait la fille, je suis : *L'oiseau de malheur.*

Je fermais la porte de ma loge et j'éclatais en sanglots. Pendant seize ans, opérée six fois. Ma vie discutée, ma mort défendue, par vingt-huit des plus célèbres chirurgiens de tous les pays, car je tombais mourante au milieu de mes voyages, et j'ai été intransportable par quatre fois !

Le brave, l'adorable chirurgien Guinard, qui mourut terriblement assassiné par un fou, à l'hôpital de l'Hôtel-Dieu, m'appelait : *L'enfant du miracle.*

LES JOURNAUX ET LES JOURNALISTES

Quand on compare le journalisme actuel à celui d'autrefois, on se rend compte de la facilité, pour certains artistes, qui sont sur quelques-unes de nos scènes, d'y prendre pied et de s'y faire une espèce de réputation « boulevardière ».

Personne ne les empêche plus.

Des directeurs de théâtre en profitent pour « lancer » des artistes, et les music-halls pour imposer des vedettes. C'est une question d'argent, qui, à la manière américaine, fait d'une puce un éléphant.

Au music-hall d'autrefois, comme dans ceux d'aujourd'hui, les comptes rendus des débuts et des programmes étaient faits par le secrétaire de chaque music-hall.

Depuis c'est toujours le même système de publicité puérile et honnête. Mais autrefois, des hommes de lettres, aux signatures illustres, nous apportaient leurs hommages, les journaux du temps étaient alors assez riches pour offrir une large et légitime hospitalité à l'Art, des hommes de talent escortaient quelques artistes; j'eus la chance d'être du nombre.

Je dus ma réputation *surtout* à toute une armée de poètes, d'écrivains, qui, dans leurs romans, leurs poésies, leurs écrits, dans les *Revues littéraires*, ou en des journaux quotidiens, etc., facilitèrent mon premier élan.

Que de fois je repense à cette petite salle de l'ancien *Figaro*, remplie d'artistes, d'hommes de lettres, de gens du monde, défilant de 5 à 7, et le soir de 10 à 11 heures, saluant l'arrivée de l'actrice Desclauzas, qui annonçait son départ pour la Russie avec cette voix de clairon que tout Paris applaudissait. Céline Chaumont, la créatrice de *Divorçons*, menue, menue; Judic, la diva aux yeux de velours; Jeanne Granier la grande et spirituelle comédienne, avec son bout de nez amusant; la belle Sorel au profil de petit mouton; Christine Nilson aux yeux glauques; la belle Gilberte, Lucie Gérard, Marcelle Lender, Marie Crouzet à l'adorable sourire, et de qui Meilhac était amoureux! Julia Depoix, mon ancienne camarade d'école, et que Chartran, le peintre, qui l'adorait, ne put sauver d'une mort prématurée; Tessandier, la tragédienne, qui semblait la Salomé d'Henri Regnault; Jane Hading, la splendide; Hélène André, gavroche adorablement roux, dont les mots piquaient les oreilles comme des épingles; Félicia Mallet, la glorieuse mime du Pierrot de *L'Enfant Prodigue*; Marthe Brandès, sévère, mélancolique, qui venait de créer *Gerfaut* au Vaudeville avec un succès énorme; Marie Magnier, à la bouche « allumée » par trente-deux perles, un soleil; Léonide Leblanc, déjà mûre, diamantée, emperlée par le duc d'Aumale; Aimée Martial, la plus parfaite beauté de Paris, qui avait révélé sa splendeur dans la *Lysistrata* de Donnay, au Vaudeville : Cléo de Mérode, Lina Cavalieri, Angèle aux belles jambes, toutes, gloires des théâtres du Boulevard. Puis c'étaient : *Coquelin Cadet*, le valet de Molière, nez au vent, l'œil fouinard, qui semblait renifler tout et partout, et *Baron*, le grand comique de la célèbre troupe des Variétés, qui, atteint d'une maladie d'estomac, entrait toujours en scène son chapeau haut de forme à la main, afin de cracher dedans les éternels raisins qu'il suçait. D'un coup preste, il tournait le dos au public et jetait dans le gibus le résidu du fruit! Puis c'était *Saint-Germain*, le grand comédien aphone, qui savait créer « le silence » au théâtre, son aphonie obligeant chacun à l'écouter; *José Dupuis*, le grand des grands, le plus complet comédien que j'aie jamais connu! Mounet-Sully, Georges Berr, le grand Silvain, l'ami des poètes, le « petit » Galipaux et d'autres, et d'autres!

Ah! que cela était vivant, gai, remuant, nerveux, enthousiaste, jeune, jeune! Et que les femmes étaient belles! belles de corps, belles de chair, grandes, bien faites!

C'était dans les rédactions de journaux d'autrefois que j'apprenais les mariages temporaires des « élégantes » de Paris; aucun nom ne se prononçait sans qu'on ajoutât : *Elle est avec un tel.* Il n'y avait pas un Parisien qui échappât à cette manie. Être ou ne plus être avec Un Tel, était *ce qu'il fallait savoir* pour être à la page, et l'on se racontait les derniers « surnoms », petit jeu qui dura deux ou trois saisons : Mme D..., qui ne lâchait pas sa fille, actrice au Théâtre-Français, était « la Barrière de l'Étoile ». Mlle D..., maîtresse du duc de Massa, devenait « le petit jeu de massacre »; un chanteur auquel on attribuait des goûts de derrière... les fagots, était : « tournedos à la Rossini ». Jean Lorrain : « la Bonne Lorraine ». On pensait qu'il *fallait* avoir de l'esprit; aujourd'hui on tâte ses biceps... et la gueule d'un boxeur démolit celle du poète.

La salle de rédaction la plus exquise après celle du *Figaro* de Périvier, de Rodays et Calmette fut celle du *Gaulois*, au temps d'*Arthur Meyer.* Je ne passe jamais devant le 2 de la rue Drouot sans des palpitations de cœur... L'ai-je assez monté ce petit escalier, quand j'allais après mes courses de la journée serrer les mains de Lionel Meyer, Schwob, Noël, Bloch, Capus, de Meurville, aujourd'hui âgé de quatre-vingts ans, resté le type de l'ancienne France, courtoise et distinguée, de Meurville, gentilhomme journaliste. Et cet Arthur Meyer! célèbre par les coups perpétuels qu'il encaissait stoïque, hautain, dédaigneux! Tout Paris connaissait son visage au chic « autrichien » encadré de « côtelettes » à la mode viennoise d'autrefois et son caniche toujours à ses côtés. Quel charmant homme il savait être! Quel journaliste il se montrait, acceptant toutes les conséquences du métier, sans jamais leur donner plus d'importance qu'elles ne méritaient, surtout quand il s'agissait d'attaques directes à sa personne. Son principe : n'y jamais répondre, ne point aider le jeu de l'adversaire qui devenait *lâche* à force d'attaquer un homme qui ne se défendait pas!... Et Meyer était vengé. Jamais je n'oublierai Arthur Meyer reconduisant un long monsieur décoré qui sortait de son bureau et auquel il dit d'un air mi-sérieux, mi-goguenard : « Le journalisme, Monsieur, c'est un sport... chaque journaliste endosse la casaque du maître dont il fait courir le cheval... Drumont sert son écurie... c'est d'un bon jockey... Qu'est-ce que vous diriez, si, un jour, il montait un de mes poulains?... » – « Oh!... fit le monsieur... » et Meyer, lui tendant la main et hochant la tête : « J'en ai vu d'autres! Monsieur!... J'en ai vu d'autres... »

Ah! comme je suis sûre qu'il y aurait pris du plaisir, si, un jour, Drumont, grand assommeur antisémite, poussé par la fatalité de la vie, s'en était venu au *Gaulois*, comme y vint Laurent Tailhade, qui, après avoir longtemps insulté, ridiculisé, traîné dans la boue Arthur Meyer, vit ce même Arthur Meyer lui ouvrir pourtant sa porte quand il y frappa!...

Quelle plus magnifique vengeance que de tendre la main, d'ouvrir sa bourse à ceux qui vous crachèrent à la face! Comme Arthur Meyer savait et aimait faire cela!

Un jour qu'il était déjà vieux, j'allai le voir pour

le prier d'ouvrir une souscription. Il s'agissait de la création d'un club spirituel, d'une maison des artistes, où les intellectuels de chaque pays, venus nous visiter, trouveraient enfin une réception, un accueil dignes d'eux; Arthur Meyer m'écouta, le visage pâli, estompé, lavé, terni, comme une gouache accrochée longtemps à un mur humide, puis secouant la tête, levant les yeux au ciel, tendant les bras comme un prêtre à l'autel, il dit : « Oh!... mademoiselle Guilbert... QUAND LE CULTE MANQUE D'ARGENT! »

Dans la bouche de cet Israélite, la phrase devenait drôle. Mais il était sincère.

Un soir qu'il m'avait fait prier à la Scala de venir me joindre à ses invités, j'arrivai chanter des chansons de onze heures à minuit. Il était si nerveux de n'avoir pas de fleurs à m'offrir qu'il tapotait plus que d'habitude sa barbe déjà blanchie.

Ce soir-là, Adrien Hébrard était de l'assemblée. Cécile Sorel et je ne sais plus qui. Le lendemain matin, vers 10 heures, une victoria m'apportait une énorme corbeille de roses, avec la carte de Meyer, m'informant qu'il viendrait me voir l'après-midi. J'habitais alors rue Portalis. Ce fut à cette visite chez moi que j'appris qu'Adrien Hébrard avait « une adoration » pour moi, pour ma vie de travail.

Je n'ai jamais connu de journalistes « riches »; toutefois, leurs gentilles maîtresses étaient « du théâtre ».

Ah! charmantes petites actrices de ma jeunesse, bonnes petites, fidèlement amoureuses, chastement vêtues de vos petits « tailleurs » aux jupes longues jusqu'à la cheville, par-dessus vos dessous froufroutants!

Époque où les femmes ne faisaient point un *sport* de l'amour, et n'affichaient point leurs allures de *coureuses* par de symboliques robes écourtées jusqu'aux genoux... Et vous-mêmes, les vendeuses d'amour de mon temps, les Marguerite Gauthier, les madame Marneffe, quelles allures!

Et vous, les grandes vedettes du théâtre, quel « A part! » votre esprit fantaisiste s'exerçait à trouver, dans les façons de vous vêtir! Sarah Bernhardt, Jane Hading, Marie Magnier, Réjane, ne s'habillaient point comme *tout le monde*, et les moindres s'efforçaient de se créer un « type », une « tête », « une silhouette »; la femme « en série » de nos jours n'existait que chez l'ouvrière, dans le peuple. Et dans la société, la belle madame Bernadaki, la belle madame Letellier, etc., chacune « inventait » sa mode, on vivait avec *esprit*, avec *d'exceptionnelles* convoitises. Tout le monde avait des chevaux? Réjane avait des mules! Tout le monde avait son coupé? Sarah avait son cab! Tout le monde avait des chevaux à queues coupées? les miens les avaient comme d'immenses chevelures de soie noire! Tout le monde avait des bijoux? Yvette n'en portait pas!

Les hommes de mon temps trouvaient en nos atours des fortifications, des remparts, variés à l'infini, et la chute de la pudeur en était atténuée...

Où sont les belles citadelles des mousseuses dentelles, les longs jupons soyeux aux multiples froufrous. O jolies dames d'autrefois, vous en souvenez-vous?...

Et vous, les Armand Duval et les Jean Gaussin de profession ou de hasard, que dites-vous de ces modernes amantes « en chemises » de 1926? de ces rosières de Montretout, aurait dit Bruant.

Vous ne pourriez plus vous monter le « bourrichon », aviver vos désirs par l'imagination des merveilles rêvées et adroitement défendues, en pressentir la vue... le toucher, le parfum, la possession, et, les remparts difficilement conquis, remporter votre victoire de grand parlementaire!

Autrefois « la chute de l'ange » comportait toute

une messe, et jusque dans les chansons populaires, ou en indiquait les hymnes et les cantiques. Mais les petites garçonnes aux cheveux coupés, aux seins en « figues de Barbarie », voient leur génie génital faire concurrence à celui des jolis *garçons filles*.

Comme elles, ils sont fardés, maquillés et les remplacent dans certaines garçonnières. Alors ?...

MA SECONDE CARRIÈRE

(1900-1927)

Les artistes lyriques ou dramatiques dépendent de ceux qui les « achètent » et les « revendent » à leurs publics.

Les directeurs qui les engagent ne sont que de simples « marchands ».

Mme Sarah Bernhardt, Mme Réjane, MM. Antoine, Coquelin, Guitry, Gémier, etc., à la tête de leurs théâtres, en firent, en connaissance de cause, des centres d'art, des centres d'artistes. Max Maurey, un homme de lettres, dirige les Variétés; Bernstein, écrivain, dirige le Gymnase. *Ça va.* Moi, artiste, exerçant mon talent dans les cafés-concerts et les music-halls, j'eus affaire à d'anciens troquets, débiteurs d'alcool à quatre sous le verre, à des écuyers de cirque, à d'anciens maîtres nageurs, des marchands de beurre aux halles, des courtiers en bijouterie, une limonadière marseillaise, un ancien tanneur, des marchands de billets faisant le trottoir aux portes des théâtres, une blanchisseuse de Montmartre, d'anciens laveurs de vaisselle, plongeurs devenus restaurateurs, un ancien tailleur, un vieux maître maçon, les ongles encore pleins de son plâtre, qui, en me payant, disait de sa grosse bouche édentée : « Ah! malheur! Mille balles pour chanter trente minutes... j'aurais eu trois mètres de muraille pour ce prix-là... », etc.

Ah! que j'ai souffert, et comprendra-t-on jamais quel fut pour moi ce martyre de onze années enduré jusqu'à ce que la fuite me libère enfin de ces types extraordinaires? Toutes mes possibilités premières étouffées, puis après, tous ces gens m'astreignant à une gamme, une gamme UNIQUE, CELLE QUI LES ENRICHISSAIT. Qui saura jamais jusqu'où alla mon énervement, mon exaspération?

Ah! il pouvait m'applaudir, le public; tant que je ne m'applaudirais pas moi-même, mon succès me laisserait froide, et je le prouvais, en sautant sur le prétexte d'une maladie pour résilier mes contrats des music-halls, réaliser *ma carrière universelle*, suivre l'enchantement des vieux livres et mettre enfin « La Chanson » de France dans une atmosphère plus digne d'elle.

Pensez-vous qu'il me fut facile d'évoluer, après avoir fait une première carrière glorieuse dans « un genre » d'art déterminé?

Ah! ce Paris qui catalogue, qui étiquette ses artistes, comme pour éviter paresseusement le risque nouveau d'avoir à les juger.

Ah! l'audace inconsciente de tous ces donneurs de conseils, de tous ces sots, déclencheurs d'opinions, de ces importants idiots, de ces facteurs inférieurs critiquant l'art sans être artistes, dirigeant « le goût » sans en avoir, faisant de par leur oisiveté mondaine et fortunée non seulement œuvre d'avocats-conseils, mais aussi « de critiques »! Mais de quel droit?... Ah! juges essoufflés, j'avais d'autres poumons que les vôtres, et vous eûtes du mal à me suivre à la course. Il vous fallut plusieurs années pour enfin me rejoindre. Ma seconde carrière m'inspira, grâce à vous, une angoisse amère, car, dépendante du public, dépendante « de vous », il me fallait à tout prix vous vaincre, et mes gants noirs et ma robe verte semblaient s'accrocher à votre souvenir tellement plus que mon talent! Quelle importance vous avez donnée à ce qui n'était qu'un accessoire futile! Un chiffon vert et deux peaux de chevreau. Quand j'ai été dépouillée de ma défroque, vous m'avez fait la moue et mes splendides trésors de France furent d'abord reçus avec hostilité, et vous m'avez déchiré le cœur car de longues années je me suis dit : « Alors, c'était " mon répertoire " qui fit ma réputation ? Alors c'était ma robe, mes gants qui me firent " célèbre " ? Pas mon art interprétatif ? Pas mes dons ? Je n'ai donc pas de talent ? On m'a trompée! trompée! trompée! »

Et cela pendant près de dix ans!

Quand je voulus mettre mes dons, mes expériences studieuses au service de *La France* et la chanter sous ses aspects multiples, pittoresques, ses cadences variées, ses satires, ses farces, ses joies, et la révéler aux millions qui l'ignorent, on me bouda. Et alors il me fallut une ténacité formidable pendant de longs ans, et lutter et m'en aller chercher mon courage hors de Paris, hors de France! Je décidai que : Ou Paris m'écouterait dans mon répertoire nouveau des chansons de la vieille France, ou je renoncerais à Paris! Et je tins bon! Comme j'eus raison! Et quelle joie alors d'apprendre à connaître scientifiquement la grande et belle littérature chansonnière de notre vieille patrie!

Au commencement de mes études, les documents les plus proches de notre époque m'attachèrent et je fis connaissance d'abord avec la littérature du XVIIIe, puis du XVIIe, puis du XVIe, puis du XVe! Dès cette époque, l'enthousiasme me souleva! Les recherches restaient pourtant difficiles, et j'eus alors recours aux philologues et à leurs ouvrages scientifiques. Après beaucoup de longues années passées à m'instruire par de continuelles lectures vint l'expérience des recherches, la connaissance des auteurs, la cohésion des études, enfin la quantité incalculable d'ouvrages parcourus des philologues français, belges, anglais, américains et allemands aidèrent « ma culture » à se fixer dans le splendide passé médiéval! Cela m'occupa vingt-cinq longues années!

Le XIVe et le XIIIe siècle surtout me tinrent plus de dix ans penchée sur eux. Puis ma curiosité fébrile, enchantée de ses découvertes, voulut savoir « ce qui se passait aussi avant » et je remontai au XIIe siècle! Ah! les difficultés premières, les énervements à rester des semaines, des mois, des années sans jamais dénicher l'*œuvre entière* (paroles et musique ensemble). Ah! ces savants qui, ne s'occupant que du côté littéraire dédaignent la notation musicale, ou ces musicologues, qui, ne s'intéressant qu'à la forme musicale, ne donnent que le titre de la chanson sans se soucier du texte. Et quand, après dix ans de patience, j'arrivai à reconstituer quelques chansons, il me semblait avoir enfin tiré d'une plaine de sable un trésor enfoui. Quand je parvins au XIe siècle, des textes latins surgirent, il me fallut les faire traduire. Quand j'en avais reçu la traduction, je me les faisais chanter en latin puis sur les points où étaient *les accents*, j'établissais la traduction moi-même en *vers français* et je rythmais mon vers, selon les accents latins, afin de respecter le style musical du vieux thème.

La modernité étrange de certains poètes du Moyen Age était si troublante parfois que je me disais qu'une force mystérieuse m'avait poussée vers eux pour achever de me faire connaître la source de la satire chatnoiresque de mes débuts. Quelles merveilles j'ai lues! Quelle verdeur a eue notre langue primitive, quelle puissance évocatrice dans le verbe truculent d'un Robert de Blois, d'un Coquillard, d'un Eustache Deschamp et des cinq cents autres dont Jacques de Cysoing, Gonthier de Soignies, Aubertin d'Araines, Moniot de Paris, Moniot d'Arras, Rutebeuf, Bestourné, Gilles de Vieux-Maisons, Pierre de Molaines, Richard de Fournival, Baude de la Quarrière, Robert de Reines, Jehan de Grieviler, Simon d'Authie, Mahieu le Juif, Jacques de Hesdin, Jaquemin de la Vente, etc., que Langfors et Jeanroy ressuscitèrent. Que ne dois-je aux manuscrits de Bayeux et de Montpellier ! à tous ceux qui, dès 1870, suivirent les cours de Gaston Paris et devinrent à leur tour des lumières utiles aux aveugles de ma sorte. Jusques en Amérique, je trouvai des « inspirés » du grand Gaston Paris, tels que le professeur Todd qui me renseigna quelquefois à New York, et j'eus la chance de pouvoir engager comme professeur à l'École que j'ouvris en Amérique le savant musicologue J. Beck, transcripteur des belles chansons des troubadours du XIIIe.

La littérature médiévale sous toutes ses formes m'est connue et « La Chanson de France », dont les publications commencent en général au XVIe siècle, vient pour la première fois de révéler son accent moyenâgeux par mes deux albums (40 chansons) que je priai Heugel d'éditer. Ces deux albums se composent des œuvres de : Bernard de Ventadour, Thibaut de Champagne, Moniot de Paris, Marcabru, Adam de la Halle, Guillaume de Machaut, du moine de Montaudon, Mahius Le Jeune, Philippe de Vitry, Blondel de Nesles, Gauthier de Coincy, Guyot de Dijon, Chatelain de Coucy, Conon de Béthunes, Richard de Fournival, Godefroy le Bastard, etc.

J'ai recueilli avec soin et patience « mes outils ». Du XIe au XIXe siècle, plus de soixante mille chansons, paroles et musique sont sous mes yeux. Mes chers petits livres, cherchés et trouvés aux quatre coins du monde, ont fait de ma vie un enchantement. Tous les sujets de chansons sont là ; depuis les plus sublimes jusqu'aux plus libertines, la collection fut faite avec une large vue éducatrice. L'esprit de mon pays, dans ses évolutions, ses révolutions, y révèle ses multiples nuances, et les classes sociales s'y trouvent reflétées avec, selon les périodes, leurs crises d'exaltation ou le déchaînement de leurs appétits. Le Moyen Age a préparé 1830, et les chantres des croisades sont les cousins des Lamartine et des Musset. La politique, ses fantoches, ses rois, ses empereurs, ses chefs d'armée, l'histoire de France est là... écrite en couplets! Les haines des peuples qui se transforment en « amours » et les amitiés en haines, les départs et les retours des sympathies, les héros bafoués, Bonaparte insulté, traîné dans la boue et dans le sang, puis les intrigues des cours, les « favorites » insultées, les princes adulés, puis guillotinés. Les chansons des gens de cour, celles de « la canaille », les satires contre le gouvernement, les gens en place, à la mode, les actrices, les musiciens, les mœurs et tout cela écrit avec soin, esprit, finesse, élégance par des écrivains n'ayant pas à se soucier *d'un public* d'établissement de plaisir. Il n'y en avait pas encore et ces couplets ne se chantaient qu'entre gens du même monde et ne circulaient, ne se répandaient que par des éditions exquises en petits volumes et pour lesquelles il fallait obtenir la permission du Roy.

C'est cette littérature raffinée, charmante, jointe à l'esprit mystique, provincialement populaire et au romanesque et à la satire du Moyen Âge que j'eus le courage de faire succéder à mes premiers efforts « montmartrois »! Sept ans je dus lutter à Paris, de 1900 à 1907, pour la faire agréer, mais quel triomphe depuis! Si le miracle se fit avec lenteur, quelle récompense fut donnée à ma prévoyance!

Mais j'ai connu des heures découragées, amères, écouté des ignorants, supporté des conseils idiots, entendu discuter mes efforts par des gens qui ne les connaissaient pas, subi les plus déroutantes critiques de piteux amateurs, et c'est au sortir d'une soirée où la foule s'écrasait en hurlant, en trépignant d'enthousiasme que, rentrée chez moi et réfléchissant à la cocasserie des minutes de la vie d'artiste, j'ai écrit ce cri de mes cris :

EN VÉRITÉ, JE VOUS LE DIS :

Il ne faut jamais se décourager!
Jamais être découragé d'apprendre.
Jamais être découragé par les difficultés.
Jamais être découragé par la lenteur des progrès.
Jamais être découragé par la lenteur du succès.
Jamais être découragé par l'indifférence du public.
Jamais être découragé par l'ignorance du public.
Jamais être découragé par l'incompréhension de qui que ce soit.
Jamais être découragé par les autres.
Jamais être découragé par soi-même.

Tout vient à ceux qui veulent que tout vienne.
Dieu ne permet pas que les beaux et bons efforts soient vains.
Un artiste est un prêtre, un serviteur divin.

La Bible dit aux enfants d'Israël :
Il y a un temps pour tout
Un temps pour la paix :
Un temps pour la guerre,
Un temps pour le chagrin,
Un temps pour la joie,
Un temps pour la santé,
Un temps pour la maladie,
Un temps pour la richesse,
Un temps pour la pauvreté,
Un temps pour le travail,
Un temps pour le repos,
Un temps pour vivre
Un temps pour mourir.

Et moi je dis à l'artiste : « Courage! »

Il y a un temps pour nos défaites,
Un temps pour nos victoires,

A condition qu'il y ait :

Un temps pour observer,
Un temps pour écouter,
Un temps pour aimer,
Un temps pour souffrir,

Un temps pour endurer,
Un temps pour pardonner,
Un temps pour *apprendre*,
Un temps pour *comprendre*,
Un temps pour absorber,
Un temps pour digérer,
Un temps pour réfléchir,
Un temps pour semer,
Un temps pour germer,
Un temps pour fleurir,
Un temps pour s'épanouir,
Un temps pour se répandre,
Un temps pour reproduire,
Un temps pour créer!

Alors viendra le temps de récolter.

De quoi est faite la vie d'un artiste?

D'un temps où vous dépendez des autres,
D'un temps où les autres dépendent de vous,
D'un temps où la foule vous méprise,
D'un temps où vous méprisez la foule,
D'un temps où l'artiste frappe en vain à la porte de l'art,
D'un temps où l'art abrite l'artiste,
D'un temps où l'argent insulte l'artiste,
D'un temps où l'artiste insulte l'argent,
D'un temps où l'œuvre s'achète pour presque rien,
D'un temps où des millions ne peuvent plus payer l'œuvre,
D'un temps où la Nation laisse périr l'artiste,
D'un temps où, sans l'artiste, la Nation se meurt,
D'un temps où votre Patrie fait votre réputation,
D'un temps où vous faites la réputation de votre Patrie,
D'un temps où d'avoir trop d'envieux vous pleurez,
D'un temps où de n'en avoir plus, vous souffrez,
D'un temps où vous n'êtes « qu'un »,
D'un temps où vous êtes multiple,
D'un temps où vous vous cristallisez,
D'un temps où vous vous universalisez,
D'un temps où vous êtes prisonnier de votre formule,
D'un temps où votre formule vous laisse la fuir.

Et il arrive :
Un temps où votre réputation augmente votre succès,

Un temps où votre succès augmente votre réputation,
Un temps où votre renommée passe votre génie,
Un temps où votre génie surpasse votre renommée,
Un temps où vos efforts sont si bas que la foule les peut atteindre,
Un temps où ils sont si hauts, que la foule les perd de vue.

Il y a :
Un temps où l'artiste croit ne devoir plus rien donner,
Un temps où l'artiste dit : « Fou ! Est-ce que la vie s'arrête ? »
Un temps qui le dégoûte du « présent »
Un temps qui hurle : « Et le passé ? »
Un temps qui chante : « Nous savons ce qui fut ! »
Un temps qui murmure : « Savons-nous ce qui sera ? »
Un temps qui se tait faisant naître : la peur du Temps.

Et un temps vient qui ordonne : « Ne te perds pas ! Ne regarde pas la pendule. »
Travaille !
Travaille !!
Travaille !!!
Et c'est le bon temps.

PORTRAITS

Jean Lorrain et Ed. de Goncourt

Jean Lorrain! Je le revois arrivant chez moi, avenue de Villiers (où j'habitais alors) avec des roses dans une main, sa canne à l'autre et me racontant, en se tordant de rire, qu'un homme de lettres qu'il venait de rencontrer, croyant le méduser par un mot cruel, relatif à ses goûts... spéciaux, lui avait dit : « Vous, Lorrain, vous mourrez dans la peau d'un jeune homme... » Et Lorrain, secoué de joie, en pleurait presque, ses gros yeux, humides, maquillés comme ceux d'une femme, en étaient tout congestionnés, et il postillonnait :

– Est-ce drôle, hein ? Est-ce drôle !

– Mais aussi, lui dis-je, quelle idée de sortir ainsi bichonné, poudré, fardé, rose et mauve comme une dragée de baptême...

– J'adore le maquillage, pourquoi les femmes et pas les hommes ? dit Lorrain en s'affalant dans un fauteuil.

Remis de son amusement, il sortit de ses poches des vers qui devaient devenir des couplets. C'était *Morphinée* que j'ai tant chanté.

Ce jour-là faillit être celui d'une rupture entre nous. Je lus et relus sa chanson.

– Eh bien, dit-il, hein ? elle est épatante !

– Je ne sais pas, dis-je, si...

– Qu'est-ce que vous ne savez pas ?

– Je ne sais pas, mon cher Lorrain, si je saurai...

Là, Lorrain bondit du fauteuil, hurlant :

– Ah non ! Ah non ! ne continuez pas ! je sais, je sais ce que vous allez dire, voilà trois ans que vous me le faites, à moi, que vous nous le faites à tous... C'est une manie ! C'est de l'hypocrisie ! ou une modestie imbécile ! jamais, jamais je ne reviendrai chez vous, vous entendez, Yvette... jamais !

Je le trouvais grossier, et, le regardant, sans ajouter un mot, je lui tendis ses gants, sa canne et son chapeau... Il comprit, se leva, se dirigea raide vers l'antichambre.

A la porte, je m'aperçus qu'il avait oublié ses roses dans le boudoir, je courus les chercher et les lui plaquai dans les mains ; il les regarda, me regarda, toute sa colère tombée, et, redevenant l'homme exquis qu'il pouvait être, il me prit par le bras et rentra s'installer dans le salon. L'orage était passé.

Pauvre cher Lorrain, de tous les coins où il allait, il m'envoyait des vers. En Algérie, il fut hanté par une vision de femme à la fontaine qu'un Arabe offrait aux étrangers. D'un village aux environs de Paris il m'envoya FLEUR DE BERGE ! Fleur de berge... Il venait de Fécamp pour me l'entendre chanter aux Ambassadeurs... Quand il me l'envoya, je me souviens qu'il écrivit au dos de ses couplets : « Saurez-vous ?... Non, vous ne saurez pas la chanter ! » Et je lui télégraphiai : « Peut-être bien ! »

Mon plus curieux souvenir de Jean Lorrain fut le dîner que je fis chez lui.

Il voulait depuis des mois me présenter Goncourt, et mes voyages m'empêchaient d'être là au moment voulu. Enfin, un été, Goncourt était à Paris en juillet, je chantais aux Ambassadeurs, la rencontre fut décidée.

Rue d'Auteuil, à Passy. Un petit salon provincial et coquet, le bureau de Jean Lorrain « tout en miroir »; c'est là que le maître de la maison me présenta à Mme Duval, sa mère. Quel contraste avec le fils! Une femme adorablement simple, distinguée : fine, de beaux chevaux blancs, habillée de noir, des mains très, très blanches de religieuse cloîtrée, et l'air loin, loin, loin de la vie de Paris que synthétisait son fils! Arriva Léon Moreau, le compositeur, M. de Goncourt et une dame. Goncourt ressemblait à George Moore, l'auteur anglais : je ne cessais de le regarder, il était blanc de peau, blanc de cheveux, et sa chemise éclatante lui faisait « réflecteur » et l'immatérialisait presque. Il parla « tirage », libraires, éditions, et aussi « de Montmartre », et comme je prononçais le verbe *déambuler*, il sourit et dit à Lorrain : « Hé... hé... elle a des lettres, la p'tite! » – « Non, dit Lorrain, elle a surtout de l'argot. » Piquée au vif, j'employai une douzaine de mots anciens qui, loin d'être argotiques, sentaient leur provenance villonesque pure. Lorrain vit mon manège et la surprise de Goncourt. « Cette mademoiselle Guilbert lit, figurez-vous... C'est rare au café-concert. » Ah! Que je me rappelle tous ces détails... et Léon Moreau qui ne pouvait pas manger tranquillement, sa longue mèche noire tombant de son front perpétuellement dans son assiette. Et ces visages différents, Mme Duval à tête blanche, Goncourt « en neige », Moreau, corbeau, Lorrain et moi passés au henné, Lorrain les yeux très maquillés de bleu turquoise : moi les lèvres très rougies et les grenouilles vertes en faïence posées sur les fauteuils roses (la dernière lubie de Lorrain!) et la tête martyrisée de Saint-Jean-Baptiste en cire jaune transparente, avec imitation de sang lilas au col... la bouche torturée... les yeux en extase... Et le triptyque religieux d'un primitif à la tête de son lit!

Lorrain me fit remarquer la volupté des mains des personnages... il en avait comme un appétit... Une autre tête de cire verte, qui semblait suer du sang, était coiffée d'un linge de soie rose, à franges d'or; un antiquaire l'avait fait venir de loin pour la lui vendre. Enfin, à côté de cette cire, tout un étalage lugubre de bocaux, d'ouate, d'instruments de chirurgie que je considérais effarée... « Oui, dit Lorrain, c'est pour ça que nous dînons, ma chère, ensemble ce soir... demain, on m'opère et... » Et il manipula des pinces, des outils d'acier, avec des doigts soignés et bagués comme ceux de Liane de Pougy...

Le dîner terminé, je m'en fus aux Ambassadeurs, amusée et ravie de ma visite. Ah! Lorrain, tout fantasque et rossard que vous étiez, vous saviez être bon et charmant, et plein d'esprit, et distingué, distingué même dans vos vadrouilles, et je vous admirais, et je vous aimais bien, car votre masque avait des transparences... Vous aviez fait un jour une chanson, inspirée de ma silhouette et jamais elle ne fut chantée, cette *décadente*. – La musique m'en avait déplu d'abord, et vous refusiez ensuite de modifier certains couplets dont les allusions obscènes visaient ma silhouette mais semblaient aussi atteindre mon caractère. Si peu prude que je fusse je la refusai; mais vous, cela vous faisait rire! Ah! pervers ami...

DÉCADENTE

Par JEAN LORRAIN

Pour Mlle YVETTE GUILBERT
(Inédite)

Je suis une jeune fille symboliste
Aux bandeaux plats, et frêle, et triste.
Je rêve tout le long du jour,
Cherchant des consonances rares

Et des prosopopées bizarres
Symbolisant le mot « amour ».
Car mes amants étant de mœurs raffinées
Il me faut affecter des grâces d'araignées;
Et les mots que chacun connaît
Me semblent plats et laids...
Symboliste, ô puriste,
Femme au regard troublant,
La pâleur de mes joues
Vous prouve que je joue
De la lyre, de la lyre, toute la lyre,
        Pan Pan.

Je suis une pure helléniste
Hébraïsante et latiniste.
Mes amants, tous gens distingués,
Entre tant de choses savantes
De toutes les proses vivantes
Ont voulu m'enseigner la clef.
Et, de silhouette épique à subjuguer un prince
Je suis sphinge et liliale et mince, mince, mince
Et les appas que chacun connaît,
J' les ai pas! j' les ai pas!
Car ils sont gros et laids.

3e COUPLET

Quand je m'en vais de par la rue
Dardant ma prunelle éperdue
Au travers de mon face-à-main
Je vois des femmes et des hommes
Névrosés de Londres et de Rome
En extase sur mon chemin!
Mes longs bras en guirlande et mon corsage esthète,
Ont courbé à mes pieds jusqu'au mage éthopète
Peladan; un éphélisme délicieux,
Est dans mon corps mystérieux.
Harmonie, harmonie,
Pour le plaisir des yeux

Symboliste, ô puriste,
Femme au regard troublant,
La pâleur de mes joues,

Vous prouve que je joue
De la lyre, de la lyre,
Pan, Pan.

Cette chanson-là est peut-être la seule à laquelle Lorrain ne voulut rien changer ; pour d'autres couplets je faisais lentement mot par mot les changements moi-même, car son manque absolu de pudeur ne comprenait pas ma propre pudeur ; alors quand il venait écouter le lancement de ses couplets et que, dès le premier soir, il entendait le public applaudir, il oubliait mes retouches faites, je le répète, avec une telle prudence qu'il croyait les avoir faites lui-même, d'autant que je lui disais :

« Hein, Lorrain... Comme vous avez bien fait de changer tels et tels vers... » – « Oh mais, répondait invariablement Lorrain, *j'avais vu tout de suite qu'il fallait le faire !* » Ah ! cher Lorrain, que c'était charmant ces façons de vous tricher... en toute élégante amitié et de sentir que votre orgueil en était heureux. Vous étiez un collaborateur très adorablement dangereux. Et quand on vous déplaisait, vous aviez la plume si vite trempée de vitriol ; vous rappelez-vous votre querelle avec Mlle Bob-Walter ? que dans un article vous aviez appelée *Bob Walter closet* ! Elle en pleurait, la pauvre... et si vous l'aviez su... l'auriez-vous fait ? Non. Depuis que mon évolution m'a transportée dans un monde nouveau, que de fois j'ai pensé à vous qui me disiez si souvent :

« Les deux extrêmes se touchent, je vous verrais un jour en Saint Sébastien ou Sainte Thérèse que cela ne m'étonnerait pas !... » et quand le peintre Granié eut fini mon portrait sur fond or, vous vous êtes écrié : « Un Van Eyck ! Un Martyr ! Une Sainte ! Une Yvette ! Néron vous ferait grâce ! »

Sarah Bernhardt

Sarah Bernhardt! nom qui équivalait à celui de Fée, de Princesse, de Reine! Nom légendaire en mon enfance, car mes parents, fervents de la Comédie-Française, y avaient vu débuter Croizette et Sarah!

Croizette savait se décomposer le visage à un tel point qu'on allait alors « la voir pâlir » dans *Le Sphinx*. L'actrice s'empoisonnait en scène si ma mémoire est bonne, et la lividité de la mort blanchissait à tel point son visage qu'il y avait dans le public une longue minute d'angoisse à la regarder blémir lentement pour tomber inanimée... On courait à la Comédie-Française pour « cette minute-là », et je me rappelle que mes parents en restaient extasiés!

Ses splendides cheveux dénoués sur les épaules, Croizette, plus âgée que Sarah, était la grande attraction du *Sphinx*. Le port de tête très fier, les épaules tombantes, elle avait alors une très grande allure, puis devenue mère de plusieurs enfants, elle perdit sa beauté; atteinte d'éléphantiasis, elle devint si volumineuse que je l'ai vue un jour monter dans un train, poussée dans le wagon par deux domestiques! Elle épousa Stern, le banquier qui, à chaque enfant qu'elle lui donnait, déposait un million dans le berceau du nouveau-né (du moins était-ce le bruit qui courait alors à Paris). Elle quitta le théâtre pendant que Sarah Bernhardt continuait son ascension splendide.

La première fois que je vis « de près » Sarah Bernhardt, ce fut au *Figaro*. Une superbe réception était faite au roi de Serbie, Alexandre, venu pour la première fois à Paris. On avait demandé l'élite des théâtres et les grandes étoiles étaient là. Sarah Bernhardt avait la réputation de se tirer des « corvées » par un évanouissement. C'était simple et facile pour elle, et ce soir-là, le roi, qui avait été retenu à un gala de l'Élysée, nous fit attendre si longtemps sa venue que, vers 2 heures du matin, les directeurs du *Figaro* ne savaient plus comment apaiser nos impatiences. Enfin le roi arriva.

Sarah Bernhardt, nerveuse, fatiguée, demanda à être la première du programme qu'on allait offrir au roi, et montant sur la plate-forme, elle commença la poésie célèbre :

Si tu veux faisons un rêve...

et crac, elle chancela, et tomba raide sur le tapis... Un aide de camp du roi sauta sur l'estrade et, relevant la célèbre artiste, voulut l'asseoir sur un fauteuil, on l'y aida ; alors l'aide de camp, empoignant une carafe d'eau glacée, voulut la vider sur la poitrine de Sarah. Elle bondit ! On retira la carafe des mains de l'aide de camp et Sarah, pantelante, fut portée à sa voiture dans les bras de je ne sais plus qui... Et elle fila se coucher !

Ce soir de la réception du *Figaro*, j'avais, à l'arrivée de Sarah Bernhardt, été lui baiser la main.

Pour moi, si jeune alors, elle représentait la somptuosité romantique de « l'actrice », la science séductrice de la courtisane antique. Quand je la vis jouer *Cléopâtre*, elle ne faisait (pour moi) que redevenir ce qu'elle avait dû être « autrefois », dans les siècles passés, et elle ressuscitait tous les reflets des miroirs éteints de Byzance. Et puis, ses fantaisies tapageuses ! Son cercueil à couchette de satin qu'elle essayait de temps en temps ; les fauves qu'elle gardait en son hôtel ; son luxe qu'on disait prodigieux ; sa demeure violemment personnelle, avec ses cages, ses fourrures, ses divans où on l'imaginait disparaissant dans des satins et dans des dentelles précieuses, ses bijoux ciselés pour elle, ses robes et ces fleurs qui l'encadraient perpétuellement, que sais-je, moi ? Notre jeunesse imaginative amplifiait la vie déjà très splendide qu'elle s'était créée, et cette femme était à nos yeux « surnaturelle ». Tout de même, il faut bien que je le dise, si sa personnalité me surprit d'abord, m'amusa ensuite et m'émerveilla toujours, elle ne sut jamais par son art « me bouleverser ». Mon cœur se refusait au truquage de sa voix, de sa prononciation saccadée qui cliquetait parfois comme des castagnettes, mais éteignait la vérité, au profit des fioritures.

Un jour, dans une revue, à mes débuts (au Concert Parisien), j'avais fait d'elle une imitation si exacte qu'elle me pria de vouloir bien la cesser. C'était la parodie de son voyage en Amérique vers 1894, une scène dans la cabine d'un transatlantique, où je me fâchais parce qu'on ne me permettait pas de m'entourer de mes chiens, de mes lions, de mes panthères, etc., ce que tous les journaux du temps avaient relaté, et je ne faisais rien d'autre que d'utiliser *sa voix d'amour* pour dire les choses usuelles de la vie et cela devenait d'un comique énorme. Quand je me fâchais avec le capitaine du bateau, j'employais en revanche sa *voix de rage* et je hachais, hachais les syllabes ou je les précipitais les unes sur les autres en les mordant selon sa manière. Et cela aussi était de la piquante vérité, à peine exagérée. C'est cette « vérité » dans la farce qui la désobligea, paraît-il. Dans cette revue je chantais une chanson qui amusa beaucoup Sardou quand il l'entendit, mais agaça Sarah. Sarah très mince, très svelte, féline, délicieusement ondulante, n'avait pas de seins ; or, dans *Cléopâtre*, elle pose un aspic sur sa gorge pour se donner la mort et Xanrof m'avait écrit *Le Petit Serpent de Sarah*, dont le refrain fit fureur à Paris :

C'était un pauv' petit serpent
Qu'avait rien à s' mettr' sous la dent.

On l'amène à Monsieur Sardou
Qui, pour les animaux, est doux.
Il m'engagera, pensa-t-il.
Lui qu'a déjà fait *l' crocodil'.*
C'était un pauv' petit serpent
Qu'avait rien à s' mettr' sous la dent.

Sardou, dès le lend' main matin.
Le mène à la Porte-Saint-Martin,
Chez Sarah, qu'a pas l' cœur de bois
Puisqu'il est en or, comme sa voix.
C'était un pauv' petit serpent
Qu'avait rien à s' mett' sous la dent.

Mais l' serpent, quand il voit Sarah
Si mince, si souple, s'écrie : « Ah !
« Je la reconnais, c'est ma maman ! »
Sardou pleurait d'attendrissement.
C'était un pauv' petit serpent
Qu'avait rien à s' mett' sous la dent.

Et v' là qu'à son tour se trompant,
Prenant pour un r' jeton l' serpent,
Sarah voulut lui donner l' sein;
Malheureusement y n' trouve rien !
C'était un pauv' petit serpent
Qu'avait rien à s' mett' sous la dent.
Depuis ell' s'obstine, mais en vain.
Le pauv' petit serpent maigrit d' faim.
Un d' ces soirs pour sûr, il mourra
Dans l' corsage désert de Sarah,
Car il n'a rien le pauv' serpent,
Rien à se mettre sous la dent.

Un soir, au Concert Parisien, on vint me prévenir que le fils de Mme Sarah Bernhardt était dans la salle. « Allez-vous tout de même chanter le *Petit Serpent*, Yvette », me demanda le régisseur. « Certes, dis-je, pourquoi pas ? La farce du texte n'en est point désobligeante et si je me sentais gênée de la chanter devant

M. Bernhardt, je serais inexcusable de la chanter derrière lui.

Un soir, le critique et journaliste sévère Henri Bauer vint me demander si je ne voulais pas consentir à faire un grand plaisir à Sarah, en venant, après mon concert, chanter chez elle. – « Vous comprenez, Yvette, me dit Bauer, c'est difficile pour la grande tragédienne d'aller dans cette salle enfumée... » – « Très bien ! Très bien, dis-je, j'irai chez Sarah avec joie, le jour qu'elle voudra. »

J'avais une telle curiosité de voir l'intérieur de Sarah Bernhardt. Je m'imaginais des choses et des choses ! je fus déçue, la cage aux lions était vide, mais l'odeur des fauves était restée. Le fameux « grand hall » me parut petit, trop bric à brac pour mon goût et sans style, et même sans personnalité ; à côté de beaux bibelots, des cameloteries étonnantes arrangées en « salle d'exposition » place Clichy. Mais l'accueil et la femme furent charmants. Elle avait là des amis que je ne connaissais pas et qui me firent fête autant qu'elle, qui fut enchantée de ma façon de prononcer les *t* ! « Si peu d'artistes, me dit-elle, savent prononcer les *t* ! » Au moment de nous quitter, elle me dit : « Vous n'avez pas encore été en Amérique, Mademoiselle Guilbert ? » – « J'y vais dans trois semaines, Madame. » – « Pas possible ! Eh bien, comme je serai à New York quelques jours après vous, venez me voir, cela me fera plaisir. »

Et Sarah Bernhardt me remit une longue boîte contenant un de ses éventails, avec sur sa carte ces mots tracés : « Acceptez, Mademoiselle, cet éventail en reconnaissance de votre venue chez moi, et croyez à mes sentiments affectueux et admiratifs. Sarah Bernhardt. » Cette carte allait jouer un rôle comique quelques semaines plus tard, car ma femme de chambre, faisant mes malles pour mon premier voyage aux États-Unis, y joignit avec mes boîtes d'éventails celle de Sarah, dans laquelle était restée sa carte.

Or je débutai à New York avec un succès formidable, les journaux étaient remplis de mes portraits, articles nombreux et très élogieux.

Trois semaines après mes débuts, Sarah Bernhardt arrivait. Les reporters lui dirent qu'une célèbre artiste française avait eu un gros succès.

– Qui ça ? demanda Sarah.

– Mlle Yvette Guilbert...

– Connais pas, dit Sarah...

– Comment, Madame, Yvette Guilbert vous est inconnue ?

– Absolument.

– Mais on nous a assuré qu'elle était à Paris une célébrité.

– Connais pas, dit Sarah... jamais entendu ce nom...

– C'est trop fort, dit le reporter. On nous a encore trompés en faisant passer pour célèbre une artiste « inconnue » et elle est payée, cette Yvette Guilbert, une somme fantastique : 30 000 dollars pour un mois.

– 30 000 dollars ! 30 000 dollars ! répéta Sarah, eh bien... *ce nom m'est tout à fait inconnu* !

A 5 heures du soir, tous les journaux racontaient que *Mme Bernhardt* ne connaissait pas Yvette Guilbert, qu'à Paris cette chanteuse était inconnue, etc.

Grand arrivage de « boys » des journaux à mon hôtel ! Et à ma stupeur, j'ai la visite de l'impresario de Sarah, Maurice Grau, qui me prend les mains et, me dit, en m'embrassant : « C'est indigne ! C'est indigne ! Répondez, Yvette, *et ne la ménagez pas* ! » J'étais atterrée, je ne pouvais détacher mes yeux des articles inondant la presse de New York toujours si friande de scandales. Enfin je répondis, m'essayant à froisser cette grande tragédienne, si petite femme, et j'écrivis :

« Je ne comprends rien à l'attitude de Mme Sarah Bernhardt ; cette dame, qui commence à perdre sa jeunesse, semble commencer aussi à perdre la mémoire..., mais voici une carte écrite de sa main il y a quelques semaines, que je prends d'une boîte où dort son charmant cadeau : son propre éventail. »

Alors ce fut dans toute la presse des articles qui mirent les rieurs de mon côté et cette sotte rosserie de la grande artiste me rapporta beaucoup de sympathies.

A quel stupide sentiment répondait le geste de Sarah ?

Des années passèrent quand, un jour, un journaliste, M. M. T..., écrivit sur Sarah Bernhardt un article férocement méchant et terminé par à peu près ceci : « Mlle Yvette Guilbert se réjouira de mes vérités. » Ah non! je ne permettais pas cela et j'écrivis à Sarah : « Madame, j'espère que vous me faites l'honneur de ne point croire que je puisse me réjouir d'insultes qui vous sont lancées à la figure; ce journaliste, que je ne connais pas, s'est permis d'user de mon nom en m'octroyant des sentiments dont je rougirais si je les avais. »

Et Sarah me répondit qu'elle me savait trop noble pour me croire complice d'une infamie pareille.

Quelques années plus tard, à Londres, je fus engagée au Coliseum, où Sarah Bernhardt jouait un acte de la *Tosca.* C'était la première fois que la grande artiste consentait à « faire du music-hall » et je sentis toute la gêne qu'elle allait avoir chaque soir en me croisant dans les coulisses; je me dis : « Sois chic, Yvette, va lui tendre la main, et oublie la bêtise de la dame... » et un soir, avant mes débuts, je frappai à sa loge et je passai ma carte. Elle me reçut souriante, inconsciente, adorable et sembla trouver tout naturel que je vinsse l'embrasser.

Nous restâmes de ce jour-là « bonnes amies ». Et vraiment j'oubliai l'incident de New York.

Mais il se passait chaque soir une scène épique. Devina-t-elle jamais que je m'en amusais à un tel point que je la favorisais pendant toute la période de mon contrat au Coliseum ?

Tous les soirs, je succédais à Sarah Bernhardt sur la scène de ce music-hall. Il me fallait donc être là dès sa sortie du plateau pour une seconde après occuper la scène. Mais j'arrivais toujours quinze minutes avant et, au moment où la Tosca voit par la porte ouverte torturer son amant qui hurle et se tord de douleur, Sarah, convulsée d'épouvante, m'apercevait plantée en face de la porte, habillée d'une robe 1830 (je chantais des chansons « crinoline ») et elle s'écriait, se tordant les mains avec un accent de bête blessée : « Ah ! Ah ! Ah ! Ah ! Ah ! quelle horreur ! quelle horreur ! » et son visage fixait le mien ! Je m'amusais follement.

Louis Mercanton était alors son secrétaire, il allait la prendre à sa loge, lui offrait le bras et l'amenait jusqu'à la scène. A la fin de l'acte, même cérémonie pour revenir à sa loge.

Pendant la guerre, pauvre chère femme, je la revis en Amérique, la jambe coupée déjà et donnant en été, dans un village près de la mer où j'avais un petit cottage, une représentation de la *Dame aux Camélias.* Mon cœur chavira. Une salle de cinéma ; un public de bonnes et de femmes de chambre, un orchestre de bastringue entre les actes ; elle jouait sans conviction, semblant improviser son texte entourée d'une troupe bien modeste, sa devise affreuse et magnifique : *Quand même*, s'étalant sur le rideau qu'elle emportait en voyage.

Quelques mois après, j'allai la voir à l'hôpital Mont-Sinaï à New York, où elle était tombée malade. Je la trouvai outrageusement fardée, poudrée, les yeux noircis, collés, les lèvres écarlates, les cheveux rouges frisés, ébouriffés, un lion couché dans un lit ! Elle m'effara. Mon Dieu, mon Dieu ! ne pas savoir être « soi » dans la fièvre et l'angoisse, et porter toujours, toujours « un masque » de déguisement, et des accessoires mensongers, pour tromper qui ? Elle parla de son fils... « Pourvu qu'il vienne, disait-elle, on va m'opérer..., pourvu qu'il vienne... » et une grande tendresse passait dans ses yeux. A un moment donné, elle me prit la main, la garda dans la sienne sur son édredon et dit : « Vous êtes vraiment bonne, Yvette... je vous remercie d'être venue... Vous êtes vraiment bonne, Yvette... » Je sentis qu'il me fallait partir, car l'émotion montait à ma gorge et j'avais peur de pleurer, car de la regarder me torturait le cœur. J'aurais voulu la débarbouiller et rendre à son visage si douloureux sa beauté vraiment dernière. Je l'embrassai et je sortis.

Elle guérit et je la revis à Paris en 1922, je lui amenai une demi-douzaine de jeunes filles qui brûlaient du désir de la voir. Je lui demandai la permission de lui présenter mes jeunes élèves américaines, elle les reçut adorablement dans son hôtel du boulevard Péreire où elle mourut. Son enterrement aurait pu être plus majestueux. En voyant s'avancer son char couvert de fleurs, je me suis rappelé toutes les minutes où elle fut mêlée à ma vie, et j'étais heureuse d'avoir su lui pardonner et de pouvoir, au passage de son cercueil, avoir des larmes très tendres pour la saluer une dernière fois.

Le Prince de Galles

(*plus tard le* Roi Édouard VII)

Un soir, à la Scala de Paris, où je chantais, on téléphona d'appeler Mlle Yvette Guilbert pour une communication urgente. J'étais en scène et j'envoyai ma femme de chambre dans le bureau du directeur (alors M. Marchand) où se trouvait l'appareil. Le Bristol Hôtel demandait si je pouvais venir dans deux jours à Cannes, chanter dans un salon. Je fis répondre que, chantant chaque soir à la Scala, je ne pouvais m'absenter de Paris et rompre le cours de mes représentations.

Une demi-heure après on resonne, et cette fois ce fut mon directeur qui répondit à l'appel; on me supplie de venir à Cannes, de faire l'impossible; on payera ce que je demanderai, etc. Mon directeur, nerveux, rien qu'à l'idée qu'on osait ainsi mettre ses recettes en péril, répliqua sèchement que, tout de même, les gens du monde devraient savoir qu'une artiste a ses devoirs! Une discussion violente eut lieu entre Bristol et la Scala; à la fin, Bristol ne lâchant pas prise, la Scala revint m'avertir. Je finissais de chanter et vins au téléphone, nerveuse, agacée, d'une insistance qui mettait mon directeur en furie!

« Mais enfin, dis-je à Bristol, qui est l'ignorant qui ne veut pas comprendre qu'une artiste jouant à Paris ne peut pas quitter Paris ? »

Bristol répondit : « L'ignorante est une Américaine, ma cliente, Mrs. Ogden Goelet! » – « Connais pas! » répondis-je laconiquement; et comme Bristol ne lâchait toujours pas, je m'écriai furieuse : « Mais enfin, Monsieur, j'ai bien le droit de refuser de me déranger, si ça me plaît! »

Alors, mon directeur, assis à mes côtés, me souffla : « Dites-lui un chiffre qui fasse cesser la conversation. » – « Combien ? » – « 15 000 francs! » Je me tordais de rire et lâchai : « Pour 15 000 francs seulement je bougerai de Paris. » Bristol répondit sans broncher : « 15 000 francs, c'est entendu! »

Mon directeur et moi, nous restions estomaqués de surprise... Il y eut un petit moment de silence, sans me soucier de mon directeur, j'empoignai le téléphone : « J'accepte, venez demain chez moi, 30, rue Saint-Lazare, régler les détails du voyage. »

Le lendemain Bristol vint me voir et m'expliquer que sa cliente millionnaire, Mrs. Ogden Goelet, habitant Cannes l'hiver, y recevait le prince de Galles (plus tard roi Édouard VII), et que lui ayant demandé quels artistes il voudrait entendre après le dîner, le prince avait réclamé Yvette Guilbert qu'il n'avait pas encore entendue. J'arrivai à Cannes avec un tel rhumatisme que je crus ne pouvoir paraître chez Mrs. Goelet le soir. Mais mon énergie, ma volonté, firent un miracle et, à dix heures, j'étais à sa villa.

Le dîner n'était pas encore fini. On me fit entrer dans un petit salon avec deux autres jeunes artistes de la Comédie-Française, dont je ne sais plus les noms. Tout à coup la porte du petit salon s'ouvrit et Mrs. Goelet vint me recevoir et me prier, en raison de la « qualité princière » de son hôte, futur roi d'Angleterre, de choisir mes chansons les moins « risquées », ce fut son mot. Puis les invités, sortant de table, laissèrent passer d'abord le prince dans le petit salon où se tenaient les artistes. Ses yeux cherchaient à deviner laquelle de nous était Yvette Guilbert, et je m'amusais fort de son manège discret, mais visible... il alla droit à une jeune femme, habillée de rouge, ayant de grosses roses dans les cheveux, elle lui répondit qu'Yvette Guilbert était la grande jeune fille toute simple, « en satin blanc », avec des gants noirs. Je vis la surprise se peindre sur son visage. Très respectueusement je le saluai et pris la main qu'il me tendit. Il resta une seconde à me dévisager et dit : « Quelle distinction, Mademoiselle... cela vaut une célébrité », et il me tourna les talons. J'étais sous le charme de cet accueil, bien entendu !

La soirée commença par de la musique. Derrière moi j'entendis un « débinage » en règle de la marquise de Gallifet, femme du célèbre général, que se payèrent deux Américaines. Après l'éreintement de la marquise de Gallifet ce fut celui de la princesse de Sagan.

Enfin vint mon tour de chanter. Je me levai et me dirigeai vers le piano, le prince de Galles m'y suivit, prenant un fauteuil à mes côtés.

Il ne cessa de me sourire cordialement, pendant mes premières chansons « choisies »; puis tout à coup, se levant, il se dirigea vers Mrs. Goelet et lui parla à l'oreille. Elle vint alors près de moi et me dit : « Le Prince a entendu parler d'une chanson, *Le Fiacre*, et va du reste vous dire lui-même... et en effet le prince me prit le bras, et gentiment me murmura de façon à n'être entendu que de moi : « Chère mademoiselle Guilbert, pourquoi ne me faites-vous pas entendre vos chansons montmartroises? J'ai tant lu d'articles sur votre façon d'interpréter l'esprit du Chat-Noir. »

« Monseigneur, lui dis-je, vous m'embarrassez fort, car Mrs. Goelet m'a priée, en raison de votre " qualité princière ", de ne vous chanter que des choses... pour jeunes filles. » Le prince se mit à rire si fort qu'un silence subit se fit dans l'assemblée; il en profita pour déclarer qu'il demandait la permission de suggérer les couplets qu'il voulait entendre. On applaudit sa proposition et le prince, accoudé au piano, demanda les chansons les plus spirituellement parisiennes de mon répertoire.

Le Prince avait vraiment de l'humour et une grâce simple, charmante, c'était le vrai grand seigneur; gentiment il déclara que c'était pour lui une soirée « inoubliable ». « Que puis-je faire pour vous, Mademoiselle ? » – « Me patronner quand j'irai, pour la première fois de ma vie, à Londres, la saison prochaine, Monseigneur. » – « C'est dit! Mais il faut vous produire à l'Empire, afin que j'aille *à votre* première », et il ajouta : « L'Empire, établissement de premier ordre, donne 14 p. 100 à ses actionnaires! » J'éclatai de rire à ce côté « business » du prince, et comme je lui disais : « Comment un prince peut-il s'occuper d'argent », il me répondit, amusé : « Il en faut beaucoup pour le perdre. » Le prince de Galles, à cette époque, perdait beaucoup au jeu, disait-on.

A dater de cette soirée, le prince de Galles me montra un intérêt qui ne se lassa jamais. A mon début à

Londres, six mois plus tard, il pria Arthur Sullivan, le célèbre compositeur, de faire une réception chez lui en mon honneur, où des femmes de la Cour seraient invitées; le duc de Connaught et le duc de Cambridge assistèrent aussi à cette réception.

Je fus assise au dîner à la droite du prince de Galles, à ma gauche était l'ambassadeur d'Autriche dont je ne me rappelle plus le nom, mais qui avait un esprit d'enfer! Des mots d'une ironie froide, qui cinglaient tous les gens assis autour de la table. J'avais une peur atroce que le prince n'entendît ses satires. Il disait de lui : « Il n'aime pas les arts, se commet avec des gens d'argent... La Goulue, la danseuse du Moulin-Rouge, le tutoie [1]... Il fréquente les Américains aux gros sacs!... » A ces derniers mots, comme le prince tournait sa tête de son côté, l'ambassadeur le regarda bien dans les yeux et tranquillement : « Oui, Monseigneur, je disais à Mlle Guilbert combien Votre Altesse aime la France, ses artistes, ses vins, et combien Votre Altesse y est populaire... » Le prince sourit et remercia d'un signe de tête l'ambassadeur.

J'étais outrée, indignée, du procédé hypocrite du diplomate. Après le dîner on fit de la musique... Sullivan se mit au piano... Letty Lind (une artiste londonienne alors dans sa vogue) arriva « souffler » plutôt que chanter une chanson anglaise et la dansa. Elle était adorable, petite et mince, roussotte, distinguée et exquise. Puis vint à ma stupeur un « siffleur » attraction, à ce moment, d'un grand music-hall de Londres. Et le prince de Galles et le duc de Connaught se mirent eux-mêmes à siffler.

1. Note concernant l'incident avec la Goulue :
Un soir au Jardin de Paris, soir du Grand-Prix, le prince de Galles regardait danser les célèbres danseuses : La Goulue et la Môme Fromage. La Goulue reconnut le prince, le dévisagea... et la jambe en l'air, enfouie dans les flots de dentelle de ses jupons, elle hurla : « Eh! de Galles, tu paies l' champagne ? » Le prince s'exécuta, follement amusé.

Je ne pus chasser ce souvenir étrange de ma mémoire. Le prince de Galles me renouvela, après que j'eus chanté pendant plus d'une heure, son désir de me continuer son patronage.

« Eh bien, lui dis-je, Monseigneur, me promettez-vous de venir avec la Cour, la saison prochaine, au Palace-Théâtre, car j'y suis engagée, et cela aiderait beaucoup au prestige de mes représentations?... »

– With great pleasure, répondit le prince. Faites-moi savoir votre arrivée.

Il tint parole, plus tard, lors d'un engagement au Palace-Théâtre de Londres toute la large loge royale fut occupée un soir. De longues années après ce fut à Marienbad que je revis le roi Édouard VII, escorté de femmes du monde : Mrs. Hall-Walker, lady Cunard et la marquise de Ganay. Un lunch à l'hôtel Weimar, où le roi habitait, fut organisé. Après le lunch S.M. me pria de chanter.

Comme j'avais alors ajouté à mon répertoire des chansons de l'ancienne Angleterre (que je chantais en anglais) le roi fut très amusé et me demanda où j'avais trouvé ces charmantes choses. « Majesté, lui dis-je, le titre du petit livre est à lui seul une trouvaille : " Pills to purge melancholy! Pilules purgeant la mélancolie! " » Le roi s'amusa si fort qu'il me proposa de me faire appeler à la Cour pour les chanter devant la reine. Quelques mois après je fus en effet chanter au Buckingham Palace.

La reine était habillée de mauve, sans aucun bijou qu'un haut « collier de chien » de perles lui servant de col de robe. Très mince, très sèche, et pourtant fort gracieuse, elle me complimenta sur ma façon « grande dame » (ce fut son mot) de dire les choses piquantes. Mais je ne reçus aucune fleur, aucun petit « souvenir », geste habituel des « gens de Cour ».

Comme un jour j'en disais ma surprise au roi Édouard que j'avais retrouvé à Marienbad, S.M. me répondit, se tordant de rire : « Quand les maris sont prodigues, les femmes sont économes ! »

TOULOUSE-LAUTREC

C'est en mai ou juin 1895 qu'un matin il vint avenue de Villiers déjeuner chez moi. Il y fut amené par Maurice Donnay.

Mon valet de chambre, après avoir introduit les deux hommes, accourut m'avertir, la figure effarée : « Mademoiselle ! oh ! mademoiselle ! M. Donnay est là... avec " un drôle de petit machin ". »

– Un drôle de petit machin ? Que voulez-vous dire ?

– C'est un petit machin, quoi... un « guignol »...

J'allai recevoir mes visiteurs et je restai figée devant « le petit machin » debout, à côté de Donnay.

Figurez-vous la grosse tête de Gnafron (du Guignol lyonnais), posée sur le corps d'un petit nain ! Une tête brune, énorme, la face très colorée et noirement barbue, une peau grasse, huileuse, un nez de quoi garnir deux visages, et une bouche ! Une bouche balafrant la figure d'une joue à l'autre, ayant l'aspect d'une large blessure ouverte. Les muqueuses des lèvres, formidables et « violet-rose », aplaties et flasques, ourlant cette fente effroyable et... obscène ! Je reste muette et enfin je plante mes yeux dans ceux de Lautrec. Ah ! qu'ils sont beaux, grands, larges, riches de chaleur, étonnants d'éclat, si lumineux !

Je m'attarde à les contempler et soudain, Lautrec, qui s'en aperçoit, retire son lorgnon. Il connaît sa magnificence unique et me l'offre en toute générosité. Son geste me laisse voir alors sa cocasse petite main de nain, sa main toute carrée, accrochée à d'extraordinaires petits bras de marionnette.

Maurice Donnay dit : « Voilà... Je t'ai amené Lautrec à déjeuner, il veut faire des croquis de toi. »

– Très bien, je vais prévenir ma mère pour qu'elle fasse mettre un couvert de plus...

Je fus surtout prévenir ma mère de la surprise qui l'attendait en la personne de Lautrec. Et quoique « au courant », elle resta sans paroles devant le grand artiste, si saisie qu'elle serra la main de Donnay, salua Lautrec et sortit sans pouvoir l'accueillir d'un mot. Elle était figée de stupeur.

En attendant le moment du déjeuner, on bavarda et je n'étais préoccupée que de l'idée « d'asseoir » Lautrec à table. Fallait-il lui mettre un petit banc pour l'aider à grimper sur sa chaise ? Des coussins pour le rehausser ?

J'étais sur le gril et je pris le parti d'attendre les gestes du nain, pour les aider. A ma stupeur, il sauta du sol sur sa chaise grâce à la paume de ses deux mains calées sur son siège pour se donner l'élan nécessaire ! Ouf !... ça y était ! Son buste était en place ! Ses petites jambes d'enfant se balançaient dans le vide et comme mes chaises étaient sans barreaux, je le sentais mal à l'aise et je n'osais pas intervenir. Donnay pourtant approcha de la table Lautrec assis, et je m'aperçus alors que Lautrec avait le menton à vingt centimètres de la nappe. Jamais je n'oublierai ce déjeuner. Les mets s'engouffraient dans la fente de sa bouche, et chaque mouvement de la mastication montrait la manœuvre humide et salivée des énormes muqueuses qu'étaient ses lèvres. Quand vint le poisson sauce rémoulade, ce fut un clapotis extraordinaire.

Mais l'homme parla ; sa simplicité charmante ce jour-là nous fit oublier le reste. A un moment donné, il me demanda un rendez-vous pour venir chez moi la semaine suivante faire des études, des portraits, des silhouettes, et comme je lui disais : « Je vous écrirai, Monsieur Lautrec... », il se mit à rire mystérieusement, sans rien dire, et refusa de me donner son adresse. Je n'insistai pas par discrétion.

Trois semaines plus tard, il revint avec tous ses petits ustensiles de dessinateur et me dit : « Voilà... je viens vous surprendre, mais je fais une exposition de dessins et je dois avoir Yvette Guilbert, n'est-ce pas ?... » Et je posai pour lui, et comme je lui disais en souriant : « J'espère que vous n'oublierez pas de me donner un de ces croquis, en souvenir de vous, Lautrec », il fit la sourde oreille. Alors, pour le taquiner, j'ajoutai : « Si vous ne me l'apportez pas, j'irai le chercher chez vous, voilà tout... » Du coup, il se mit à rire convulsivement et s'écria : « Je parie bien que non! Savez-vous où l'on me trouve le plus souvent, Yvette ? »

– Non... mais, sans doute, à votre atelier.

– Non, fit Lautrec, dans une maison visiblement numérotée...

– Vous y vivez ?... Non ?... Sérieusement ?...

– Très sérieusement, jeune Yvette.

– Vous avez sans doute des créanciers... C'est votre cachette. Personne n'ira vous chercher là, bien sûr.

Ah! son rire! son rire! et sa voix hachée où se mêlaient et la préoccupation momentanée du dessin à fixer, et celle de la réponse à faire! Et par bribes, tout en retaillant son crayon, il me dit « son goût » de vivre dans la « maison close », d'y regarder palpiter la prostitution, d'y voir défaillir les pudeurs et de pénétrer les douleurs sentimentales des pauvres créatures, fonctionnaires de l'amour. Il était leur ami, leur conseiller parfois, jamais leur juge, leur consolateur, bien plutôt leur frère de miséricorde. Quand il parlait de ces pauvres femmes, par minutes, l'émotion de sa voix trahissait la pitié si chaude de son cœur... que je me suis souvent demandé si Lautrec ne trouvait pas « une mission de beauté » dans cette volonté de commisération fraternelle et chrétienne, envers ces femmes dépourvues de toute fierté pudique.

Il disait souvent : « Toujours et partout la laideur a ses accents de beauté, c'est passionnant de les découvrir là où personne ne les voit... » D'autres fois, gouailleur et douloureux, il m'affirmait que : « Les Don Juan étaient " des bêtes d'amour à femelles ", les amants, des *animaux lubriques.* »

– Ah ! l'amour ! l'amour ! disait Lautrec, vous pouvez le chanter sur tous les tons, Yvette, mais bouchez-vous le nez, ma chère... oh ! bouchez-vous le nez !... Si vous nous chantiez : *Le Désir* on s'entendrait, et sur la variété de ses coups de sang on s'amuserait... mais l'amour ! ma pauvre Yvette... l'amour ! *ça n'existe pas.* »

Et il scandait chaque syllabe.

– Et le cœur ? qu'est-ce que vous en faites, Lautrec ?

– Le cœur ? Mais le cœur n'a rien à faire avec l'amour.

« Le cœur, s'esclaffait-il, comment une fille intelligente peut-elle mêler " le cœur " aux affaires de... »

« Mais, ma p'tite Yvette, les hommes aimés des belles filles n'ont que le vice dans l'œil, le vice sur la bouche, le vice dans les mains... le vice du ventre... »

« Et les femmes donc ! »... Et Lautrec, d'un rire infernal et douloureux, criait : « Aussi... ça leur en fait des gueules ! tenez en v'là des aimeuses et des aimés, r'gardez-moi ça... » Et Lautrec ouvrait un petit album, où des croquis de vendeuses et d'acheteurs « d'amour » étaient crucifiés, stigmatisés sans pitié, crûment horribles, déformés volontairement par lui, qui jouissait de leur luxure, de leurs cris de bêtes en désir... Ah ! ces mâles et ces femelles qui lui faisaient conclure, comme s'ils le vengeaient de sa disgrâce physique : « Hein ! quelles gueules, ces Roméo et ces Juliette ! »

Un jour, comme je regardais quelques-uns de ses dessins faits d'après moi, je lui dis, énervée d'être si déformée : « Vraiment, vous êtes le génie de la déformation... » D'une voix coupante comme un couteau, il me répondit : « Mais... évidemment ! » Je compris tout de suite ma gaffe et je me sentis devenir toute rouge.

Lautrec a dessiné toutes les « gloires » du Moulin-Rouge : La Goulue, Valentin le désossé, la Môme Fromage, Grille d'Égout, etc., tout le vice ravageur de la noce était sur leurs visages.

Je n'ai pu obtenir que Lautrec me fît cadeau d'un dessin auquel j'avais servi de modèle ! Beaucoup d'autres artistes le firent ; lui, jamais. Un jour, pourtant, il remarqua chez moi une table de céramique turquoise commandée par moi en Angleterre et autour de laquelle on pouvait placer douze personnes. Comme il la trouvait belle, je lui exprimai le désir d'avoir une céramique de lui, pour en faire une table à thé ; il ne me répondit rien, mais il m'apporta à signer une caricature de moi sur laquelle j'écrivis : « Mais, petit monstre, vous avez fait une horreur ! (signé Yvette Guilbert). » Quelque temps après une céramique faite d'après ce dessin m'arrivait avec ma critique écrite et ma signature.

Personne en regardant cette œuvre de Lautrec chez moi ne se souvient d'en avoir vu le double, ce qui me fait croire qu'elle fut tirée, pour moi, à un unique exemplaire.

Lautrec aimait beaucoup « le cirque » ; il me racontait qu'il allait souvent « à Médrano », le cirque du boulevard Rochechouart.

Dans l'album qu'il fit de ces visions athlétiques, il y a une impression de cauchemar ; on dirait qu'il a dessiné en proie au vertige, il a déséquilibré les équilibristes, les écuyères semblent enfourcher les chevaux de la mort, la piste devient un cercle tragique où la démence mène, en hurlant, le jeu des bêtes et des gens. Arsène Alexandre, le critique d'art qui connut aussi beaucoup Lautrec, m'assura qu'il les avait dessinés « de mémoire ».

Lautrec eut un atelier rue Tourlaque et aussi avenue Frochot.

Il mourut, intoxiqué d'alcool, victime de tous ses excès.

PIERRE LOTI

Ah! avec quelles extases j'avais lu, jeune fille, ses premiers livres! et voilà que la vie allait me permettre de connaître l'homme qui m'inspirait tant d'admiration.

C'était vers 1894, il y avait deux ans que Paris avait fait de moi son enfant gâtée, et tout heureuse de cet amour, il me semblait que tous mes désirs allaient se réaliser. Donc je me promis, sachant que Loti demeurait à Hendaye, que si j'allais chanter dans les Pyrénées, j'irais le voir!

Et la Providence m'y aida. La saison où je fus invitée à me faire entendre à Biarritz, un ami de ma maison, Parisien, homme de lettres, Louis de Robert, était en villégiature chez Loti!

Je lui fis connaître mon vœu et un billet m'arriva m'informant que Loti, très heureux de me connaître, m'attendait à Hendaye, sa résidence d'été. Louis de Robert vint me chercher à Biarritz et me conduisit au rendez-vous.

Loti était dans son joli canot, sur la Bidassoa, en costume d'officier de marine, pantalon blanc, jaquette bleue à boutons dorés. Sa maison en réparation, pleine d'ouvriers, l'empêchait de m'en faire les honneurs; on s'installa dans la barque et l'on bavarda. Je ne savais pas si vraiment je reverrais jamais Loti, et je ne faisais que m'en emplir les yeux. Il était pour moi, à cette minute, l'homme des bouts du monde, le héros des romances amoureusement orientales, portant en lui les frissons des amantes lointaines. Pour moi il avait pénétré tous les mystères amoureux et je l'imaginais « le grand collectionneur » des voluptés humaines! Ah! l'imagination de la belle jeunesse!

Son visage maigre, bruni par le vent et le soleil, était éclairé par des yeux extraordinaires, des yeux d'émail translucide aux lueurs de feu, des yeux qu'on n'oubliait jamais, des yeux qui avaient des lueurs mobiles, rappelant certaines verreries antiques exposées au soleil des musées de Pompéi, il y avait quelque chose de surnaturel dans le « glacis » de ses prunelles. Usait-il de l'atropine, pour s'élargir les pupilles comme le font les femmes arabes et les Égyptiennes? Je ne sais, mais les yeux de Loti captaient le regard, fascinaient *ceux* qui les connurent. La bouche était plutôt brutale de ligne, les dents grosses, les oreilles un peu décollées, le nez busqué légèrement, un peu fort. Il n'avait certes rien d'un bellâtre! Mais il était fin, distingué, très simple, très accueillant sans familiarité et sa voix était douce comme celle d'une femme. A cette première entrevue il me dit : « Vous êtes bien jeune, Mademoiselle. C'est magnifique à votre âge d'avoir un tel succès... »

– Succès de passage, Monsieur... mode, engouement peut-être. J'en suis heureuse, mais je ne m'en grise pas! Ce n'est pas avoir du succès, c'est avoir du talent qu'il faut pour *durer*. En ai-je? Je ne sais pas! On verra!...

Pierre Loti n'oublia jamais cela et me rappela mes paroles en maintes circonstances. Il tint sa promesse et vint me voir à Paris à plusieurs reprises. Un jour que j'étais à étudier, assise à mon piano, il entra chez moi et m'invita à lui chanter de vieilles chansons populaires; alors son enthousiasme me fut délicieux.

– Voilà! voilà le vrai esprit de la race! et de quelles richesses il est fait!

– La chanson de Paris, c'est amusant, soit, mais ce n'est pas *beau*.

– Vous y viendrez, Yvette, vous y viendrez à cette belle poésie universellement humaine, vous cueillerez des lauriers autrement nobles et durables à vous en faire le chantre ! Ça vous amuse de chanter, devant des habits noirs et des dames décolletées, des polissonneries qui, toutes, ne sont pas de premier ordre... hein ? avouez-le ?

– C'est Paris, cher Monsieur Loti, c'est Paris qui m'y force.

– Lâchez Paris.

– Quoi ! Vous n'aimez pas Paris, Monsieur Loti ?

– Moi ? mais au bout de huit jours que j'y suis, je n'ai qu'une idée, c'est de m'en sauver. Ah ! les chapeaux haute forme noirs sinistres, les habits de drap noir, la tenue de croque-mort des hommes ! et les femmes en robes ternes ! sans joie pour les yeux ! Venez à Rochefort, Yvette, je vous y offre l'hospitalité et alors vous comprendrez ma fuite d'ici, dès que j'y arrive.

Je venais de me marier en juin 1897, quand Loti m'envoya un adorable billet plein de souhaits tendres et renouvelant pour mon mari et moi son invitation et, comme je fis une tournée de concerts en France en décembre suivant, nous nous arrêtâmes à Rochefort pour y voir Loti.

Alors je compris tout, de l'homme, de ses goûts et de sa vie. La vérité ? C'est que Loti était un Oriental et son goût du maquillage, qu'on lui reprocha tant, s'alliait logiquement à sa passion du faste, des costumes somptueux et des couleurs chantantes et surtout de ces cadres exotiques dont les luxes antiques nous sont inconnus.

Il vint donc nous chercher à la gare. Il était habillé d'une redingote grise à grands revers « Directoire », d'un gilet de velours, d'une énorme cravate à plusieurs tours, coiffé d'un chapeau de feutre gris « Ange Pitou » avec une grosse boucle d'argent sur le devant, des souliers vernis à très hauts talons le faisaient « danser » sur les pavés. Nous préférâmes descendre à l'hôtel, mais nous acceptâmes d'aller chez lui déjeuner le lendemain.

Le lendemain matin, nous attendions Loti qui devait venir nous prendre à l'hôtel. Il vint dans le même costume et traversa un marché où personne ne sembla remarquer sa mise étrange, tant habitués étaient les gens à ses hardiesses, et nous arrivâmes devant une maison de si « neutre » apparence que je fus stupéfiée de voir Loti tirer des clefs de sa poche et en ouvrir la petite porte.

Un petit triste corridor dallé, un petit porte-parapluie quelconque, des patères à trois francs au mur... l'entrée d'une maison pauvre. Puis il referma la porte et nous fit entrer dans une espèce de petite chambre nue; dès lors chaque porte qui s'ouvrit nous révéla la demeure d'un poète d'Orient! D'abord, une sorte de petite halte, avant de pénétrer plus avant, vous obligeait à prendre des mains de Loti une longue tige de bois soufré qu'on faisait brûler devant un superbe dieu hindou, installé dans un réduit sombre de velours et d'or. Loti disait : « Il faut à ce dieu l'hommage de chacun... sans cela, il nous fera de mauvaises farces »... et chacun faisait brûler son cierge allumette à ses pieds.

Puis on entrait alors dans un salon féminin, celui de Mme Loti, qui nous attendait là pour nous faire passer dans la salle à manger.

Ce salon était classique, d'un adorable style Louis XVI avec meubles fanés et soies tendres.

Mme Loti, plus âgée que son mari, était fort distinguée; sa surdité rendant toute conversation difficile avec elle nous gênait beaucoup; mais elle-même nous mit à l'aise en nous priant de ne point nous en inquiéter.

La grande salle à manger patricienne était très haute, décorée de belles boiseries et de tapisseries sévères, une table parée comme celle d'un grand seigneur se dresse au milieu ; un matelot nous servira à table.

Après le café, ce fut la révélation ! La demeure d'un poète des Mille et Une Nuits !

Loti nous fit monter le petit escalier intérieur de la salle à manger et sur le palier ouvrit une toute petite porte. Alors de nombreuses chambres, des halls, des galeries, d'autres paliers, d'autres pièces, les unes éclairées, les autres sombres, dallées, parquetées, mosaïquées, des murailles de plâtre travaillé et de bois antiques ajourés, d'autres murailles décorées de laques de Chine, d'autres de boiseries richement nacrées, enfin des murs de céramiques persanes, hindoues, du XIIe siècle, des plafonds reconstituant des coins de l'Alhambra, des colonnes rapportées des mosquées, des temples minuscules, des sarcophages, des coffres, des sièges incrustés de jade, des velours, des satins, des damas brodés d'or et d'argent et de pierres précieuses ; des divans de Rajah, des couches de sultanes, des coussins royaux des palais d'Orient, des lits de reines, des tapis de tombeaux, de palais, de mosquées, jetés au travers des colonnes de marbre jaune. Et cette vasque de marbre rose, où chante le jet de sa mosquée reconstituée et qui, le soir, aide Loti à s'endormir, couché sur son matelas de satin crème, enroulé qu'il est dans une splendide robe brodée d'oiseaux et de fleurs, rapportée d'un de ses « Là-bas » !

Et voici les selles, les armes, les bijoux où les turquoises, les perles, les diamants, les grenats scintillent, accrochés, massés, auprès d'une cheminée haute, encadrée de banquettes somptueuses qui font « coin de méditation » !

Puis voici l'autre étage, où le Japon met ses notes d'art : gravures, peintures, tapis, soieries, lustres et des quantités de joujoux remplissant une vitrine ! Murailles tendues de couleurs précieusement soyeuses, brodées d'ibis et de chrysanthèmes géants qui me font penser à Madame Chrysanthème... Des stores *arc-en-cielisent* la lumière des chambres, des nattes satinées et si fines! des vanneries multicolores, des poteries, etc.

Et voici cent vingt-cinq caisses de chinoiseries qui attendent la construction que va faire Loti d'une nouvelle aile à sa maison. Là, murailles, sol, plafonds, portes, tout sera reconstitué, et, nous explique Loti, de grands panneaux fleuris de jades en relief permettront une décoration de toute splendeur. « J'ai des tapis de toute beauté, disait Loti, des centaines de robes chinoises brodées achetées 10 francs aux matelots qui, pendant les hostilités de la guerre des Boxers (où le butin leur mettait en mains des trésors dont ils ne savaient pas la valeur), s'en servaient pour essuyer leurs bottines! » « Quand j'avais la veine d'arriver à temps, alors j'échangeais ces merveilles contre de l'argent ou des torchons pour l'office des soldats. »

Et comme je m'étonnais qu'on permît aux matelots et aux soldats de détériorer pareilles merveilles : « En guerre, le butin est permis, me dit Loti, c'est l'usage. »

Loti invita à la crémaillère de la grande salle chinoise de nombreuses personnalités parisiennes. Mais, voyageant au loin à l'époque, nous ne pûmes nous rendre à son invitation. Plus tard, à un de ses voyages à Paris, il me raconta les splendeurs de la décoration de ce nouveau coin de palais ajouté à sa maison. Le jour où il vint, pendant la guerre, me dire adieu, partant en mission, il était très maquillé, superbement habillé de neuf et je ne fus pas du tout choquée du rouge de son visage, ni du bleu tendre étonnant de son uniforme, doré à l'excès, traversé du grand cordon de moire rouge qui lui barrait la poitrine, et des six ou sept décorations empierrées, brillantes, rutilantes comme des bijoux de femmes qui ensoleillaient sa poitrine. Cela lui allait bien et correspondait à sa cérébralité splendide et puis l'homme était modeste, l'ami était adorable ! J'aimais beaucoup Loti, il savait être grand avec modestie.

La France, à sa mort, a pleuré un merveilleux écrivain, ses amis pleurent l'homme exquis, si simple, si charmant, et si vraiment le style c'est l'homme, alors on doit adorer Loti et lui conserver son cœur au-delà de la mort. Moi, j'ai ressenti de l'avoir pour ami un grand et affectueux honneur. Et chacune de ses visites chez moi est marquée d'un souvenir ineffaçable.

Jules Roques

Il était le directeur du *Courrier Français*, journal illustré par Forain, Léandre, Willette, Heidbrink, Widhopff, Steinlen et Hermann-Paul.

Quand je débutai, il s'occupait de faire « la publicité » des pharmaciens et des « cafés-concerts ». Les directeurs l'employaient pour faire faire les affiches des « Étoiles » et utiliser en « réclames » les rideaux des scènes. Et les Pastilles Géraudel lui durent leur vogue. Quelle publicité il leur fit ! Il s'occupait de mille affaires. Il avait une tête de chat, des moustaches hérissées, des yeux qui bougeaient et vous regardaient « en face » rarement. Tantôt le pommeau de sa canne, qu'il caressait, fixait son regard pendant une longue conversation. Le jeu de ses paupières en travail perpétuel et les plis de son front démasquaient le but qu'il poursuivait : ne dire que certaines choses et surtout n'en point dire d'autres. Il mouillait ses lèvres pour prendre des temps... et avalait sa salive pour doser ses effets. Venant toujours pour affaires, il embrouillait dans des préparations oratoires le pourquoi de sa visite, afin, croyait-il, d'en déguiser le but. Mais il était serviable, autant qu'il usait de vous. Il s'amusait à paraître à double fond et jouait « au Rusé » comme un acteur de province. Quand il escamotait la vérité, on voyait tous ses trucs et il se révélait par ses cachotteries.

Il était très curieux à voir vivre. Quelquefois, on le croyait cousu d'or et, le plus souvent, sans le sou.

Les dessinateurs de son journal se plaignaient tous de lui, Roques les payait mal, disaient-ils, et surtout gardait leurs dessins, pour en faire une exposition qui lui rapportait de gros sous chaque année. Willette se sépara amèrement de lui et se fâcha même avec lui. Roques se mit à ma remorque, mon succès lui fit croire que j'allais certainement « payer » pour faire « enfler » ma gloire. Quand il me vit si décidée à ne rien tenter que mon honnête chance, alors il se fit méchant, agressif, me mettant toujours, croyait-il, « en éveil » en me parlant de « nouvelles étoiles » qu'il lancerait... de nouvelles affiches de dames qui, elles aussi, auraient des gants noirs!...

Il fit ce qu'il annonçait. Il joua ce petit jeu pendant deux ou trois ans. Devant mon impassibilité il cessa le feu et devint du jour au lendemain charmant, son journal m'aida beaucoup dans le monde des artistes, par les dessins qu'il fit faire de moi et qui me firent connaître.

Puis, comme j'avais, sans consulter le brave Roques, commandé des affiches à Bac, le dessinateur de *La Vie Parisienne*, Roques reprit l'offensive, mais d'une façon différente. Il venait alors me demander à déjeuner et m'assurait chaque fois que la petite Z... ou la grosse X... ou que Mlle Anna Thibaud m'en voulaient à mort... qu'elles projetaient de monter des cabales... « Ah! Yvette! ce qu'elles vous débinent! » Il adorait brouiller les gens, créer des disputes, mais rien de tout cela n'ayant de prise sur moi, il se lassa. Chaque fois qu'il me voyait serrer la main à Anna Thibaud, il entrait en rage.

Je respectais peu son caractère. Toutefois je lui restais reconnaissante de l'aide apportée à mes débuts.

Un jour il fut arrêté pour je ne sais plus quelle bêtise indécente, publiée dans son journal. Il m'écrivit qu'il était « coffré ». Je fus le voir immédiatement. Je compris vite qu'il était sans le sou. Je lui laissai un billet de 500 francs, il en fut si singulièrement touché que sa brutalité cessa pour toujours. Je suis certaine qu'il eut pour moi une très grande estime et une vraie amitié. Jean Lorrain m'a répété souvent ses propos à mon égard.

Jules Roques fut le grand lanceur des affiches de Chéret, ce célèbre coloriste qui, le premier, fit chanter les murs de Paris par sa palette rayonnante. Mme Chéret fut « l'adorable modèle » que tous les Parisiens virent, sous des aspects les plus multiples, sourire aux passants, ses cheveux de soie d'or ébouriffés au vent...

Jules Roques a tenu une grande place dans la vie artiste de Paris; son journal le *Courrier Français* révéla, avec nos grands dessinateurs, Raoul Ponchon, l'étonnant poète-critique, et aujourd'hui quel journal illustré peut se payer le luxe d'artistes comparables à ceux qui furent les collaborateurs de cet homme étonnant, déconcertant et pourtant sympathique? Très important à connaître pour les dessinateurs (à cause de son journal) il se faufilait partout, il était de toutes les fêtes de peintres, de sculpteurs, connu à Montmartre, sur les boulevards, dans les clubs, dans le demi-monde, habitué des ateliers, des coulisses, des boudoirs; il était une vraie figure parisienne, serrant la main à tous les grands boulevardiers du temps. Et la première fois qu'il vint me voir au concert du Divan Japonais, il m'énuméra toutes ses relations en me forçant à comprendre tout l'intérêt qu'il y aurait pour moi à le connaître et à l'utiliser pour établir « ma réputation ». Jamais il n'oublia ma réponse : « Oui... oui... mais cela ne me donnera pas plus de talent! » à quoi il répondait : « Pas de succès sans publicité. » Eh bien! malgré tous ses vices et ses défauts, je l'aimais, parce qu'il était sensible à une bonne action et se mettait en quatre pour soulager un malheureux ou aider un bénéfice d'artiste! Que de fois je lui dus d'avoir des programmes splendides pour ceux qui s'adressaient à moi en criant : Au secours!

Maurice Donnay

Quand je l'ai connu, en 1892, il avait vingt-cinq ou vingt-six ans. Il me raconta qu'ayant fait des études pour être ingénieur, il était sorti de l'École Centrale pour rentrer... au Chat Noir! Ce fut Saincère, collaborateur du *Figaro*, dont Donnay était alors le secrétaire, qui fut la cause de notre rencontre première.

Saincère était alors un journaliste très considéré (il venait d'épouser la femme divorcée de Paul Lindau, l'écrivain allemand).

Mme Saincère, très aimable femme, avait une fille que le divorce lui laissa, et Saincère s'était attaché à cette fillette comme à son propre enfant, j'en eus la preuve touchante quelques années plus tard, quand un matin il accourut chez moi, la voix étranglée, le visage défait, venant me demander de lui prêter quelques billets de mille francs, pour « sauver l'enfant » que Paul Lindau désirait reprendre. On envoya donc la petite fille au loin. Saincère vint me rapporter mes billets un beau matin quand j'en avais fait mon deuil, car je le savais éternellement gêné.

Donc ce fut Saincère qui, un soir, au Moulin-Rouge, m'entendit chanter. Donnay l'accompagnait.

Il m'a dit souvent avoir été, ce soir-là, follement amusé par une silhouette ridicule d'Anglaise sèche, flanquée d'un parapluie et coiffée d'une toque qui me donnait prétexte à des couplets idiots, mais parodiant la pruderie britannique. Donnay revint souvent au Moulin-Rouge à l'heure de *mon numéro*, comme on disait alors, et nous fîmes plus amplement connaissance.

Il était à cette époque *d'un caractère* joyeux et jeune! si jeune! l'esprit gavroche léger, mousseux, l'âme tendre. Je sentais en lui beaucoup de choses qui étaient en moi, je l'aimais de savoir « me les révéler », de me les clarifier, de les faire transparaître nettement, comme pour m'éclairer sur mon moi intérieur. Mon goût de la satire me rapprochait alors de tous ceux qui traduisaient de leurs plumes ou de leurs crayons tout ce que leurs yeux intelligents observaient. Oh! regarder vivre... quelle amusante chose!

J'avais, pour cette raison, une véritable adoration pour Maurice Donnay et aussi une grande admiration pour Forain qui soulignait de ses légendes rosses, faubouriennes et profondes, ses croquis quotidiens dans les journaux de Paris. Mais si Forain-Juvénal cinglait, piquait, fouettait ses victimes, Donnay, plus aristophanesque, les raillait d'une langue athénienne et d'un bon sourire farce et blagueur... Forain avait l'esprit de son visage comme Donnay celui de sa bouche lippue, faunesquement drôle. Forain, l'œil froid, sec, le visage maigre, le cheveu plat, collé au crâne, la bouche mince, fine, bien jointe, comme celle d'un juge. Donnay, l'œil riant, pétillant de malice, les cheveux crépus « à l'Africain », les lèvres ouvertes, luisantes, bonnes, laissant voir les dents larges, espacées, et s'avançant légèrement hors « du cadre » des muqueuses, indisciplinées comme ses boutades, une tête de faune attendant la couronne de pampres, et s'il n'avait point le pied fourchu il avait du diable l'esprit qui brûle et flambe, et l'entretenant avec tant d'ardeur qu'on ne le rencontrait jamais sans entendre une fusée d'esprit joyeux sortir de ses lèvres. C'était des pétarades de mots « drôles » plutôt que profonds; il était

« gavroche », il était « gamin », il était « boulevard », il était « Montmartre », il était « Paris »! Qu'il était charmant! Quand il m'écrit, il signe « Ton ami d'enfance » ou « Pour la vie ». Il m'embrasse quand il me rencontre et dit : « Tiens, je te saute au cou comme une médaille! »

On lui attribuait un mot amusant à propos de Capus, l'auteur dramatique et le journaliste qui n'était pas facilement serviable... « Oui, disait-il, paraît-il, Donnay, il est de ceux qui ne renvoient pas l'ascenseur!... »

Les grands lits des hétaïres de notre jeunesse étaient pour lui « des manèges ».

Un soir Donnay m'apporta au Divan Japonais des vers de lui.

Je fis de la musique simplette pour « Adolphe ou le jeune homme triste » et le petit poème devenu chanson, Toulouse-Lautrec l'illustra. Donnay prétendait alors que cet Adolphe avait vécu, ou était de ses parents ou de ses amis, je ne sais plus. Voilà trente ans que je le chante! Et trente ans que je récite : « Les Vieux Messieurs » avec le même succès qu'aux premiers soirs. La verve du Donnay de ma jeunesse était donc bien précieuse et de forte trempe pour résister au temps.

On dit souvent de Maurice Donnay : « Est-il de ceux sur lesquels l'amitié pourrait s'appuyer en toute sécurité en cas d'alerte? » Pourquoi pas? D'où vient qu'on en peut douter?

Quand je vois certain autre auteur dramatique qui fut en sa jeunesse et la mienne si accueillant, si charmant, si brillant, si chaud, si affectueux avec moi, répondre à mon souriant salut d'aujourd'hui par un geste vague..., les yeux froids..., vitreux..., et l'expression distante..., je ne lui retire pas cette affectueuse amitié que j'eus toujours pour lui, mais j'ai l'impression de l'adresser à un très prochain squelette; la glace de son crâne est la seule clarté qui soit restée dans cette face de brouillard. Ah! les pauvres cœurs qui, en vieillissant, ont le sort des « pêches Melba » et se figent dans la glace à la vanille de la vie!... Que Dieu m'épargne pareille gelée! Oui, oui, mon visage s'est terni, mes chairs se sont fanées, mes muscles ne sont plus élastiques, mais rien de mon physique n'indique le mensonge et la ruse de cacher mes soixante ans! parce que si « ma façade » a subi normalement les effets du temps, que mon cœur est resté jeune! que mon cerveau conserve donc de joie active! Dieu m'a empli le cœur « danaïdement », car plus j'ai aimé, dans le plus pur sens du mot, plus j'ai su aimer et je me sens à soixante ans toujours inépuisablement riche! ni les années ni les séparations n'ont amoindri mon amitié pour les vieux et bons amis de ma jeunesse. Vous tous, tous, camarades, quand je prononce vos noms, sachez que mon cœur vous garde un souvenir attendri.

Jamais je n'oublierai le jour où Donnay obtint son grand succès de *Lysistrata*. Je sentais tout ce qui l'attendait d'heureux dans sa vie d'artiste et sa réussite me devenait chère comme celle d'un frère. De 1895 à 1900, il me conseilla de faire « du théâtre ». « Donne-moi ta parole, d'honneur, Yvette, que la première comédie que tu accepteras de jouer sera une pièce de moi », m'écrivit-il.

A Vaux, où il vint me voir souvent, il me disait : « Ah! que tu es comique! » puis : « Ah!... c'est épatant de tragique ce que tu fais là! » – « Alors, Maurice, qu'écriras-tu pour moi, un rôle farce ou une tragédie? » – « Je ne sais pas... je ne sais pas... Ça me trouble... tu comprends, ma p'tite Yvette, on ne peut pas se tromper avec toi... attends, attends... quand j'aurai " l'idée ", le rôle et la pièce viendront vite. » J'attends toujours!

Te rappelles-tu, mon bon Donnay, le déjeuner chez moi, avec Saint-Saëns et Pierre Louÿs qui voulait me confier la création de son Aphrodite et se refusa tout de même à signer avec toi la pièce à tirer de son œuvre ? Je te revois encore lui disant : « Moi, je ne veux pas toucher à un livre pareil sans vous avoir avec moi. » « J'ai signé le roman, insistait Pierre Louÿs, c'est assez ; faites la pièce seul. » Et ni tes instances, ni celles de Saint-Saëns ne décidèrent Pierre Louÿs. Et c'est ainsi que, peut-être, la plus belle des opérettes françaises, livret de Maurice Donnay et Pierre Louÿs, musique de Saint-Saëns, se trouva morte avant de naître.

En 1900, l'année où je subis la terrible opération de l'ablation d'un rein, on cria sur les boulevards l'annonce de ma mort, au moment où Donnay sortait du théâtre des Variétés ; il me raconta cela quelques mois après, quand, venant à Vaux où j'étais en convalescence, il m'écouta lui retracer les mille et une angoisses de mes dix-huit mois de maladie, de ces épouvantables dix-huit mois de souffrances physiques et toutes les déductions philosophiques que j'en tirais... Jamais je n'oublierai ses yeux figés sur mon visage et l'expression extraordinaire de sa voix disant : « Tiens, vois-tu, si on pouvait faire " du théâtre " avec ce que tu viens de me dire là si simplement et te faire raconter tes sensations et ce qu'elles te dévoilèrent... quelle chose étonnante on obtiendrait à la scène... ! Veux-tu, Yvette, que, pour ta rentrée, je pense à une pièce ?... C'est épatant... c'est épatant de vie, d'observation, tout ce que tu viens de me raconter... » Et tu partis ému, charmant, mon bon Maurice, et tu n'écrivis jamais ma pièce ! Mais qu'est-ce que cela fait ? Mon amitié te reste fidèle, toujours attachée au souvenir de notre jeunesse, et puis, c'est ma fierté que d'empêcher mon cœur de mourir avant moi.

La vie est un jeu de patience, fait de multiples petits événements qui, mis les uns à côté des autres, s'harmonisent et se complètent, les souvenirs les ajustent et par leur force tendre les éternisent. Oublier ses amis, c'est les faire mourir.

Éléonora Duse

Quel nom! Et quelle artiste que celle qui restera inoubliable, incomparable, et dominera si hautement nos souvenirs, nos grands émois, nos frissons d'art! Par où commencer pour parler d'elle? Et comment dire la vérité intense des surprises d'art que furent pour nous ses révélations dramatiques?

De quoi était donc fait son génie, pour qu'après avoir regardé « l'actrice », on restât bouleversé, prisonnier de son âme? Ah! son âme, comme elle nous était offerte glorieusement! Comme elle nous émouvait par sa science des essences douloureuses de la vie, comme elle en exposait des multiples tortures, comme elle en dosait, comme elle en mesurait le poids, la légèreté, celles qui s'incrustent, celles qui s'effacent, et comme on sentait sa joie étrange de la douleur; elle en faisait sa fontaine de Jouvence, la source où se rafraîchissaient ses exaltations. Souffrir, c'était vivre, pour elle! Sans souffrance de l'âme, pas de beauté de cœur; sans beauté du cœur, laideur de l'esprit, il faut souffrir! Il faut souffrir pour être belle!... dit aux coquettes un vieux proverbe. La Duse l'avait traduit selon son âme et ses besoins cérébraux. Et sûrement sa beauté rayonnait de ses martyres, et sa somptuosité intérieure irradiait ses accents artistes. La foule ne mérita jamais pareille offrande! Non! Non! Non! La mort du Christ à 50 francs le fauteuil, quel blasphème!... Les palpitations d'Éléonora Duse pour le même prix, quelle horreur! Aucun de nous n'était digne de tant d'humaine exposition. Il y avait en elle les grands cris de Baudelaire, et ceux de Verlaine mêlés aux siens, si bellement éloquents dans leur infernale tourmente qu'ils dominaient de leurs flammes les grands feux des amants brûlés de la vie. Une « actrice », la Duse ? Quelle « actrice » eut jamais ce cerveau, cette cérébralité, amante du silence, cette ardeur entêtée à fuir la foule, ce mépris de la louange « en masse », quelle actrice a su haïr comme elle certains de ses rôles triomphants que ses impresarii l'obligeaient à jouer pour remplir leurs caisses. Quelle actrice refusa avec tant d'ironique philosophie l'embellissement de son visage, le harnachement de « la mode », tous les truquages artificiels des « Princesses de la Rampe ». Quelle « actrice » vécut comme elle, isolée des mille « à côté » du théâtre, loin, très loin des gens de théâtre, des habitudes théâtrales, et fuyant surtout, oh! surtout les entrepreneurs du théâtre qu'elle appelait : Les canailles!

Elle croyait vivre deux vies, la sienne et celle « du théâtre », en séparant ces deux fonctions des mille accessoires qui les reliaient. Elle ne voulait pas voir, dans sa maison, la servante qui l'aidait « au théâtre ». Elle avait un miroir « de travail » qui lui reflétait seulement sa face « d'actrice ». Un autre *chez elle.* Et quand la maladie mit sur elle son joug, les miroirs disparurent tout à fait de sa vie. Elle les supprima jusque dans les chambres d'hôtel pendant ses voyages.

Je t'ai trouvée à Vienne avec un paravent devant l'armoire à glace, en sa chambre du Bristol Hotel. Et pour augmenter l'ombre qu'elle aimait sur son cœur, elle avait supprimé la lumière sur son visage, en tournant son lit de façon à ce que sa figure fût en face d'un mur, et non d'une fenêtre. Elle ne prenait jamais ses repas en public. On la servait dans son appartement et elle sortait de l'hôtel par les escaliers dérobés, rarement par la porte principale. Elle exigeait qu'on la montât « seule » par l'ascenseur, elle avait le dégoût des yeux inquisiteurs ; la pénétration d'un regard lui faisait fermer sa physionomie, et dans le noir qui l'habillait toujours, sa face pâle ordonnait « à l'ennemi » de baisser les yeux. Jolie ? Non, plus que cela ! Quel beau visage était le sien ! Dans sa jeunesse, ses yeux et le luisant de ses dents admirables étaient extraordinaires, les mouvements naturels des mèches de ses cheveux ornaient son front de flammèches brunes, un chignon tordu sur la nuque la coiffait toujours si simplement. C'est ainsi que je l'ai toujours connue (de 1892 à sa mort en 1924). Visage noble, de belle mobilité, de grande science expressive, le jeu des sourcils d'une éloquence radieuse, donnant tant d'accents à ses volontés interprétatives ! Et ses mains ! ses mains célèbres au-delà des mers, ces splendides mains dont les gestes amplifiaient les textes confiés à ses soins. Quelle science que celle de ses mains et de ses épaules, qu'elle employait pour souvent « préciser » ses silences. Un silence de la Duse était deux fois un texte ! Son art s'y étalait, somptueux et magnifique.

Quant à son organe, il était inouï de richesses colorées. Toute la palette d'un grand peintre était dans sa voix, et si un musicien, en l'écoutant, avait noté tous les modes de ses tons, l'usage de ses demi-tons, de ses allers, de ses retours, de ses sautes vocales, quel trésor il aurait pu garder, facilitant pour l'éternité l'étude de la modulation vocale « parlée ». D'abord, j'ai cru que c'était sa langue italienne qui lui permettait ces curieuses et riches variations, mais quand je fus son amie, je m'aperçus qu'en parlant notre langue elle en faisait, quand elle le voulait, le même usage enchanteur.

Sa voix est encore dans mon oreille.

Quelles cascades fraîches, quels cailloux chantants des petits ruisseaux clairs que sa voix gaie ! quels traits de harpe, de violoncelle, quels arpèges mineurs, majeurs, quel orgue plaintif où toutes les clefs se tiraient, se rentraient, éclairant et éteignant le mystère, l'angoisse, les calculs, la volupté, la rancœur lointaine, ou la minute haineuse de la vie, dans sa cruelle et honnête vérité. Aucune comédienne au monde n'a eu la voix de la Duse. Aucune comédienne n'a su, comme elle, la grande science de s'en servir.

Elle mettait « de la moralité » dans l'art, « parce que, vois-tu, me disait-elle, si ton âme est basse, ton talent ne sera pas haut ». Sacha Guitry l'avait froissée, étant le mari d'Yvonne Printemps, en vantant au public, dans une pièce, les seins de sa femme. La pièce s'appelait *Une petite main passe.* « Cela n'ajoute rien à la pièce, disait la Duse, alors... pourquoi ne pas respecter les intimités... ? » Et comme je riais : « Mais c'est l'épouse, Yvette, c'est l'épouse ! »

Avoir connu, aimé la Duse, avoir mérité son amitié si bellement affectueuse, est un des plus attachants souvenirs de ma vie. Je l'ai aimée d'abord, comme le sublime modèle d'un art que je vénérais, et plus tard, comme une sœur mortellement blessée que je voulais guérir.

Les très grands êtres ont peu d'amis. La Duse sentit tout de suite la sincérité de mon cœur ; méfiante par nature, elle s'étonnait que jamais je ne me servisse de ses lettres d'admiration et d'amitié pour, dans les journaux, en tirer gloire et... publicité !

Et je lui répondis que j'attendrais la vieillesse pour tirer publiquement fierté de sa belle amitié. J'espérais qu'elle serait encore de ce monde le jour où je deciderais de parler d'elle « publiquement ».

La première fois que je vis la Duse, ce fut à Bruxelles où je chantais (en 1893). Schurmann était son impresario. Je le rencontrai dans les Galeries Saint-Hubert et il me dit : « Avant de rentrer à Paris, venez donc voir cette artiste italienne que je promène, elle est magnifique ! » Je fus au théâtre où jouait la Duse. La salle vide, vide, vide. Mme Lambert de Rothschild et moi étions seules au balcon. En bas, quelques fauteuils d'orchestre occupés. La toile se leva, la dame aux Camélias apparut, mal habillée, sans goût. Cinq minutes après, j'étais électrisée, et Mme de Rothschild ne disait que : « Inouï... inouï... » C'était fabuleux! La façon dont la Duse offrait son amour à Armand Duval était poignante; en lui remettant le camélia qu'elle avait à sa ceinture, elle faisait un geste qui transformait la fleur en un cœur que ses deux mains tendues en calice offraient à l'Amour... Ah! ce geste!... Ces yeux!... Ces silences!... J'étais médusée, je ne respirais plus. Mme de Rothschild sanglotait; moi, j'absorbais « la révélation » comme hypnotisée par cette femme étrange, qui souffrait, saignait, mourait d'amour. Sortant du théâtre, à minuit, j'écrivis jusqu'à deux heures du matin un article pour *L'Indépendance Belge*! Mon article fut accepté, et la Duse n'oublia jamais, jamais, ce geste! « La première camarade qui me salua fut Yvette Guilbert », disait-elle, et le comte Primoli, son grand ami dévoué, me le répéta et le raconta dans un écrit sur la Duse. Comme elle s'amusa de mon ignorance, quand je lui racontai que, la première fois que je me fis entendre à Vienne, où on l'avait acclamée quelques jours avant, toute la ville était placardée d'affiches :

YVETTE GUILBERT
La Duse de la Chanson!

Qui était cette Duse-là?... Encore une femme de music-hall qui devait être Viennoise, sans doute? C'était le Théâtre Ronacher à Vienne qui avait fait cette publicité.

Avec les années, nous arrivâmes à nous tutoyer, ceci à la suite d'une lettre où je lui écrivis que je la considérais *comme une sœur* et qu'en cette qualité elle pouvait tout demander à mon dévouement.

Sa santé m'inquiéta tant que nous prîmes, mon mari

et moi, la décision de la faire venir à Paris consulter un spécialiste. Elle vint et fut envoyée, comme elle en manifestait le désir, dans la Forêt Noire, pour y faire une cure d'air. Mais, hélas! ses pauvres poumons étaient déjà pris. Elle retourna en Italie et y vécut clopin-clopant, cessant de jouer la comédie; c'était, je crois bien, vers 1910. S'étant reposée deux ans au soleil, absorbée totalement en ses pensées rêveuses, sans la secousse du travail théâtral qui mange tant la vie, elle semblait peu à peu avoir perdu le goût de la scène et renoncer à y revenir, ses forces physiques l'abandonnant aussi peu à peu... Mais aux visites que je lui fis, je sentis que si on ne lui donnait pas l'illusion de vivre par son art, elle mourrait plus vite de sa vie. Ce brasier monumental s'éteignait.

Je m'appliquais alors à le rallumer sans cesse avec le bois unique capable de le faire reflamber : le travail!

Elle mordit à mon tendre piège, et mes visites à Rome la firent sortir de son lit.

Je fis une tournée de concerts en Italie, et ma surprise ne fut point petite d'apercevoir ma Duse assise dans l'assistance, à Rome, à Florence, à Milan, où elle me suivait; elle arrivait les yeux ardents, la figure bouleversée du gros succès qui m'était fait. Par moi, elle reprenait contact avec la vie de théâtre, elle « enviait », disait-elle, de retrouver elle aussi des audiences enthousiastes, je me sentais un bienfaisant exemple pour elle, et j'en jouais sur elle, allons! allons! courage, recommence, ma Duse! et ses yeux brillaient d'espoir... puis les lendemains de mes concerts, de s'être couchée plus tard, elle toussait... et le désespoir revenait, le découragement l'empoignait, et c'étaient des lettres, des pauvres billets écrits au lit, et toujours au crayon, quelquefois de longues dépêches, où tout son cœur éclatait. Et cela dura des années.

Quand, en 1913, je fis une autre tournée en Italie, elle était hors de Rome et, comme je lui télégraphiais mon arrivée, elle m'envoya la dépêche suivante :

« Hôtel Miramare S. Margherita Ligure,
27 mars 1913.

« Je quitte la mer, serai après-demain Rome, hôtel Eden. Aujourd'hui je pars, mais resterai à Pise la nuit, car le voyage est un peu long.

« La pensée du travail est avec la pensée de la vie. L'une aide et empêche l'autre.

« A toi de cœur.

« L. »

J'allai la voir. Je la trouvai encore dolente, mais tout de même un peu plus alerte, mieux portante, la toux semblait calmée, la respiration meilleure, alors je la brusquai : « Mais tu es magnifique ! Et tu ne fiches rien ! Tiens... veux-tu faire une tournée avec moi ?... » Ses yeux me scrutaient... Avait-elle vraiment si bonne mine qu'on pût compter sur son travail ?... Je sentais toute son anxiété... Et j'exposai mes idées : « Voilà, tu jouerais trois jours par semaine, et moi je chanterais trois jours... on prendrait un théâtre une semaine entière, et cela te fatiguerait peu... ça va ? » Elle me regardait, ivre de joie ; le soir, je reçus au théâtre Manzoni la lettre suivante (je respecte son style d'Italienne) :

« *Eden Hôtel, Rome, mars 1913*
(adressée au Teatro Manzoni).

« Prends garde, ma bonne Yvette.
Peut-être ce que je te dis ne sera jamais.
Peut-être c'est l'angoisse de la maladie, de la solitude, de l'isolement du cœur et de l'esprit ; peut-être,

c'est la traître vanité, puérilité d'artiste ou femme de théâtre (comme disent les canailles) qui me fait écrire... pourtant, pourtant si tu chasses toute cette surface stupide des choses... peut-être " ton âme " peut voir
mieux et plus loin,
que je ne parle.
Écoute! Si je regarde le ciel, je crois avoir un ressort,
Si je regarde les étoiles je me rapproche de moi,
je me sens palpiter.
J'ai une vie dans moi-même, et elle n'est pas encore morte,
Je te le dis tout bas: Si je regarde le soir, paisible et tranquille... il me semble comprendre tout...
et l'art avec...
Alors.
Si tu veux regarder dans le cœur de l'aveugle, dis-moi comment faire?
Je meurs, je meurs ici, et pas assez vite, tout est là.
J'ai assez fait le tour des choses, je sais bien, tout est ma faute, et la faute n'est à personne...
Mais ici je meurs, je meurs, je sens quelque chose qui est pareil à ce qui doit être l'après-mort.
C'est trop long.
En dehors des collines, et des fleurs et des mers qui entourent la terre d'Italia, je n'aime plus rien ici et, chose horrible à dire, je sens parfois que je n'aime plus personne ici, ou bien enfin, désir de fuir, de donner de l'air à mon âme.
Hier, tu m'as fait un bien, un bien sanglant dans le cœur, et le cœur est encore gonflé ce matin.
Hélas... je ne sais pas écrire, j'ai honte des paroles!
Écoute.
Ne dis rien à personne, car peut-être, je ne guérirai jamais plus, et jamais plus je ne pourrai être vaillante au travail.
Mais avec toi, je retrouverai peut-être la confiance.

Mais moi, partir alors, très loin, et toute seule,
encore liée à la rampe, non! je ne le pourrai pas.
Mais avec toi, en sœur d'âme et travail, peut-être,
ta force réveillera la mienne.
Un même voyage, le même but, et deux moyens d'art.
Trois soirées par semaine : toi
Trois soirées par semaine : moi
et loin!
L'Amérique du Nord a des villes d'étudiants où la pensée et la recherche de la pensée ont leur valeur.
Toi, tu as un trésor déjà préparé.
Moi pas, mais comme je suis la plus faible, je pourrai faire besogne, étant plus encadrée.
J'ai une œuvre de Poésie dans le cœur que, j'ose dire jusqu'à présent, personne n'a aimée autant que moi.
C'est l'œuvre d'un Grand qu'on a mal jouée. Mais, quand je souffre, et je n'ai plus haleine de vivre, je ferme les yeux et je regarde Ma Vision *et je sais qu'elle est belle.*
Je te confie le nom de ma belle consolatrice, mais (une mourante te parle), ne le dis (pas encore) à personne.
Ma belle consolatrice des heures d'agonie de l'âme, est " La Dame de la Mer " d'Ibsen.
Elle est consolatrice et belle, et changeante comme la mer même, et son nom la dévoile toute, à qui sait comprendre.
Cette œuvre est une vieille " Saga "(vieille légende norvégienne).
Je l'ai composée *dans mon cœur, avec les couleurs de la mer, la douce brise, et la vague qui se casse et s'en va.*
Moi, je sais!
Tout est informe *quand j'en parle, mais elle se compose dans mon être dans le silence...*

Hélas elle s'en va si j'en parle.
Mais
toi
TOI
c'est l'art,
et à toi on peut le dire
Sans que la magie de la chose s'envole en l'air!
Si je pouvais la porter
avec toi
au-delà de la mer
hé??
Voilà.
As-tu compris?
Mais, prends garde, ne prenons aucun engagement
avec les canailles des théâtres.
J'ai peut-être aujourd'hui la fièvre plus forte, et
je rêve peut-être l'impossible.
Mais toi,
tu es l'art
et je t'ai confié ma peine et ma joie
Garde le cœur

« LÉONORA. »

A peine avais-je lu cette lettre que m'arrivait cette dépêche au théâtre Manzoni à Milan :

« *Eden Hôtel, Rome, mars 1913.*

« *Yvette, chère grande! Quelle peine rester ici. Si je pouvais tout lâcher et fuir vers un peu de lumière, ici on meurt, je meurs!*

« *Sois belle et bonheur et bonté autour toi,*

« L. »

Le lendemain matin, je lui écrivis une lettre en réponse à la sienne, et dans l'après-midi je reçus ce télégramme. Elle avait lu les comptes rendus de mon concert.

« *Eden Hôtel, Rome, mars 1913.*

« *Chère, chère, chère Yvette. Merci pour* tes *paroles, j'ose dire " tes ", car ta tendresse est si bonne et si vraie. Hier, ma journée a été bénie par tes paroles et par la joie que chaque être qui a vu Yvette, est resté (comment dire?) consolato de vivere.*

« *Je suis heureuse que dans cette barbare* (!) *Rome on a compris Yvette Guilbert. De tous côtés c'est joie et purification à tes paroles, à ton art.*
Merci de vivre.
Merci d'être Yvette, et Yvette Guilbert
tout aussi belle et grande et bonne et gentille dans l'âme.
Je ne sais pas écrire,
mais je sais que le cœur t'aime.
Bon travail, bonne espérance.
Sois toujours telle que tu es.

« L. »

Enfin je partis de Rome pour parcourir l'Italie et remplir mes contrats.

Elle venait par-ci par-là me rejoindre « en surprise » dans la ville où je chantais, puis, je la vis un jour perdre courage, déjà toute sa volonté s'amollissait... Non... elle ne rejouerait plus, disait-elle... Non... décidément, le théâtre elle en avait horreur... retrouver les « canailles » non! non!

Je la laissai parler sans rien lui répondre, car je cherchais le piège à lui tendre pour remonter son courage.

Rentrée chez moi, j'avais trouvé. Et je lui écrivis, faisant semblant d'être froissée, lui disant que, sans doute, elle ne trouvait pas mon talent digne de s'associer au sien, et lui demandant, s'il en était ainsi, pourquoi elle m'avait depuis tant d'années couverte de fleurs admiratives et si flatteuses! etc. Ma lettre la bouscula et je reçus d'elle la dépêche suivante, à Gênes :

« *Reçu ta lettre, elle aussi est une première vision des choses, parlerons de tout, je ramasse mes forces pour venir Nice te parler, pour le moment, prière quoi qu'il arrive de notre espérance, effacer à tout jamais ton jugement pas juste, pas tendre, sur ma première hésitation à ton offre de travail, raison était autre que tu penses, parlerons cœur à cœur puisque valable ou non mon activité au travail, je garde une idéalité de toi, artiste et femme, que j'aime te faire comprendre. Au revoir de tout cœur. Télégraphierai.* ÉLÉONORA. »

Naturellement, par une bonne réponse à cette longue dépêche, je remis les choses au point. Alors je reçus à Milan, où je chantais, un autre télégramme :

« *La pensée travaille, ma lettre expédiée est seulement première vision des possibilités, mais si espérance se réalise, alors faudra nous revoir et faire un plan d'art, et la pratique époque travail serait janvier à avril. Faudrait éviter absolument milieu théâtral et s'adresser aux cités d'université, la chose devrait se faire en dehors toute activité habituelle, nécessaire parler pour le moment, cœur est consolé par espérance, tendre salut. Sois belle ce soir. Dévouée* ÉLÉONORA. »

En recevant cette dépêche, je me dis que si vraiment la santé lui revenait, elle s'en apercevrait en recouvrant la force de voyager et qu'elle viendrait à Nice, comme elle en formait le projet, mais j'avais peur de ses pauvres forces... Quand arrivée à San Remo, quelques jours plus tard, c'était ma dernière étape avant Nice, je reçus ce télégramme de Rome :

« *Je pars ce soir, suis consolée par ta lettre.* ÉLÉONORA. »

Et la Duse arriva à Nice où se terminait ma tournée! Elle était rayonnante d'avoir *pu* faire cet effort; toutefois elle était fatiguée du long voyage. L'amie fidèle qui l'accompagnait, miss Loehmann, en avait une grande joie et me disait : « Oh! madame Yvette, vous la refaites vivre! Il faut qu'elle recommence à jouer, sans cela elle mourra de chagrin.

Comme la Duse savait que je chantais à Nice le jour de son arrivée, elle m'écrivit ce billet de l'hôtel West-End, où elle était descendue :

« *Yvette qui est arrivée à 2 heures doit chanter ce soir. Elle sera belle! elle sera Yvette! et il faut lui laisser le temps de se reposer et être " elle-même ", alors, voilà, je vais rester au bord de la mer, toute la journée, et ce soir aller*

Voir
Yvette.
Alors... pour la journée
Silence
pour toutes les deux.

« LÉONORA. »

Je lui fis savoir que je l'attendais à déjeuner le lendemain matin.

A quoi, elle répondit (février 1913) :

« *Chère, te voir ce soir me tient de tout. Mais déjeuner demain? Je ne crois pas.*

« *J'ai dormi comme une brute pendant le voyage, mais parler et bouger est plus difficile. Pourtant j'ai laissé dans ma chambre d'hôtel, en Italie, ma fièvre. Mais j'ai une stupide fatigue! J'ai cherché ici ton programme, j'ai cherché à savoir si tu donnes* La Passion, *mais c'est toi qui l'as dans l'âme, en tout cas chez les libraires Miss Loehmann ne l'a point trouvée. J'attends ce soir avec la bonne anxiété du cœur. Donc demain déjeuner... Non, je ne peux pas... mais à 3 heures, si tu es libre, je pourrai ou te chercher chez toi ou t'attendre chez moi, tu me répondras demain, ce soir ne pense qu'à ton travail. (La vie! La vie!)*

« LÉONORA. »

Mais le soir, elle vint au concert. La vision des forces qu'elle me vit dépenser en cette soirée, où pendant deux heures j'occupais le public, l'accabla de découragement! Le lendemain matin, de bonne heure, un billet m'arrivait d'elle, écrit de son lit; elle disait :

« *Je savais bien, ma bonne Yvette, que j'aurais une grande secousse, d'illusion, d'art, et de conscience, en te revoyant, pourtant j'ai voulu*

VOIR

car on ne comprend rien quand les autres disent " c'est beau ". Nous, nous regardons l'art avec des yeux de l'âme et ceux de la vie, et c'est notre vie *qui dit : oui, oui* Yvette est parfaite. *Pardonne ce griffonnage. J'ai trouvé parmi les trésors du travail ce manteau de Fortuny, un " Carpaccio " de Venise, tu seras si belle dans ce fond doré, comme une sainte image. Garde ce Carpaccio, toi qui sais si bien dire les paroles " de Marie ". Tu as trouvé des trésors et tu ramasses des trésors, chère, je t'ai récité à Rome un vers de Claudel qui dit à peu près ceci : " Si vous regardez mes mains, tout y est écrit... " Ainsi je sens! Toi, ta route est tracée, ta force, ton courage, ta volonté. Tout est à sa place et tu as vaincu, et tu vaincras encore et TOUJOURS, ton courage est aussi grand que ton cœur.*

« *Il y a une année quand je t'ai vue à Rome, j'avais encore une lointaine souvenance d'une créature de travail, qui jadis* avait *quelque chose, quelque chose de toi... joie de vivre, patience de vivre, elle avait aussi un peu comme toi la facilité d'être heureuse et malheureuse et*

tant
tant
tant

tant de pitié dans le cœur (alors), de compassion pour la douleur des autres. Hier soir, cette nuit, te revoyant dans mon âme, et devant mes yeux Yvette, je n'ai plus retrouvé " celle de jadis ", je ne me suis plus retrouvée. Je suis rentrée hier au soir, et ce matin je sens pourtant quelque chose *d'ajouté à moi (est-ce l'espérance ?). Mais celle que je fus jadis je ne la retrouve pas. Comment recommencer ? Quoi faire ?*

« *Le respect pour ta vie, l'heure qui passe, ta perfection qui demande la liberté absolue, tout est là. La sainteté du travail demande la sainteté de l'âme et du cœur. Je n'ai rien à t'offrir ! Oui, comment ? Quand ? Quoi faire ? Tout se perd dans une insaisissable petite angoisse du cœur qui ne sait pas, qui ne trouve pas, et j'ai peur de la foule et de la rampe allumée ! Si je ferme les yeux, si j'apaise mon cœur, je comprends alors si bien* ton effort, *et chaque fil qui consolide cette énorme force qui te guide et t'inspire, moi, je n'ai pas " une œuvre " que j'aime assez pour penser autrement, et peut-être que " se taire " est encore une noblesse... Je ne sais pas Yvette ! Enfin !* tout *n'est rien, sans la force ?*

« *Je te verrai demain à 3 heures.* »

Le lendemain à 3 heures, j'étais chez elle, je la trouvai très fatiguée, il y avait de la joie en elle, toutefois, elle avait changé d'idée et au lieu de se joindre à moi avec une pièce de théâtre qui, décidément, disait-elle, exigeait trop de force, elle me proposa de composer un programme de « récitations », et elle parla de grands poèmes italiens à réciter, de simples scènes de comédies qu'elle lirait ou interpréterait assise, en conférencière, et elle me demanda de l'aider à trouver des œuvres qui cadreraient avec les époques différentes de mes chansons, enfin elle me laissait l'arrangement de programmes permettant de légers efforts.

De mars à fin mai 1913, elle reçut de moi des paquets de livres adressés à Rome. En avril, je reçus une dépêche me disant qu'étant souffrante à nouveau elle était rentrée chez elle, à Florence, 54, via Robbia, et que mes envois la suivraient là.

Une seconde dépêche de Florence, quelques jours après, disait :

« *Suis mieux, espérance encore lointaine, mais espérance.* »

En mai, elle retomba terriblement malade et déprimée ; je reçus d'elle la dépêche suivante, qui me bouleversa :

« *Yvette, merci pour ta lettre. Depuis deux semaines, suis de nouveau alitée, cause gros refroidissement. Suis retombée même dépression physique, morale que cet hiver. Jeudi aurai consultation pour décider où aller pendant été. Je garde tes livres espérant te voir en été quelque part. Tendre fidèle amitié. Pas d'oubli.* – ÉLÉONORA. »

Et la voilà, la pauvre chère, mortellement atteinte, et retournant à Viareggio rechercher la santé... Je ne cesse de correspondre avec elle, et fais semblant de ne point prendre au sérieux sa rechute, et je continue à lui parler travail, collaboration, programmes à fixer vite, études à faire. Cependant, le 7 août, elle m'écrivait à Bad-Gastein, où je m'étais rendue pour soigner mes rhumatismes, une lettre qui montrait son découragement douloureux de ne jamais « revivre ».

« *Viareggio, 7 août 1913.*

« Ma bonne Yvette,

« *Tu peux toujours dire ta peine et ta joie, moi je ne sais ni te parler ni écrire, je saurais seulement venir à ta recherche si je le pouvais. Comme je l'ai fait à Nice, à Paris et repartir confiante et consolée.*

« *J'ai espéré et retardé t'écrire, pour ramasser les choses nécessaires à dire pour notre espérance, et ce matin avant de t'écrire, j'ai regardé longtemps ce merveilleux coin de la terre, pour me persuader qu'il faut t'aimer, t'aimer autant que le cœur peut aimer, et se soumettre aux choses, et s'abriter ici, et baiser la terre qui recueille et la vigne qui nourrit, et tout cela qui* est *et ne plus chercher en soi-même une raison de travail et lutte, que je n'ai plus la force d'apporter.*

« *Il m'aurait fallu un grand courage, chère, pour retourner au travail; mais il me faut aussi un courage, tout autre, bien plus calme et de chaque jour, pour rester ferme, en solitude, sans plus me plaindre.*

« *Tu m'as rencontrée dans un moment de crise de l'âme, à Rome, ce printemps, dans cette petite chambre d'hôtel qui avait une fenêtre si belle voyant tout Rome, ta bonté, ta grandeur, la vision de l'art en toi, ton élan m'ont secouée et j'ai trouvé la force de me fuir, car j'ai été dans un état comme endormie et pleurnicharde, par l'inaction, et j'ai espéré, par ta parole et aide.*

« *J'ai espéré... en quoi, ma bonne Yvette? Pas autant en moi-même, pour moi-même, que dans la chose elle-même, ce rêve d'art, encore un, s'était complété dans mon espoir, en te parlant... et j'ai encore espéré le jour où je t'ai revue à Paris... mais après Badenweiler (as-tu reçu ma lettre de Bâle ?) et après mon arrivée, ici, je n'ose plus espérer pour moi, la ressource d'un travail que la force physique ne me permet pas, ne me permettra peut-être jamais plus de soutenir...*

« *Personne ne s'en doute, mais toi et moi, nous savons quelle rude fatigue c'est de trimballer sa vie, sa pensée et ses coffres, entre l'Europe et l'Amérique.*

« *Il y a une si bonne parole dans ta lettre. Tu m'appelles* " *ta sœur* ", *et telle que je suis, et telle je serai pour toi, cette douce parole me fait aimer encore plus ta vie, et ton travail, et ta lutte, et tu me retrouveras dans ton cœur, à l'heure que ton cœur aura besoin d'amour et repos.*

« *Oui, partager ton travail, chercher en lui notre joie et récompense. Remonter sur les planches et vers les rampes, je ne peux plus, ma bonne sœur. Mais je peux t'aimer et t'attendre.*

« *Si je ne peux plus être vaillante et utile, aller au-devant de la vie de travail, j'apprends pourtant chaque jour à obéir et à adoucir la vie mystérieuse, impérative, qui se cache, la vie qui renferme lois et vérités, plus grandes et plus inconnues que nos espoirs.*

« *Enfin, je ne sais pas mettre crayon à la main, sur ce papier, ce que tête et cœur m'ont fait comprendre.*

« *Mais je sais te dire, que tu me retrouveras toujours quand ton cœur me cherchera.*

« *Quand il n'y a pas le travail pour une créature créée pour travailler, il y a autre chose, l'amour pour le travail des autres, intelligent amour qui aide et console.*

« *Quand on n'a plus de force pour accueillir sa douleur, on la chasse, et on retrouve alors la force d'accueillir la douleur des autres, et on se sent capable de comprendre et de consoler.*

« *Yvette, j'espère et veux devenir telle, j'espère mériter de devenir telle et gagner les cœurs.*

« *Le tien, qui m'a tant aidée et consolée, je l'aime et*

respecte, comme on aime quelque chose qu'on appelle Beauté, Bonté, parcelle de Dieu.

« *Que Dieu te garde, chère Yvette, pour le reste de ma vie, mon cœur t'est attaché...*

« *Je regarde de loin, la même lumière que tu regardes, qui t'environne et t'accompagne.*

« *J'ai la fièvre :* 37,6, 37,9 *chaque jour. Ne parlons plus de cela.*

« *Que ma vie est lourde à traîner !* »

Et plus loin :

« *Je suis reconnaissante à la vie de t'avoir rencontrée, et je t'aime dans ta vie et ton art. Je garde tes envois de livres qui sont quelque chose de toi, de mon espérance du beau mensonge qu'est l'art et qui seul fait vivre ! Cœur et pensée à toi, tendrement merci à ton mari.*

« ÉLÉONORA. »

Mais voilà que la Duse arrive aussi à Bâle ! Elle va se traînant au *Lago maggiore* chez une amie, où l'accompagne cette adorable et fidèle Miss Loehmann. Et de longs mois elle s'alite et s'immobilise. Je continue à entretenir « son espoir » et fais de mon mieux pour la soutenir et la détourner de l'abîme de la désolation.

En 1914, je la revis à Rome, tout à fait changée ! Bonne mine et belle ! belle ! les cheveux superbement blancs encadrant son front magnifique, robée très amplement de drap blanc, elle avait l'air royal d'un pape ! Le long repos et les grands soins l'avaient transfigurée ! Qu'elle était belle ! Elle nous reçut, mon mari et moi, dans sa petite chambre de l'hôtel de l'Éden, encore étendue sur son lit. Elle avait tendu de tarlatane blanche sa chambrette, par prudence « médicale », et de son balcon elle dominait toute la splendide ville et la campagne romaine, un air divin la faisait alors respirer en toute aisance; aucun souffle de sa poitrine ne s'entendait, je la crus guérie!

Elle vint déjeuner avec nous, et ce fut elle qui nous apprit la mort de Calmette, directeur du *Figaro*; alors elle offrit de reprendre les grands projets de *travail*, car la Duse ne disait jamais : mon art, mais *mon travail*. Et il fut convenu que dès l'octobre de 1914, on s'en irait au loin « travailler » ensemble! Pendant ma nouvelle tournée italienne, cette fois encore, elle voyagea pour venir m'entendre à Milan; à Rome, on lui avait mis un paravent près de l'estrade de la salle de concert, et cachée, n'étant pas « habillée », elle assista tendrement enthousiaste à mon concert! Ah! que je la sentais heureuse! Dans mes forces, elle revoyait, cette fois, les siennes, et voilà qu'arriva en août la guerre! Dès septembre, je reçus d'elle une lettre me disant que sa petite maison, en Italie, était la nôtre et que nous y venions quand nous voudrions. Mais mon mari et moi restâmes à Paris jusqu'en 1915. En 1915, en novembre, nous partîmes pour l'Amérique.

Où était, que devenait ma Duse? Les correspondances, pendant la guerre, étaient interrompues, et d'Amérique en Italie il fallait alors des mois d'intervalle pour avoir des nouvelles. J'attendis la fin de la guerre pour reprendre contact avec ma chère amie. Je sus qu'elle avait dépensé tout son petit avoir et qu'il lui fallait coûte que coûte retravailler! Mais sa santé?... Le pourrait-elle, travailler?... Alors, je lui écrivis : « Pourquoi ne viens-tu pas en Amérique? Si tu peux payer ton voyage, moi, je te paierai ton hôtel, ta vie ici, je suis à la tête d'une école des Arts du théâtre, tu trouveras toujours moyen de t'occuper avec moi, viens! »

Elle télégraphia :

« *Merci généreuse lettre, peut-être viendrai au printemps.* »

C'était en janvier 1920. Le 23 février, elle écrivait de Tivoli où elle se reposait :

« *Le " viens " de ta première lettre reste dans mes heures de découragement ou de recueillement comme quelque chose de lumineux devant les yeux de mon âme.* »

En mars, elle télégraphie :

« *Nécessaire savoir si tu viens Europe cet été.* »

Sur ma réponse négative et mon invitation à venir à New York en avril, elle répond :

« *Formalités impossibles pour venir avril.* »

Et enfin « le change » devint si haut qu'il lui fut impossible de partir pour l'Amérique. Alors, tout à coup, elle eut un espoir. Deux Américains de ses amis parlent de l'emmener avec eux à New York, à leur départ d'Italie. Elle m'écrit pleine d'espoir. Mais les Américains, rappelés par câble aux États-Unis, n'ont plus le temps d'aller chercher la Duse et filent sans elle. Nouvelle lettre explicative. Alors, je lui propose, en février 1922, que mon mari s'occupe d'elle, et lui cherche un manager américain pour la saison prochaine afin de la faire revenir « *en actrice* » au pays des dollars. « Mais, lui dis-je dans ma lettre, ta chance " matérielle " serait triplée si tu pouvais recommencer d'abord en Italie, et grâce à la presse que tu auras, tripler l'assurance de ton salaire. » Elle me fit attendre sa réponse puis, tout à coup, sauta sur cette idée, trois jours avant que nous quittions les États-Unis pour rentrer à Paris !

La Duse me télégraphia :

« *Réponds si Schiller veut organiser ou trouver impresario pour donner New York 20 ou 25 soirées, deux pièces, avril-mai. Télégraphie conditions tenant compte frais voyage, aller, retour charge Amérique. Réponds hôtel Italie, Florence. Amitié.*

« ÉLÉONORA DUSE. »

Mon mari lui câbla aussitôt le 20 janvier 1922 :

« *Saison actuelle désastreuse. Avril-mai bien tard, toutefois si insistez venir printemps, tenterai voir impresario, mais dois savoir si demandez cachet fixe, quel prix, titres pièces, nombre artistes. Crois vos chances très grandes ici, dommage les gâter, conseille octobre, novembre, opportunités merveilleuses et possibilités prolonger. Organiserais personnellement si vouliez attendre automne, mais pour vous apporter Europe utiles renseignements, câblez réponse à mes questions. Yvette vous embrasse. Serons fin février Paris.* »

La Duse répondit par câble :

« *Merci. Consens entièrement votre bon conseil. Ai eu l'année passée pourparlers Bélasco, mais rien conclu, étant libre vous confie personnellement saison automne. Attendant votre retour heureuse si possible s'entendre. Embrasse, remercie Yvette, bonne mascotte, espérant nous revoir.*

« ÉLÉONORA DUSE. »

Trois semaines après elle changeait d'idée et se confiait plus tard à des impresarii américains qui surent la tenter.

Mais ma joie avait été débordante de lire, un jour,

dans les journaux américains, le triomphe de sa rentrée sur la scène italienne et tout mon orgueil sentimental et tendre s'en gonfla de bonheur.

Puis rentrant en Europe, en avril 1922, je l'informai de la date de notre arrivée à Paris. La Duse me câbla qu'elle viendrait spécialement pour m'y embrasser... et je la revis!... Et comment l'ai-je revue, mon Dieu... je la revis... malade! malade! défigurée, et toussant, crachant, haletante, mais comme brûlant ses dernières étincelles, droguée, grisée par ses récents nouveaux triomphes! et l'idée lui vint de se faire applaudir à Paris. Ce furent alors des pourparlers, des entrevues, des échanges de visites; ici comme en Amérique, la difficulté tenait à son impossibilité de jouer chaque jour. Durant toute sa carrière, jamais la Duse ne put jouer tous les soirs, et tandis qu'à Paris elle entrait en relations avec Sacha, Lucien Guitry, Copeau qui lui offrait des « possibilités », chaque jour le plan projeté la veille était abandonné. Et puis l'idée que Sacha faisait une pièce pour Sarah et voulait en faire une aussi pour elle l'énervait; elle m'écrivit :

« *On veut apothéoser toutes les vieilles... Non! Dieu m'en préserve!* »

Ah! ce printemps de 1922 où s'accroche le dernier souvenir que j'ai d'elle, ou mon espoir aveuglait ma raison qui comptait trop sur sa joie au travail pour vaincre sa maladie! J'espérais que le cerveau vaincrait le corps; ses beaux yeux devenaient si brillants, quand elle me racontait les ovations qui avaient accueilli son retour à la scène, que je me disais : « De tels yeux ne sont point ceux d'une femme mortellement atteinte! » Il est vrai ses gestes frileux, sa crainte du vent printanier me faisaient réfléchir... Mais à un déjeuner chez Foyot où elle vint avec sa fille Henriette, elle semblait défier en bavardant joyeusement tout le sinistre et prochain futur, et sa dame de compagnie ne disait-elle pas : « Ah ! si vous voyiez Mme Duse en scène, vous ne la reconnaîtriez pas ! Elle est pleine de vie ardente ! » Et quand elle vint au Théâtre Édouard-VII assister à mon concert, elle me dit, me voyant entourée de jeunes élèves américaines qui m'avaient suivie en Europe : « Ah ! que tu es bonne, Yvette, de permettre à ces " écolières " de paraître à tes côtés ! » Et, comme j'étais surprise, elle ajouta : « Mais oui... mais oui... C'est délicieux de modestie, ce que tu fais... Est-ce que ces petites le comprennent ? Et crois-tu leur enseigner ton " don " ? Non, Yvette, non !... Est-ce qu'on t'a appris ce que tu sais, toi ? Non ! non ! Et moi est-ce qu'on m'a enseigné mon talent ? Non ! non ! Peux-tu leur donner des âmes ? Non ! Peuvent-elles comprendre la tienne ? Non ! Alors, garde-toi, isole-toi, ne t'offre qu'à l'art, pas à elles ! » – « Mais ça les encourage, Duse !... » – « Preuve qu'elles sont bêtes ! Tu es l'exemple le plus décourageant qui soit, Yvette ! Non, va, ce qui fait nos talents ne s'apprend pas ; si on n'a pas " du Dieu sous la peau ", comme dit le poète, rien à faire. » – « Du Dieu sous la peau... » oui, Duse, ton génie était divin, depuis le temps que tu n'avais plus de corps, la vie en toi ne venait plus que *de ton âme*, et la fragilité légère de ta chair sembla flotter toujours dans l'au-delà des cieux... Ton front eut ses épines et ton cœur eut sa lance, et moi qui pense à toi j'en veux à ton Judas.

....

Et ma Duse s'en fut mourir en Amérique !

Deux Cardinaux

Le Cardinal Mercier. – Le Cardinal Dubois.

Mgr le cardinal Mercier, hautaine image de vitrail ! Que de sagesse vertueusement illuminée en elle !

Inoubliable silhouette gothique!... La première vision que j'en eus fut la splendide affiche répandue dans toute l'Amérique pendant la guerre de 1914. Là-bas, là-bas, au Colorado, à l'hôtel de Denver où elle rayonnait dans le hall, j'en voulus faire l'acquisition, mais l'hôtelier l'avait déjà promise à un collectionneur américain. Cette affiche s'étalait partout. Et le grand saint homme, au visage fier et inspiré, devait s'étonner de voisiner là-bas avec les héros des illustrations, des cinés américains, images ahurissantes de vulgarité! Les colleurs d'affiches yankees, sans tact, sans goût, sans nuances, mettaient cet apôtre du Christ à côté d'épisodes meurtriers, et sa sainte soutane s'éclaboussait souvent du sang des assassins. Chaque fois j'en étais froissée. Mais en Amérique aussi, le patriotisme eut sa foire et ses forains!... Rien n'était plus tristement comique et déconcertant que d'écouter les réflexions faites devant l'image du cardinal Mercier; en sifflotant, des boys s'arrêtaient, la regardaient, puis, entre eux, disaient : « A big man!.. » (Un grand homme!) « What has he done ? » (Qu'est-ce qu'il a fait ?) « I dont know... but...! » (Je ne sais pas, mais...) et l'on quittait « le cardinal » toujours en sifflotant. Sa célébrité s'arrêtait, pour la masse, à son nom « lié » à la guerre. Du *personnage*, la masse ne savait rien. Une autre fois, à Cincinnati, une jeune femme cria : « Mother, look at the Pope! » (Mère, regardez le pape!) « Non, dit la mère, ce n'est pas le pape, c'est le cardinal Mercier. » « Eh bien? ce n'est pas le pape?... »

Qui, à cette époque, m'aurait dit qu'un jour cette grande figure m'accueillerait de toute sa grâce bienveillante.

En 1923, revenue d'Amérique depuis quelques mois, et voulant continuer en Europe mes efforts d'art mystique et médiéval, je crus la Belgique la plus qualifiée pour le tenter. Déjà, à Paris, le cardinal Dubois avait été fort enthousiasmé de mes résultats, et je le priais de vouloir bien me « patronner » auprès du cardinal Mercier.

On me dit à Bruxelles qu'il y avait un abbé qui s'occupait avec ardeur des arts chrétiens, qui organisait des expositions, qui avait écrit des ouvrages sur les arts décoratifs dévoués spécialement à l'Église, bref, on me fit un tel éloge de l'homme, ami des artistes, que je décidai de lui écrire, et M. l'abbé Crooy répondit par retour à mon désir de le rencontrer. Pendant quelques jours nous fîmes plus amplement connaissance et M. l'abbé Crooy *comprit* tout de suite mon curieux apport. Ce fut donc lui qui m'introduisit chez Son Éminence le cardinal afin d'obtenir son appui.

J'avais été plus que surprise quand, demandant à l'abbé Crooy à quelle date le cardinal nous recevrait, il me dit en riant : « Mais quand vous voudrez, Madame. » – « Alors, Monsieur l'abbé, il me faut lui demander une audience ?... » – « Eh bien, demandez-la-lui tout de suite. » – « Comment ?... » – « Par téléphone. » – « Impossible, Monsieur l'abbé ! D'abord, Son Éminence ne me connaît pas très certainement ? » – « Qu'en savez-vous ?... » – « Alors, je dois lui écrire, Monsieur l'abbé. » – « Croyez-moi, insistait l'abbé Crooy, téléphonez... téléphonez... » – « Mais... qu'est-ce que je vais dire ? » – « Eh bien, dites que Mme Yvette Guilbert demande la faveur d'une audience à Son Éminence ! » – « Non ! non ! Je n'ose pas faire cela, Monsieur l'abbé, téléphonez vous-même. » – « Pas du tout », répliquait l'abbé Crooy, qui s'amusait follement de mon émoi et empoignait le téléphone, demandant la communication avec Malines !... « Allez... à vous, madame... », et me mettant l'appareil en main, je demandai l'évêché. « Allô ? Oui... L'évêché de Malines ?... » – « Oui, Madame. » – « Mme Yvette Guilbert sollicite respectueusement une audience auprès de Son Éminence le cardinal Mercier. » Une seconde de silence. « Quel jour Madame veut-elle venir ? » –

« Mais... demain si possible. » – « Entendu, Madame, Son Éminence vous attendra à 11 heures. » J'étais muette de surprise. Je regardais l'abbé Crooy qui, souriant, me dit : « Vous voyez comme c'est simple ! » (Sûrement, il avait dû prévenir le cardinal.)

Le lendemain, à 11 heures, nous arrivions à Malines, et au moment où nous entrions sous la voûte de l'évêché, l'abbé Crooy croisa un de ses collègues attaché au cardinal. Il nous présenta : « M. l'abbé X..., Mme Yvette Guilbert. » – « Ah ! Madame, s'écria alors cet abbé, quelle bonne surprise de vous revoir. Je vous ai applaudie à Londres, à l'Empire, ce music-hall de vos débuts en Angleterre. » – « Mais... quand donc, Monsieur ? » – « Oh !... évidemment avant d'être dans les Ordres », fit l'abbé rieur. « Monsieur l'abbé, lui dis-je, très amusée, jamais je n'aurais cru que mes auditeurs pouvaient devenir prêtres. » Et cordial, charmant, distingué, il nous invita à venir avec lui déjeuner chez sa sœur, dès notre visite terminée chez le cardinal. Nous acceptâmes.

Et le cardinal nous reçut. Je vois encore son allure de prophète en haut d'un escalier sur lequel s'ouvre le salon où il nous reçut. Sa splendide stature, sa tête de vieillard à l'ossature saillante, ses cheveux blancs, son noble visage extasié, émacié, sa bouche aux lèvres si fines, si minces, si lamées, si fermées, si peu humaines, et qui va pourtant tout à l'heure, en souriant, montrer tant de bonté tendre !... Ses yeux me semblèrent énormes, agrandis par l'ombre profonde des cavités qui les abritaient. Il fixa, attentif et curieux, ses yeux sur mon visage, je me sentis comme transpercée par l'acuité de ce regard, et cela me mit à l'aise.

Nous nous assîmes à ses côtés. Il me pria de lui exposer ma requête, et, très gaiement, je lui dis : « Votre Éminence est habituée à voir des incrédules qui, dans le fond de leur cœur, n'attendent qu'un miracle pour devenir croyants... eh bien, moi, Éminence...

aujourd'hui, en venant vous voir, j'ai l'impression d'aller à Lourdes!... oui, l'âme est toute prête à faire sa montée. Mais... c'est à vous de faire le miracle... vous êtes un saint, Éminence, vous en avez le visage, ça doit donc vous être facile?... » – « Ah bah! » dit le cardinal, riant. – « Mais oui, Éminence, vous ne *pouvez* pas me priver du miracle que j'attends! C'est impossible! Ce serait contre la religion! » A ces mots, le cardinal, s'amusant franchement, dit : « Alors... évidemment... il nous faut faire ce miracle... mais quel est-il? »

Et je lui expliquai ma grande idée, développée depuis sept ans aux États-Unis par mes soins : « Voilà : il s'agit de remettre la religion dans l'art, et l'art dans la religion. Du reste, ajoutai-je, Son Éminence le cardinal Dubois, archevêque de Paris, m'a déjà donné son patronage à la suite d'un spectacle que je lui offris, dans le magnifique hôtel de la comtesse de Béhague, afin qu'il fût certain de la qualité d'art présentée sous ses auspices. Et je viens inviter Son Éminence le cardinal Mercier à vouloir bien assister à la même représentation que j'organiserai, s'il veut bien l'honorer de sa présence. »

– J'ai reçu, en effet, dit le cardinal Mercier, une lettre très éloquente à votre égard, Madame, du cardinal Dubois, et Dieu sait que nous devons aider les artistes qui se dévouent à la Beauté, et entreprennent de ressusciter des spectacles dignes, mais... je ne peux pas aller au *théâtre*! les prêtres, Madame, ne le peuvent pas...

– Ah! quand c'est dans une salle, c'est différent. Éminence, mon spectacle, qui est un beau mystère du XIVe siècle, se donnera dans l'ancienne *salle Patria*, la salle du clergé autrefois...

– Mais cette salle, Madame, est devenue le THÉATRE du Marais!... Théâtre de belle tenue, je le sais, mais théâtre!

– Éminence, aucune salle, à Bruxelles, ne nous

donnera la possibilité de représenter ce mystère, il y a quarante acteurs à habiller... des chœurs, etc., etc.

Le cardinal devint rêveur... je le sentais intéressé et je voulais gagner ma partie; alors je proposai de prendre sur ma conscience un petit gentil mensonge... pas bien grave... le cardinal sourit... on mettrait sur les cartes d'invitation :

GUIBOUR
Mystère du XIV*e siècle*
présenté dans l'ancienne salle Patria
par Mme YVETTE GUILBERT.

Et comme la représentation serait donnée en « privé », sans en avertir la presse, sans publicité brutale et rien que pour le cardinal et deux ou trois cents abbés invités par lui... « Ah! Madame, interrompit le cardinal, l'esprit de province est si étroit... Le clergé de Paris, c'est tout autre chose... La presse aussi.. Savez-vous que lorsque j'ai permis aux jeunes prêtres de faire du sport, de jouer au football dans leurs propres jardins, je fus attaqué par la ville et par la presse! Pensez donc, des jeunes prêtres qui, pour se distraire, osaient courir! et pour courir relevaient leurs robes! Oh! oui, dit le cardinal Mercier, les gestes les plus intelligents, les plus utiles même, sont souvent bien peu compris.

– Éminence! Éminence! Je vous en prie, soyez au-dessus des encriers et des plumes... Pensez au splendide Moyen Age où l'Église était le théâtre, où toute la poésie divine ensoleillait l'humanité, aidez-moi à tenter de ressusciter cela, Monseigneur! Serai-je en vain venue à Lourdes?

Il restait silencieux, grave, et plongeait ses yeux dans les miens sans répondre, puis, après un bon moment : « Je viendrai, Madame », dit-il, avec, sur sa bouche, un sourire que je n'oublierai jamais. Je lui baisai la main, émue de gratitude et, ma foi, je l'avoue, toute fière de ma victoire.

La représentation enthousiasma le cardinal et sa suite. Je reçus des lettres admirables me félicitant de la distinction et de la richesse de mon spectacle. Les chants avaient beaucoup plu aux chefs des maîtrises présents. Un chanoine, assis près du cardinal, me raconta que Son Éminence, pendant l'entr' acte, disait à un groupe d'abbés ma visite à l'archevêché de Malines et concluait : « On ne peut rien refuser à Mme Yvette Guilbert, elle ferait concurrence au révérend père Hénusse ! » Et tous les prêtres de rire, le révérend père Hénusse étant le prédicateur le plus éloquent, le plus célèbre de la Belgique !

Nous répétâmes, à Bruxelles, notre mystère, publiquement cette fois, une vingtaine de fois, et une tournée s'organisa dans les institutions catholiques et les théâtres. Ce fut un très gros succès. Quand Son Éminence le cardinal Mercier mourut, l'abbé Crooy m'envoya son portrait avec un brin de paille de la paillasse sur laquelle était mort ce grand patriote doublé d'un saint homme. C'est certainement l'appui de l'archevêque de Paris, sa recommandation, qui aida l'abbé Crooy à m'introduire si facilement à Malines, et il m'est difficile d'oublier combien Son Éminence le cardinal Dubois comprit le premier mes beaux efforts.

En cette matinée chez la comtesse de Béhague, toute l'élite du clergé parisien se trouva réunie et ce me fut une révélation d'entendre après notre spectacle avec quelle aisance des prêtres félicitaient toutes ces jeunes filles, mes collaboratrices, de la beauté de leurs gestes mystiques. Un chanoine me confia : « Ah ! Madame, jamais un prêtre ne saurait dire la messe avec autant de beauté plastique que ces jeunes filles, c'est admirable ! Vous nous avez donné une leçon à tous. Quelle pureté dans les attitudes ! » Comme je voulais remercier le cardinal Dubois, je lui portai six petits oiseaux des Iles, ayant remarqué à l'Évêché une volière pleine d'ailes, et le cardinal m'ayant dit son attachement à une mouette apprivoisée que je voyais dans son jardin.

La même année, je fus invitée à donner un spectacle de vieux noëls en forme de mystères, pour une grande fête de charité, à l'évêché de Nice. Ma petite troupe et moi, nous eûmes pour cadre la chapelle même de l'évêché, et c'était féerique de voir nos longues robes d'or s'enluminer de toutes les couleurs des vitraux que le soleil faisait flamber sur nous! Ce fut une impression fantastique, nous devenions « irréelles », le public en était extasié. C'est au milieu de cette splendide représentation que M. Delcassé, le célèbre homme d'État, assis au premier rang, à côté de l'évêque, Mgr Chapon, lui dit : « Ce spectacle vous aide à se faire une idée du Paradis... » Puis se levant pour sortir dans le jardin à l'entr' acte, il y mourut! Son corps fut trouvé sur un des bancs à la fin de la fête. Et le brave évêque murmurait : « C'est Dieu qui a voulu qu'il ait cette vision du Ciel!... »

RÉCOMPENSES

Il y a deux ans, dans un petit cénacle où les littérateurs se retrouvent et s'accueillent, M. Mercereau me fit l'honneur de me recevoir aussi. La guerre, avec ses catastrophes financières, a fait de la presse de Paris une institution commerciale qui, américanisée, ne s'occupe plus d'art ni d'artistes que moyennant finances. Ce sont donc de grandes fêtes de l'esprit, quand des possibilités nous sont données de connaître les opinions mieux précisées qu'en des paroles volantes, sur ce que représente aux yeux « modernes » des efforts qui prirent naissance, il y a plus de trente ans, et s'essayèrent à ne point se démoder en s'habillant des robes de tous les temps.

Et ce furent Rachilde, Fagus le nouveau Baudelaire, Henri Jeanson, un tout jeune intellectuel, Emmanuel de Thubert, un autre « jeune », puis quelques-uns de ceux qui, du commencement de ma carrière à ce jour, suivirent « mes étapes » : Gérard d'Houville, Grosclaude, Henri de Curzon, Pioch, Georges Loiseau, Couyba, Maurice Boukay, Maurice Donnay, Reynaldo Hahn, Frantz Jourdain, Georges Montorgueil, Edmond Sée, Louis de Robert, qui déposèrent sur mon cœur un baiser qui le troubla.

EMMANUEL DE THUBERT :

Je n'ai pas entendu Mme Yvette Guilbert quand elle chantait aux Ambassadeurs; j'étais bien trop enfant; je me souviens seulement qu'elle était peinte sur les murs avec des gants noirs et une tignasse rousse; c'est de la sorte que la représente une affiche, je crois, de Toulouse-Lautrec. Ses chansons étaient assez gaillardes, mais elle les débitait sur un ton d'innocence, d'où le sel très particulier de son répertoire; les femmes n'avouaient qu'à voix basse qu'elles pouvaient l'entendre, comme si c'était péché. Elles sont exposées, aujourd'hui, à de bien autres brutalités, mais qui les troublent moins peut-être. Avec les chansons de Mme Yvette Guilbert, elles sentaient jusqu'au fond de l'âme combien peuvent leur ressembler, tout à coup, les filles.

Mme Yvette Guilbert créait un type de gigolette élégante, toute finesse et ruse, dépravée par nature, canaille par goût, mais qui, touchée dans la substance commune à chaque femme, redevenait vierge comme une enfant. Autant de traits qui lui donnaient les éléments d'un tragique nouveau. Les plus indifférents, quand elle chantait, étaient obligés de penser à toute cette féminité, marchandée dès l'enfance, livrée dès la puberté, détaillée, rompue, mise en pièces, mais soudain debout devant l'homme pour lui réclamer plus qu'il ne donne. Ne vous y trompez pas : il existe une mystique dans la noce. La triste chair des filles aspire après une merveilleuse pitié : C'est plus que du plaisir qu'elle veut, plus que de l'argent, c'est une nouvelle innocence, et de se perdre dans un maître. En vérité la gigolette, dont nous devons la création à Mme Yvette Guilbert, n'était pas moins qu'une sainte Madeleine du trottoir, condamnée à l'homme comme ne fut jamais celle de l'Écriture, tombée toute à bas, et cependant, elle demeurait en attente. Qu'est-ce dire à : en attente ? J'entends que le maître après qui soupire la fille n'est point l'homme. L'homme est pour elle un objet de terreur, ou d'enivrement. Son accomplissement, c'est encore Dieu. Aussi quelle merveilleuse logique je trouve, logique chrétienne, il me plaît de le dire, dans l'évolution dramatique de Mme Yvette Guilbert ; car enfin, que fait-elle aujourd'hui, de sa gigolette ? Elle la jette aux pieds du Christ.

C'est comme une tragédienne que m'apparaît Mme Yvette Guilbert, tant son port, son masque, son geste, ont de gravité. Personnalité singulièrement changeante, au demeurant : Elle détaille des chansons de bergères, elle lance des couplets de Montmartre, elle psalmodie des prières, elle danse, elle mime. Tout cela sans grand mouvement : il lui suffit de quelques gestes, d'un simple regard, même, pour nous montrer tout un être. J'ai dit de quelle autorité était revêtu aux Ambassadeurs son premier personnage. Celui qu'elle nous montre à la salle Gaveau est tout aussi hardi : c'est une Madeleine repentie qui célèbre sa foi comme elle criait son vice, avec audace, et il faut de l'audace, évidemment, pour chanter sur un air à boire :

Vive, vive, vive, vive,
Vive, vive Jésus-Christ !

Mme Yvette Guilbert a fondé en Amérique une école d'art dramatique : douze jeunes filles qui jouent des scènes de mystères ou donnent des spectacles religieux. C'est une sorte de confrérie de la Passion, *vêtue d'or et d'ornements sacerdotaux, qui chante et officie. Le spectacle vaut d'être vu. Parfois les robes tombent à plis si droits et les jeunes filles tiennent une si belle immobilité que vous vous pensez devant des statues de bois recouvertes d'or. De telles figures qui touchent à la grande sculpture n'avaient point encore paru sur la scène. Ajoutez que le spectacle se déroule autour de l'image de la*

Vierge; les statues s'endorment sur des Ave Maria, *elles s'éveillent au chant de* Gloria in excelsis*! Vous évoquez donc successivement des scènes de l'Annonciation, de la nuit de Noël et du mois de Marie. Ce sont là des cérémonies, comme les femmes, je pense, en imagineraient à la gloire de la Féminité Suprême s'il leur était permis de prêter leur forme à la célébration des mystères chrétiens. Je ne sais s'il faut y trouver la revendication par la femme d'une fonction sacerdotale; en ce cas je m'expliquerais qu'une telle tentative ait remporté tant de succès en Amérique. L'effet, à Paris, n'est pas moins grand : Yvette Guilbert chante la louange de la Vierge, et tout un public s'en émeut et pleure comme si elle lui rouvrait les sources de la prière. Voilà donc incontestablement quelque chose de nouveau : le principe de tout un art dramatique et l'artiste en a bien le sentiment, puisque, après avoir monté ces* offices *féminins, elle rêve de jouer quelques-uns de nos mystères du Moyen Age. Je ne doute pas que leur représentation, de même que la mise à la scène de nos soties, de nos farces et de nos moralités, ne rencontreraient la faveur du public.*

Un tel théâtre, un théâtre du Moyen Age, doit être donc fondé. Il s'opposerait enfin à cette sempiternelle tragédie gréco-romaine qu'on s'acharne à reconstituer de pièces et de morceaux depuis que Moréas nous a donné son Iphigénie. *Si Mme Yvette Guilbert poursuit son projet, nous sommes ici un certain nombre : poètes, musiciens, architectes, sculpteurs et peintres qui l'appuieront de tout notre pouvoir, et pour ma part, je n'y hésiterai point, tant il me paraît utile de faire revivre notre vieux théâtre, du* XIII*e au* XVI*e siècle, tant nos auteurs, à l'heure présente, auraient intérêt à s'en inspirer, tant notre art dramatique, enfin, pourrait prendre à son contact un caractère à la fois national et universel qui lui manque.*

EMMANUEL DE THUBERT.

HENRI JEANSON :

MADAME YVETTE GUILBERT,
YVETTE GUILBERT,
YVETTE,

Je suis divinement ému. Je sais que ma voix resterait accrochée dans ma gorge si je tentais de vous parler ce soir. Je dois donc prendre, pour vous dire tout ce que j'ai sur le cœur, des intonations qui ne me sont point habituelles et qui n'appartiennent qu'à Dussane.

Dussane me prête sa voix. Je lui prête des phrases, mais je ne lui avance pas de cœur. Elle en a pour deux.

Yvette, vous m'avez généreusement donné d'incomparables minutes. Je ne vous les rendrai pas, car je ne paye jamais mes dettes sentimentales. Au fond la vie est faite de quelques minutes comme celles-là. Le reste... les années..., c'est du remplissage, du tirage à la ligne... Quand je vous ai entendue à l'Empire, vous avez été pour moi la révélation de quelque chose de très bien, de très épatant.

Songez donc!

Vos camarades dansent les chansons. Vous, vous les pensez, vous les vivez, vous les riez, vous les pleurez, mais vous ne les dansez pas.

Aujourd'hui, c'est le rythme qui porte les faibles paroles des chansons modernes. Or, les fortes paroles de vos chansons à vous portent leur rythme. Vous avez compris que l'interprète n'est pas seulement un singe savant qui parle, mais qu'il doit aussi susciter des talents. Si vous chantez tant d'œuvres charmantes, subtiles, spirituelles ou émouvantes, c'est bien un peu parce que vous les avez inspirées, vous qui composez un personnage original pour chacune de vos chansons.

Je vous ai vue, certain jour, sauter allégrement de

l'épaisse carcasse d'une paysanne dans la peau fine et transparente d'une lorette. L'avouerai-je ?... je craignais que vous n'attrapiez un chaud et froid...

Enfin, vous osez interpréter Laforgue, ce drôle de triste. Sa lyre était un orgue de Barbarie. Il en tira mille plaintes extravagantes. Quoi de plus tendre, de plus canaille, de plus désespéré que ces vers clownesques qui se tiennent en équilibre sur la pointe de leur cœur et qui marchent sur le fil tendu d'une sensibilité paradoxale ? Eh bien, vous avez eu assez de génie pour les composer et pour transformer les cochons de payants en dilettantes...

Vous avez adopté la chanson, cette enfant perdue. Elle a parfois de mauvaises fréquentations. Tant de chanteurs la brutalisent, la piétinent, l'étranglent... Vous avez respecté sa fragilité et vous avez tant de délicatesse que pour la caresser vous prenez des gants...

Mais à quoi bon vous chanter, vous qui chantez si joliment. J'ai peur de détonner...

Madame Yvette Guilbert,
Yvette Guilbert,
Yvette,
Notre-Dame de la Chanson.

Henri Jeanson.

Louis de Robert :

Mon cher confrère,

Je ne puis en quelques heures vous envoyer les lignes d'hommage que vous me demandez, étant incapable d'écrire à l'improviste et sans réflexion préalable quelque chose qui soit digne de la grande artiste que vous fêtez ce soir.

Le talent d'Yvette, tout le monde le connaît et

l'admire. Ce que j'aurais aimé dire, ayant eu la joie d'être durant de longues années de ma jeunesse son ami et son familier, c'est la noblesse de son caractère, la vaillance de sa vie, sa belle et vive intelligence, son courage quotidien et la générosité de son cœur. Malheureusement je n'écris pas quand il me plaît et subis un état de santé qui m'interdit presque chaque jour de faire, entre toutes choses, ce qui me serait le plus agréable.

Excusez-moi donc et trouvez ici l'expression de mes sentiments les meilleurs.

Louis de Robert.

Maurice Donnay :

Ce 24 juin 1925.

Yvette Guilbert a-t-elle besoin de mon hommage ?

De la part d'un vieux camarade, ce mot doit la faire sourire. Car j'ai assisté à ses débuts.

C'était au printemps de 189., peu importe ! enfin, ce n'était pas hier.

Chaque soir, elle chantait au Moulin-Rouge, puis au Divan Japonais. Le premier soir que je l'entendis au Moulin-Rouge, j'ai aimé son originalité et sa traînante diction. Le soir suivant je me suis assis sur une marche d'un petit escalier à droite de la scène et, quand elle eut fini son numéro, je lui ai dit : « Mademoiselle, vous avez beaucoup de talent ; j'aimerais de faire, pour que vous les chantiez, des chansons. »

Elle me répondit : « Monsieur, je dois aller au Divan Japonais ; accompagnez-moi, si vous voulez, et nous causerons de ça en route. » Et nous voilà partis, côte à côte, le long des boulevardss extérieurs, elle, jeune étoile, longue et pâle, moi jeune poète du Chat Noir. Elle ne pensait qu'à son art, elle ne parlait que de son art. Conversations blaguo-esthétiques.

C'était l'époque où l'on était rosse, modern style et fin de siècle. Heureuse époque, âge d'or, le prix de la vie défiait toute concurrence.

Voilà comment j'ai connu Yvette Guilbert!

Ce n'est pas à proprement parler un hommage, mais un souvenir de jeunesse.

N'empêche qu'un soir de printemps de 189., et de notre printemps, j'ai dit à la grande artiste qu'on fête aujourd'hui : « Mademoiselle, vous avez beaucoup de talent ! »

MAURICE DONNAY.

MAURICE BOUKAY :

Paris, 11 juin 1925.

MON CHER CONFRÈRE,

Veuillez m'excuser de l'impossibilité où je me trouve, par suite d'engagements antérieurs, d'assister à la soirée donnée en l'honneur de Mme Yvette Guilbert, que j'aime et que j'admire depuis longtemps!

C'est une des plus grandes artistes et des plus méritantes propagandistes de la chanson française, moderne et ancienne, dont elle a porté le renom un peu partout!

Elle est devenue la Muse de la Chanson par ses dons naturels et son labeur immense! Elle a tout ensemble la science et la conscience, l'intelligence et la volonté, la sensibilité et la raison.

Elle est tour à tour comédienne et tragédienne. Elle fait d'une chanson tout un poème satirique, philosophique ou dramatique. Elle possède la diction nette et l'expression juste. Elle n'est pas seulement l'interprète, mais le professeur; elle a formé des élèves qui prolongeront son œuvre.

Comme elle a mis toute son âme dans la chanson, elle en a tiré toute sa gloire! Honneur à Yvette Guilbert!

Bien cordialement à elle et à vous!

MAURICE BOUKAY.

FAGUS :

Ce 8 juin 1925.

MADAME,

J'hésitais à venir vous saluer, venir vous entendre. Je voulais demeurer sur la magie d'antan. Ah, que j'ai donc été récompensé! Yvette est toujours Yvette, mais avec un renouvellement dans le sens de l'éternité, par la grâce de la tradition. La Samaritaine (pauvre heureuse pécheresse!), la coquette d'il y a six cents ans et de maintenant et de toujours. Suis-je, suis-je, suis-je belle? Eh oui, vous l'êtes toujours! et la tragique lorette qui rejoint la vieille Heaulmière de mon contemporain Villon, et l'évocation de Jules Laforgue qui – par vous, à travers vous – nous a renouvelé l'éternel féminin.

Merci, madame, merci, vous restez notre poésie et devenez notre enseignement.

Votre reconnaissant,

FAGUS.

REYNALDO HAHN :

8 juin, Saint-Médard, il fait beau.

Quelle est l'artiste capable, aujourd'hui, de faire tenir en une phrase, en un mot prononcés dans la veine comique, dans l'ironie, dans la franche gaieté, dans la malice bonne enfant ou corrosive, un monde de pensées, de sentiments, de convertir une simple chanson en une sorte de microcosme psychologique, d'effleurer, sur le clavier du rire, la touche cachée, celle qu'atteignent seuls les grands virtuoses de l'ironie, les grands observateurs ? Je n'en connais qu'une : Mme Yvette Guilbert.

On peut poser en principe qu'il n'y a pas de beau chant sans belle diction, et que toute diction vraiment belle assure au chant une belle qualité.

En vertu de cette loi je n'hésite pas à déclarer que les malheureux élèves du Conservatoire, ainsi que la plupart des chanteurs qui constituent le médiocre attrait de nos théâtres et de nos grands concerts, devraient s'efforcer d'entendre Mme Yvette Guilbert. Ils apprendraient bien des choses qu'ils ne savent pas en observant cette artiste étonnante dont le talent, si original et si frappant dès son début, a pris en ces vingt ans de travail continuel, d'expérience, de voyages, de contemplation quotidienne de la vie, une variété, une largeur, une noblesse et une ironie supérieures. Il y aurait toute une étude à faire sur elle, et par extension sur l'art qu'elle représente. Pour aujourd'hui je ne veux qu'indiquer aux connaisseurs et aux ignorants une preuve nouvelle de ce précepte méconnu : « Bien dire, c'est bien chanter. »

REYNALDO HAHN.

GEORGES MONTORGUEUIL :

Nous avons entendu Déjazet, Thérésa, Judic, qui furent illustres et qui étaient admirables. Elles chantaient. Mais Yvette Guilbert est venue qui nous a révélé la Chanson.

Elle a été, dans le choix de leurs sujets, d'une audace intrépide, et dans les plus intrépides et les plus audacieuses, elle a marqué ce sens de la mesure dont sa merveilleuse intelligence n'a jamais manqué de l'avertir.

Et dans les autres, dans ces frémissantes anonymes signées du sang de la race, vers lesquelles un sûr instinct sensible et peuple la guidait, c'est toute son âme qu'elle a donnée.

Et dans toutes, sans excepter les plus perverses, c'est le cœur de l'humanité qu'elle a mis à nu.

Combien d'Yvettes avons-nous dans Yvette ? Une artiste comme elle débute toujours. Elle se repose de ce qu'elle a réussi en réussissant autre chose. La jeunesse de son talent est dans ce continuel recommencement. Elle nous arrive, chaque fois renouvelée, fraîche, dans l'ingénuité de sa dernière impression, ardente et passionnée dans le feu de son dernier enthousiasme. Si occupée d'un art qu'elle pratique comme une mission, elle n'a jamais trouvé un moment pour vieillir.

Le temps à ses genoux a replié ses ailes,

a-t-on dit de la plus aimée de ses devancières. Des gants noirs d'Yvette aux cheveux blancs qu'elle aura, il n'y a pas eu place pour une lassitude, une défaillance, un fléchissement. Qu'un vieux témoin de ses vingt ans entrés en coup de vent dans la célébrité ait le droit de le dire.

Un jour, on lui a demandé : « Si vous aviez à recommencer votre vie, que désireriez-vous accomplir ? »

« *Si je revenais au monde, répondit-elle, je voudrais être une nonne laïque, un prédicateur du peuple. Je voudrais fonder un cercle de philosophes et y inspirer la modestie et la sagesse. Je voudrais essayer de réveiller la conscience humaine. Je voudrais fonder des écoles de générosité, de bonté, de pitié.* »

Yvette n'a pas attendu la supposition réalisée d'une deuxième vie pour remplir ce programme. Il a tenu tout entier dans l'apothéose mondiale de la vie qu'elle a vécue et qui n'a été qu'une chanson.

GEORGES MONTORGUEIL.

EDMOND SÉE :

Je salue en Yvette Guilbert, non seulement une des plus parfaites diseuses de *ce temps, mais encore une grande artiste* humaine *dont le souple génie a traduit tour à tour l'ironie la plus incisive et l'émotion la plus pathétiquement douloureuse comme en se jouant !*

Grâce à son art, Yvette nous a conté, en chansons, l'histoire satirique de notre époque, en même temps qu'elle sut esquisser en quelques traits, en quelques expressions, en quelques intonations (si tragiquement évocatrices), en quelques gestes (parfois en un regard, en un silence !) toute la souffrance féminine !

Et je ne parle ici que de l'artiste !

La femme si généreuse, si ardente au bien, si passionnément dévouée toujours aux belles et bonnes causes, seuls ses amis la connaissent !

Je suis heureux et fier d'avoir été, d'être demeuré un de ceux-là, de garder aujourd'hui encore à Yvette (et après tant d'années !) la même amitié et une admiration qu'elle s'entend si bien à aviver, à renouveler sans cesse !

Car jamais elle n'eut plus de génie, de bonté, d'ardeur

vivante! Et il semble qu'elle prenne à cœur de se multiplier, afin de réagir contre une époque qu'elle brave, domine, ennoblit magnifiquement et qui, certes, ne la mérite *pas.*

EDMOND SÉE.

FRANTZ JOURDAIN :

MON CHER AMI,

Je suis navré de ne pouvoir assister vendredi à la fête affectueuse que vous avez la pieuse et excellente pensée d'organiser en l'honneur d'Yvette Guilbert.

Cette prodigieuse artiste possède un des plus admirables tempéraments que j'ai rencontrés dans ma vie, c'est l'art incarné, l'art simple, naturel, vivant, humain, sublime, qui sait émouvoir les êtres les plus affinés et en même temps remuer les foules les plus frustes. Elle sait faire rire et pleurer, car son souple génie emprunte suivant sa fantaisie le masque tragique ou le masque comique.

C'est avec une sorte de colère amère que je pense qu'aucun auteur n'a eu l'intelligence de confier un rôle au théâtre, à cette femme exceptionnelle.

Mes félicitations enthousiastes pour votre heureuse initiative qui ne m'étonne pas d'ailleurs de vous.

Bien cordialement à vous.

FRANTZ JOURDAIN.

RACHILDE :

Yvette Guilbert en Amérique.

Pour un monde neuf, c'est-à-dire encore plein d'enthousiasme et qui ne dénigre pas systématiquement ce qui lui plaît ou ce qu'il aime là-bas, elle a chanté les vieilles chansons de France, les vieux noëls, les rondes et tous les petits drames de gestes et de cris naïfs que les enfants se sont repassés les uns aux autres sans, paraît-il, les apprendre réellement de leurs parents. Cris de joie, cris de colère, cris de guerre ou cris de douleur, ils savent que tout arrive en tournant car le monde aussi danse une éternelle ronde!

Qu'est-ce que la vie d'un artiste?
Un temps où l'on dépend des autres,
Un temps où les autres dépendent de vous!

Yvette en est arrivée à ce temps où l'on choisit sa voie, et celle qui fut obligée, par le succès même, aux concessions plus ou moins vulgaires faites à un public de beuglant a dirigé là-bas le mouvement des foules vers les naïvetés et les beaux fabliaux de la France de jadis. Elle a montré ce que pensait notre pays quand son éducation délicate lui demeurait comme un parfum dont le souvenir traverse les âges. Elle s'est jetée dans ce monde trépidant comme on se lancerait pour un bain dangereux en pleine mer. Elle en ressort avec une fraîcheur de Jouvence, parce que les Américains, en dehors de nos néfastes subtilités, admettent et comprennent les jolies choses sans chercher à les déformer sous les ongles de la critique. Mais, ce pays, à part des défauts qui ne sont pour nous que des manques d'habitude ou des surprises de nos faiblesses physiques, est un admirable pays, le champion du vieux monde. Tout y résonne comme sur un gong et pénètre d'un bloc en leur cerveau. Tant pis pour les détails : force, force, force, activité, activité, activité, tensions, chaos, coups de tampons, sports, bruits, usines en ébullition, visages tourmentés, mains tendues larges, yeux tout crus, bouches cuites, réduites autour des cigares gros comme des canons mais des cœurs qui crient : « Vive la France avec l'adoration jeune et puissante des premières peuplades pour le soleil. »

Loin d'une éruption volcanique on s'imagine à peine l'intensité du feu central !

Yvette Guilbert a voulu donner ou publier tous les secrets des coulisses de la chanson et nous trouverons dans How to sing a song *les différents masques de ses expressions les plus curieuses : cette très grande diseuse est arrivée à nous montrer, à nous faire toucher du doigt en quelque sorte, la sensation de la gaîté, de la peur, de l'extase, de la pitié, de l'horreur, du mépris ou de l'amour. Son faciès, qu'elle pétrit sous la paume puissante de sa volonté, exprime tour à tour l'émoi d'une fille de quinze ans ou le dédain spirituel d'une vieille marquise qui regrette sa* jambe bien faite *et son* bras dodu.

L'art d'Yvette Guilbert est un art absolument voulu et travaillé, mais de même que le clown exécutera cent fois un tour afin de l'amener à son maximum de perfection et son minimum de danger, elle ne laisse la sculpture de son impression que parfaitement achevée, conduite jusqu'au suprême degré du naturel.

A Paris, Yvette a mené le train de l'artiste qui a choisi son heure pour essayer de s'expliquer. Elle fut très entourée par un public d'élite qui n'avait même pas le souvenir de ses triomphes (si lourds à porter) de café-concert où pourtant elle donnait aussi dans cette chanson des faubourgs la mesure juste de ce qu'elle devait exprimer. La vie d'Yvette Guilbert est au fond celle d'une enragée travailleuse qui va d'œuvres en œuvres, essayant toujours le mieux. Je crois qu'on peut seulement lui reprocher de tenter la perfection pour, souvent, des choses qui n'en valent pas la peine : « Moi, moi, je vaux la peine ! » répond-elle en riant.

Elle a eu, dans les dernières années de la paix, dans une tout autre vie que celle qui naît, l'idée d'une Maison d'art *où l'on recevrait les étrangers, les artistes passant par Paris que l'on reçoit souvent trop officiellement pour que les jeunes puissent en profiter. Elle a l'activité dévorante de cette Amérique où l'on va de l'idée à l'exécution avec une généreuse fièvre. Comme tous les artistes qui ont* du sang, *elle rêve toujours d'accoupler une pensée de moralisation à une œuvre de théâtre, de là un fiasco complet chez les barnums seulement soucieux du gain immédiat. J'ai entendu reprocher à cette Yvette si franco-américaine son idée des noëls comme un sacrilège ! Les pauvres cœurs avilis de nos hautes études musicales qui traînent derrière eux les vices les plus bas et les calculs les plus pervers..., autruches solennelles qui cachent ou croient cacher autre chose que leur tête sous leurs basques d'habits, sont scandalisés par cette intervention du motif innocent dans la grande organisation d'une gloire d'ailleurs beaucoup plus nette que la leur. Où est le labeur incessant il n'y a pas de vice cérébral : « Je suis un instrument qui s'accorde toujours ! » dit-elle. Or, on oublie que, ayant atteint non pas l'âge du repos, mais le droit au repos, elle travaille toujours. Je souhaite cette manière de conclure à ceux qui pensent avoir tout fait en devenant des machines à moudre l'or.*

Yvette Guilbert est une Française, absolument, du pays où elle apprit à tourner ses premières rondes et ses premiers couplets. Elle a l'esprit d'une Française... du temps d'avant les déformateurs et elle a aussi le cœur des filles de notre peuple qui se souviennent d'avoir trimé. *Je souhaite ce parchemin à beaucoup de nobles parvenues dans les arts.*

RACHILDE.

Les bras étendus, frémissants, les mains tombantes, à la façon des fleurs fauchées, la tête inclinée sous la lourde gloire d'une couronne rousse où le reflet du sang se mêle à la teinte de l'or, ce corps de femme s'enveloppe d'une dalmatique de soie pourpre, un peu transparente, glissant, droite, jusqu'à ses pieds et la virilisant. Elle nous apporte, en pleine soirée de gala, devant ce mouvant, irrespectueux, trop léger public de lettrés parisiens, la silhouette tragique d'un dieu agonisant, et le contraste est tellement violent que nous en souffrons avant même de savoir pourquoi on ose l'évoquer.

Ecce homo ? *et voilà la femme ? C'est Yvette Guilbert chantant, mimant, ou soupirant la* Passion du Christ, *« tant moult et dolente ». J'aperçois, tout près de la ligne de lumière qui nous sépare de la chanteuse, un monsieur, impassible d'apparence, un grand journaliste dont la bouche fine, railleuse, va sans doute nous fournir le joli mot définitif. Stupeur! Ses yeux brillent! Est-ce un binocle... ou des larmes stoïquement arrêtées au bord de l'inconvenance de pleurer dans le monde ? Ce monsieur ému, je risque son nom : c'est M. Bailby, directeur de* l'Intransigeant, *un homme d'esprit, un homme de sport, un blasé probablement, et il est touché au cœur. Une émotion imprévue le surprend, cependant son courage ne l'abandonne pas; il avoue son émotion, la répand en applaudissements frénétiques et tous les assistants avec lui, en ce soir de fête bruyante compliquée de danses voluptueuses; nous sommes transportés dans une atmosphère inconnue où l'art, lié à la religion, devient vraiment une chose sacrée. Nous sommes forcés de communier sous les deux espèces.*

Tout le nouveau répertoire d'Yvette Guilbert, celui de ses vieilles chansons, des vieux noëls, des rondes légendaires coule sur nous comme une eau limpide, fraîche et souvent furieuse, de torrent qui nous submerge et nous passe à la pureté des premiers âges, nous baigne dans l'onde lustrale, la candeur enfin retrouvée des temps de foi chevaleresque ou de naïves amours. C'est tellement puissant de beauté naturelle, d'ardente simplicité que cela désarme les humoristes du siècle des machines, ceux dont l'humour se témoigne par la grimace d'un dégoût prudent et qui ont bien l'air de clefs anglaises!

J'entends des exclamations effarées: « On veut donc nous convertir? Ne serait-ce pas du Barrès de derrière l'église? » Mon Dieu, non. C'est seulement de l'art pur. J'aurai même l'audace de vous dire que, pour moi, l'art pur est bien au-dessus de toute espèce de religion, et comme je me crois assez animale *pour ne pouvoir, hélas! m'élever à aucune conversion, je ne suis accessible qu'au transport d'admiration pour la sincérité de l'artiste. A mon humble avis, quand quelqu'un nous offre une manifestation parfaite de ce qu'il sait faire, la première manière de lui prouver notre respect, c'est de ne pas lui demander de quel genre de conscience il s'est servi pour arriver à la perfection de son travail. Il faut avoir entendu les vers de Jules Laforgue:* « Je suis la femme, on me connaît... » *mis en musique, j'allais dire* en action, *par Yvette Guilbert, pour ne plus douter de la puissance qui gouverne cette extraordinaire évocatrice, laquelle recommence courageusement sa vie avec la pleine conscience, cette fois, de son devoir vis-à-vis du public lettré ou non. Ah! nous sommes loin de l'Yvette de* music-hall, *de l'Yvette touchant, avec des gants noirs, aux brandons incendiaires des sous-entendus!... Eh bien! Pas tant qu'il vous en semble! Déjà, en chantant* La Pocharde, *Yvette Guilbert, conservant en elle l'âme de la petite fille amoureuse du* Discobole *qu'elle fut à douze ans, l'âme de la petite gamine de Paris, éprise des chefs-d'œuvre du Louvre, Mme Yvette Guilbert possédait la religion de ce qu'elle créait et l'amour sacré de la forme qu'elle avait à lui donner. J'ai vu, jadis, sa silhouette rigide, souvent comme crucifiée par les foules trop enthousiasmées, se dresser en une sorte d'apothéose ironique et cette jeune femme, qu'on disait laide, revêtir* brusquement le manteau royal de l'indignation, changer la grâce de sa bouche dans la torsion d'un rictus terrible, devenir la meneuse de révoltes, la grande prêtresse de toutes les misères morales, et je retrouve le même rictus infernal qui se divinise dans ce masque de Christ féminin, ce regard noyé d'un dieu se voilant sous l'anonyme de la mort ! Mme Yvette Guilbert est vraiment très belle, car elle peut atteindre à l'horreur par la science sans passer par aucune déformation. Elle reste Elle en toute transfiguration, et par le seul mouvement, le petit pli de l'ourlet de son sourire, elle peut faire que tour à tour ses lèvres soient une blessure ou une fleur.

Je ne pense pas qu'on puisse m'accuser de n'être point assez indépendante dans mes admirations. Je connais peu Yvette Guilbert. Je la devine encore plus que je ne puis l'étudier.

Autrefois elle m'effrayait et ne m'a jamais fait rire jamais. Aujourd'hui je me trouve en présence d'un être qui poursuit un but avec passion, et cela m'intéresse beaucoup plus que ses succès passés, présents ou futurs. Elle rêve de nouveaux combats et ce n'est pas rien que pour elle qu'il lui faut des victoires. Elle est la patiente nerveuse d'une couvée de pinsons pauvres, elle veut aussi devenir l'amie encourageante des jeunes artistes, des jeunes poètes, elle rêve de fonder l'union des intellectuels dans une maison d'art qui recevrait des grands hommes de toutes les nations et organiserait des fêtes de la pensée universelle... (remarquez que ces maisons d'art, assez semblables à la Maison des Étudiants de Paris, existent dans toutes les capitales de l'Europe). On a parlé raisonnablement à Yvette Guilbert et on a essayé de lui démontrer l'inutilité de ses efforts, mais on ne retient pas les êtres nés pour l'enthousiasme. Je crains bien que cette fervente de l'art, de tous les arts, ne fasse tout ce qu'elle a promis de faire. Je le redoute pour elle si je le souhaite pour les autres. Je le redoute, parce que Mme Yvette Guilbert a la candeur d'âme d'une honnête princesse bar-

bare parmi la coupable civilisation des princes... de l'industrie littéraire.

Vous imaginez facilement tout ce qui peut s'ensuivre! Elle est toujours prête à implorer pour un artiste malheureux, et cela, voyez-vous, produit une ombre sur le tableau de nos brillantes inerties, une ombre qui ne nous donne aucun lustre, tout en nous plongeant dans un abîme de remords.

Mon opinion sur ses beaux projets altruistes est celle-ci : Je désire l'entendre chanter et je me moque du reste. Les gens de lettres sont égoïstes; j'en suis. Mais je veux bien qu'on bâtisse un temple, une église, une salle de spectacles ou une maison d'art, *tout ce qu'elle voudra, pourvu qu'on la place au milieu, dans sa dalmatique de soie rouge, sous la couronne de ses cheveux roux, d'or et de sang teintés, qu'elle se crucifie là, pour l'unique religion de l'art et aussi pour la satisfaction de ses merveilleux appétits de dévouement à toutes les nobles causes, si tel est son bon plaisir.*

RACHILDE.

GÉRALD D'HOUVILLE :

Mme Yvette Guilbert a chanté, au théâtre Albert-Ier, des chansons du Moyen Age, des chansons du XVIIIe *siècle et de l'Empire. Elle est une grande, très grande artiste et qui ne l'a pas vue et entendue dans ce répertoire ignorera toujours tout ce qu'il peut y avoir de sens, d'âme et de vie dans une vieille chanson.*

Elle ne fait pas que la chanter : elle la revit, elle la sent, elle la joue, elle la mime, elle la refleurit : elle prend les vieilles syllabes et les vieux sons, usés, émouvants, qui ont beaucoup erré sur les lèvres humaines, sur des lèvres muettes depuis si longtemps et elle leur fait don d'une jeunesse nouvelle; la vieille chanson se met à reverdir comme une forêt d'avril, où les oiseaux reviennent; la vieille chanson familière, amoureuse ou tragique, recommence à s'épanouir comme la fraîche rose d'un vieux rosier noueux, épineux... La vieille chanson se défripe, se déplie, s'envole avec des ailes neuves. Elle a chanté de pittoresques chansons du Moyen Age : Pourquoi me bat mon mari, *de Guillaume de Machaut;* La Dame marié à un puant; Dites-moi si je suis belle, *d'Eustache Deschamps, avec une variété d'expressions, d'intonations, une intensité d'évocation, une puissance de suggestion absolument étonnantes; elle a chanté des chansons populaires du* XVIII*e* *siècle : cette délicieuse* Voilà la rosée, *qui perle en gouttes matinales et en friponnerie puérile; ces admirables* Cloches de Nantes *où elle nous fait vivre tout un roman, où elle est à la fois le battement sonore des cloches, le prisonnier qui s'évade et nage dans la Loire, la fille du geôlier qui s'attendrit et s'épouvante... Vraiment, il faut être une incomparable magicienne pour évoquer ainsi, avec quelques notes et quelques strophes, un pays, une époque, et des êtres de cette époque et de ce pays et leurs sentiments et leurs terreurs, et leurs peines et leurs joies... C'est là peut-être ce qu'elle a le mieux chanté; bien qu'elle nous ait ensuite fait frissonner jusqu'aux larmes avec* La Mort de Jean Renaud *et passionnément divertis avec* La Délaissée, *où elle a imité un frère capucin avec une verve sans égale. Et ne l'oublions pas, surtout dans la* Grand'mère *de Béranger... Ah! quelle grand'mère impayable, tout en force et en bleu de ciel avec son fichu de dentelle et son bonnet à nœud de satin sous le menton!*

Mme Yvette Guilbert aime particulièrement le Moyen Age et veut consacrer son talent à nous en apprendre les textes et les chants. Nous ne demandons pas mieux, car c'est une splendide époque de poésie riche et drue; mais Yvette nous ravit de toutes les façons sous le hennin, la coiffe ou la cornette, en droite simarre ou en paniers bouffants. Son âme et sa voix sont de tous les temps et en ressuscitent tous les prestiges; et sans nous préoccuper des dates, laissons venir à nous le charme et l'émotion, la malice, l'esprit, la farce, la poésie, la grâce et l'amour des exquises chansons de France.

Gérard d'Houville.

(*Gaulois*, 20 janvier 1923.)

Georges Loiseau :

Je me la rappelle presque à ses débuts, à l'heure de sa vogue initiale, grande, très mince, la tignasse rousse; l'œil malin, le pif *cocasse, dans sa robe ample et décolletée, en fait sur... de la place, les bras longs gantés de noir. Du premier coup, elle avait créé son type, fait affiche en couleur, empaumé son public avec les chansons de Xanrof et marqué son rang impérieusement.*

Intelligente et fine, douée d'un masque mobile, elle avait saisi, comme l'a d'ailleurs fort bien exprimé sa camarade Dussane, de la Comédie-Française – ce Saxe de la causerie – ce qu'il y a dans quelques couplets, raccourcis de roman ou de pièce, petit drame ou comédie, matière à effets ou à créations de personnages multiples. Et c'est à ce genre de théâtre qu'Yvette Guilbert s'est consacrée.

Lorsqu'elle fut pour tous « Yvette » tout court, quand sa réputation d'artiste fut un fait accompli, elle délaissa le café-concert qui commençait à se transformer, s'enferma quelque temps et, dans les trésors de toutes les régions et de toutes les époques patiemment amassés, elle choisit pour un public d'élite ce qu'il y avait de plus éloquent, de plus curieux, de plus spirituel dans l'œuvre des chansonniers.

Alors elle fut la Chanson *elle-même. Du Moyen Age à nos jours, elle traduisit aux yeux et aux oreilles, par la mimique, le geste, la voix, cette voix dont le timbre n'a pas changé, la vie mise en refrains par l'humour des poètes et des musiciens.*

Ce qui la distingue et la fait l'amie de tous les intellectuels, c'est la profondeur de sa compréhension... Certes, elle a pour s'exprimer la plus parfaite diction du monde; elle met la chanson en scène comme personne; elle est tour à tour hautaine, distinguée, austère, gaie, simple, bonne enfant, peuple ou voyou : elle est toutes les comédiennes et les meilleures, en quatre mesures ou en deux vers : mais par-dessus tout elle est l'esclave de sa seule pensée, la servante du sens et de la lettre : elle réussit – cette rareté – la fusion de l'auteur et de l'interprète. Et c'est cela qui donne à ses présentations cet achevé *et constitue son art incomparable de chanteuse. Avec rien Yvette fait tout; elle ne diminue pas, n'amplifie pas, elle ressuscite la sensibilité ou la malice de celui qui écrivit : elle burine, elle peint, elle habille, elle émeut ou elle amuse. Elle intéresse et intéressera toujours.*

GEORGES LOISEAU,
Ancien secrétaire de la Bodinière.

23 janvier 1926.

Je sais que l'artiste de théâtre ne laisse rien après lui, et que toute sa fierté doit consister à honorer « son présent ». Je mis tous mes efforts à le faire. Un jour de méditation je me suis amusée à parodier François Villon, et je fis cette ballade de l'an 2000 :

Où sont les gloires de Paris,
Pompadour et la Dubarry,
Et icelles qu'Amour lia.
Et la Dame au Camélia.

Desclée, Rachel et Déjazet,
Et la gente Marie Crouzet,
Mounet. *Coqueline*, Rostan?
– Mais où sont les gloires d'antan?

Semblablement où est la *Royne*,
Qui, mâlement en matinée,
Bravement supporta l'*essoyne*
D'être en Paris guillotinée :
Où sont allés Francey Sarcisque
Et son Adolphe Brissonnan,
La Ferronnière, son Francisque?
– Mais où sont les gloires d'antan?

Dites-moi où *n'en* quel *païs*
Se trouvent Duse la Romaine,
Sarah, sa cousine germaine.
Et les Lureau-Escalaïs.
Où sont Granier (Jehanne), Yvette,
Réjane, Judic, la divette?
– Mais où sont les gloires d'antan?

ENVOI

Gloire factice, saugrenue,
Vous ai dédié toute nue
Cette ballade biscornue
En une langue triscornue.
– Gloire à mort sont *destinez*
Et glorieux qui sont *vivans*,
S'ils en sont, coursez ou tennez,
Autant en emporte ly vens!

A TRAVERS LE MONDE

En Europe, j'ai porté et fait acclamer à peu près partout la poésie populaire de France. L'Allemagne étant la plus cultivée, fut par conséquent la plus admirablement sensible à mon effort. Pendant vingt-deux saisons avant la guerre, j'y ai fait connaître l'esprit de France, et celui du Montmartre de mes débuts. Je fus l'inspiratrice des « Cabarets » allemands, qui se créèrent par centaines après mon premier passage en 1918. Il y a deux ans, je fus la première artiste française qui y revint porter l'olivier de paix. Ma venue, ou plutôt mon retour, fut émouvant et triomphal; à Berlin et dans une douzaine de grandes villes, dont Munich, j'ai fait entendre tout mon programme de l'époque médiévale à nos jours, et les foules, envahissant les salles où je chantais acclamant l'esprit de France, me confirmèrent, comme les critiques de toute la presse, que partout est une élite humaine, celle de l'intelligence cultivée, qui toujours suivra les hautains efforts. Le tout est de s'adresser à cette élite-là. A Paris elle est plus nombreuse qu'on ne croit.

Avec l'Allemagne, j'ai parcouru la Belgique, la Suisse, la Hollande, la Pologne, le Danemark, la Scandinavie, la Tchécoslovaquie, la Russie, la Roumanie, l'Autriche, la Hongrie, l'Espagne, le Portugal, l'Italie, la Grèce, l'Égypte, l'Algérie, la France, l'Angleterre, l'Écosse, l'Irlande. Et enfin toute l'Amérique! Des millions de programmes de textes de nos chansons populaires furent imprimés par mes soins et distribués partout. Des textes inconnus furent recherchés par moi dans les ouvrages des philologues et édités par moi, pour la récréation, l'enseignement des foules, l'enrichissement des artistes, et la propagande de l'esprit de France, et je déclare sans aucune modestie hypocrite, que si j'ai eu une somptueuse vie de succès, je l'ai méritée par l'infatigable vie de travail que mes soixante ans présents n'interrompent pas encore.

Le héros d'une pièce de Jean Sarment jouée à la Comédie-Française, dit mélancoliquement de lui : « J'ai été trop grand pour moi. »

Eh bien, quand je retrace ma somme de travail, ma somme d'études, et que je pense à mes réalisations orgueilleusement artistes, eh bien, savez-vous ce qu'il me faut conclure de moi ? Que je suis plus grande que moi.

Épilogue

A DIEU!

Pour satisfaire ma foi et ma conscience, il me faut d'abord, et avant toute chose, remercier Dieu... Ma destinée fut son ouvrage – mes luttes me furent utiles pour apprécier mieux mes victoires. Dieu se manifesta sous toutes les formes dans toutes les années de ma vie, et depuis ma naissance, il me combla de nombreuses joies et de nombreuses peines, en un mot il me permit de « *vivre* » la vie, bellement, d'en connaître toutes les nuances, toutes les phases, et combien je remercie Dieu de n'avoir point fait de moi un être « exclusivement » heureux!

Combien je lui sais gré de m'avoir fait connaître le goût de la douleur et celui des larmes, de m'avoir permis d'endurer les tortures physiques du corps, celles du cœur, et d'avoir déposé en moi la facilité de pleurer sur les malheurs des autres, à force d'avoir dû pleurer sur les miens; ce sont les luttes et les douleurs de ma vie qui firent *l'ultra sensibilité* de mon cœur. Ah! comme j'ai tremblé d'émotion pour moi, pour elles, pour eux, pour tous, pour toutes! Quelle joie trouble inexplicable... si forte, si étrange de sentir qu'on a, dans sa poitrine, tous les cœurs de la terre!

Ceux qui ne vécurent que *leur* vie peuvent me comprendre! Mais ceux qui, comme moi, ont intensément senti la joie et les douleurs *du prochain* s'y sont plongés... et baignés, ont dû reconnaître la volonté d'un Dieu enfermée dans leurs âmes... et cela créa en moi des minutes si supérieurement belles, que ce n'est point seulement de *ma* vie que je dois remercier Dieu, mais de toutes ces vies vécues et partagées dans l'enthousiasme de l'amour du prochain.

Que de fois, dans mes élans sensibles, n'ai-je pas crié : merci! merci! mon Dieu, de permettre qu'en moi, la laide « indifférence » n'habite pas! Merci, merci, de permettre à mon cœur d'aller vers tous les cœurs et ma pitié d'être immense! Merci, merci d'avoir mis sur mon chemin des égoïstes... des cruels et des ingrats! Merci de n'avoir pas exaucé toutes mes prières, car je vous en fis de folles!

Pardon d'avoir douté de vous et suivi les conseils d'un cœur ignorant (celui de mon père), mon extrême jeunesse fut et reste une excuse à ces toutes premières années de mon enfance d'où la foi fut exclue...

Que de fois depuis j'ai compris le crime d'ingratitude commis envers vous!

Vous qui avez permis que mes yeux vissent la lumière! le soleil! la nature!

Que mes oreilles ne soient pas sourdes aux bruits fabuleux de la vie!

Que la parole me fût facile, que mes membres fussent harmonieux, enfin qu'aucune infirmité ne fît de ma venue au monde une calamité!

Comme j'aimais le travail, vous m'avez donné le courage; comme j'aimais les arts, vous m'avez donné les possibilités d'en jouir.

Tous mes efforts d'ouvrière d'abord, et d'artiste ensuite, furent souvent contrariés, cahotés; mais toujours, et cela grâce à vous, j'avais l'assurance d'arriver à mon but. Mes forces venaient du ciel et j'en sens, plus que fortement, la divine influence.

Je vous remercie donc, ô mon Dieu, plus sincèrement des luttes et de la misère que vous avez mises sur mon chemin, que des joies et des succès de ma vie, car elles fortifièrent mon âme, élevèrent mon cœur et facilitèrent mes vertus. Sans ces misères, je serais peut-être égoïste comme tous ! Je ne crois pas qu'on puisse se sentir *exceptionnelle* sans le baptême de la douleur, qui donne la volonté d'amour envers tous et permet l'approche divine.

Merci surtout, ô mon Dieu, d'avoir permis qu'un « compagnon » si longuement, si douloureusement cherché, se soit enfin présenté au tournant de mes chemins d'épreuves et m'ait offert la belle et paisible coupe de son cœur pour y boire *le bonheur* ! Que ce jour-là fut magnifique... et quels cantiques mon cœur vous chante depuis trente ans, ô mon Dieu ! Quelle union fut jamais plus parfaite, quel mariage fut jamais plus miraculeux ? Quelle récompense ce fut, pour un pauvre être tendre, sensible et si martyrisé par la vie. Oui, c'est à vous, Seigneur, qu'il me fallait adresser ces lignes de souvenirs reconnaissants puisque, mon Dieu, mes luttes et mes victoires furent votre ouvrage !

1927.

TABLE

Dans la collection Les Cahiers Rouges

Joseph d'Arbaud	42	*La Bête du Vaccarès*
Jacques Audiberti	187	*L'Opéra du monde*
Marguerite Audoux	79	*L'Atelier de Marie-Claire*
Marguerite Audoux	78	*Marie-Claire*
Marcel Aymé	23	*Clérambard*
Charles Baudelaire	172	*Lettres inédites aux siens*
Béatrix Beck	92	*La Décharge*
Béatrix Beck	93	*Josée dite Nancy*
Julien Benda	127	*La Trahison des clercs*
Emmanuel Berl	166	*Méditation sur un amour défunt*
Emmanuel Berl	80	*Rachel et autres grâces*
Tristan Bernard	196	*Mots croisés*
Princesse Bibesco	115	*Catherine-Paris*
Ambrose Bierce	47	*Histoires impossibles*
Ambrose Bierce	68	*Morts violentes*
André Breton, Lise Deharme, Julien Gracq, Jean Tardieu	52	*Farouche à quatre feuilles*
Charles Bukowski	164	*Au sud de nulle part*
Charles Bukowski	204	*Factotum*
Charles Bukowski	108	*L'amour est un chien de l'enfer t.1*
Charles Bukowski	121	*L'amour est un chien de l'enfer t.2*
Charles Bukowski	60	*Le Postier*
Charles Bukowski	153	*Souvenirs d'un pas grand-chose*
Charles Bukowski	188	*Women*
Anthony Burgess	191	*Pianistes*
Michel Butor	199	*Le Génie du lieu*
Erskine Caldwell	17	*Une lampe, le soir...*
Henri Calet	161	*Contre l'oubli*
Henri Calet	169	*Le Croquant indiscret*
Blaise Cendrars	01	*Moravagine*
Blaise Cendrars	120	*Rhum*
Blaise Cendrars	72	*La Vie dangereuse*
André Chamson	61	*L'Auberge de l'abîme*
Jacques Chardonne	18	*Claire*
Jacques Chardonne	39	*Lettres à Roger Nimier*
Jacques Chardonne	101	*Les Varais*
Jacques Chardonne	32	*Vivre à Madère*
Alphonse de Châteaubriant	49	*La Brière*
Bruce Chatwin	77	*En Patagonie*

André Maurois	180	*Les Silences du Colonel Bramble*
Paul Morand	90	*Air indien*
Paul Morand	83	*Bouddha vivant*
Paul Morand	113	*Champions du monde*
Paul Morand	48	*L'Europe galante*
Paul Morand	04	*Lewis et Irène*
Paul Morand	67	*Magie noire*
Alvaro Mutis	167	*La Dernière Escale du tramp steamer*
Alvaro Mutis	163	*Ilona vient avec la pluie*
Alvaro Mutis	159	*La Neige de l'Amiral*
Vladimir Nabokov	06	*Chambre obscure*
Irène Némirovsky	122	*L'Affaire Courilof*
Irène Némirovsky	51	*Le Bal*
Irène Némirovsky	63	*David Golder*
Irène Némirovsky	87	*Les Mouches d'automne*
Paul Nizan	50	*Antoine Bloyé*
François Nourissier	07	*Un petit bourgeois*
René de Obaldia	08	*Le Centenaire*
René de Obaldia	151	*Innocentines*
Edouard Peisson	183	*Hans le marin*
Édouard Peisson	212	*Le Sel de la mer*
Joseph Peyré	40	*L'Escadron blanc*
Joseph Peyré	152	*Matterhorn*
Joseph Peyré	98	*Sang et Lumières*
Charles-Louis Philippe	57	*Bubu de Montparnasse*
André Pieyre de Mandiargues	118	*Le Belvédère*
André Pieyre de Mandiargues	119	*Deuxième Belvédère*
André Pieyre de Mandiargues	26	*Feu de Braise*
Henry Poulaille	65	*Le Pain quotidien*
John Cowper Powys	96	*Camp retranché*
Raymond Radiguet	200	*Le Diable au corps*
Charles-Ferdinand Ramuz	66	*Aline*
Charles-Ferdinand Ramuz	43	*Derborence*
Charles-Ferdinand Ramuz	104	*La Grande Peur dans la montagne*
Charles-Ferdinand Ramuz	215	*Jean-Luc persécuté*
Jean François Revel	75	*Sur Proust*
André de Richaud	22	*La Barette rouge*
André de Richaud	86	*La Douleur*
André de Richaud	20	*L'Étrange Visiteur*
Rainer-Maria Rilke	24	*Lettres à un jeune poète*
Marthe Robert	94	*L'Ancien et le Nouveau*
Mark Rutherford	111	*L'Autobiographie de Mark Rutherford*
Maurice Sachs	73	*Au temps du Boeuf sur le toit*
Vita Sackville-West	141	*Au temps du roi Edouard*
Leonardo Sciascia	128	*L'Affaire Moro*
Leonardo Sciascia	110	*Du côté des infidèles*
Leonardo Sciascia	109	*Pirandello et la Sicile*

Cet ouvrage a été réalisé par la
SOCIÉTÉ NOUVELLE FIRMIN-DIDOT
Mesnil-sur-l'Estrée
pour le compte des Éditions Grasset
en mai 1995

Imprimé en France
Dépôt légal : mai 1995
N° d'édition : 9760 – N° d'impression : 30751
ISBN : 2-246-37952-0
ISSN : 0756-7170